U0478667

梦　山　书　系

“梦山”位于福州城西，与西湖书院、林则徐读书处“桂斋”连襟相依，梦山沉稳、西湖灵动、桂斋儒雅。梦山集山水之气韵，得人文之雅操。福建教育出版社正坐落于西湖之畔、梦山之下，集五十余年梓行之内蕴，以“立足教育、服务社会、开智启蒙、惠泽生命”为宗旨，将教育类读物出版作为肩上重任之一，教育类读物自具一格，理论读物品韵秀出，教师专业成长读物春风化雨。

“梦”是理想、是希望，所谓“梦想成真”；“山”是丰碑，是名山事业。“积土成山，风雨兴焉”，我们希望通过点点滴滴的辛勤积累，能矗起教育的高山；希望有志于教育的专家、学者能鼓荡起教育改革的风雨。

“梦山书系”力图集教育研究之菁华，成就教育的名山事业之梦。

梦山书系

做一个
卓越的校长

——陶继新对话名校长

陶继新 著

海峡出版发行集团 THE STRAITS PUBLISHING & DISTRIBUTING GROUP | 福建教育出版社

图书在版编目（CIP）数据

做一个卓越的校长：陶继新对话名校长. 4/陶继新著.
—福州：福建教育出版社，2015.9
ISBN 978-7-5334-6874-3

Ⅰ.①做…　Ⅱ.①陶…　Ⅲ.①校长—学校管理—研究
Ⅳ.①G471.2

中国版本图书馆 CIP 数据核字（2015）第 126739 号

Zuo Yige Zhuoyue de Xiaozhang

做一个卓越的校长

——陶继新对话名校长④

陶继新　著

出版发行　海峡出版发行集团
福建教育出版社
（福州梦山路 27 号　邮编：350001　网址：www.fep.com.cn
编辑部电话　0591—83726908
发行部电话　0591—83721876　87115073　010—62027445）

出 版 人　黄　旭

印　　刷　福州泰岳印刷广告有限公司
（福州市鼓楼区白龙路 5 号　邮编：350003）

开　　本　720 毫米×1000 毫米　1/16

印　　张　23

字　　数　316 千

插　　页　2

版　　次　2015 年 9 月第 1 版　2015 年 9 月第 1 次印刷

书　　号　ISBN 978-7-5334-6874-3

定　　价　49.00 元

自 序

近几年，我对采写校长及学校产生了浓厚的兴趣，仅关于校长及学校方面的著作就已有 14 本出版。尽管有人对目前教育上的弊端不时抨击，对不少校长的言行很是不满。不过，在我采访的校长中，确实有的一直行进在“上下求索”的路上，取得了令人欣喜的成绩。从他们身上，我看到了教育的希望，看到了教育家横空出世的可能。我一次又一次地被他们感动着，于是，也就有了持续不断的采写校长及学校之行。

从书本上看到的一些教育理论，到了这些名校长那里，有的会碰撞出思想的火花，让我有一种他乡遇故知的感觉；有些理论，则因与教育的真谛相去甚远，让我感到那只是移动于太空的一片浮云，它会随风飘逝。既学习教育理论，又向实践学习，才能领略到教育的本质，才能升华人生的境界。

有的校长是很有思想的，而且，这些思想是根植于教育沃土之上的。它不属于只在书斋里研究而不深入实践的专家们的理论话语系统，却能透视教育的本质，更能解决教育的实际问题。因为这些思想多是基于本校问题的研究诞生的，有着“这一个”的特点，鲜活、生动，具有生命的张力。正是从一个又一个校长的各具特色的思想话语中，丰富了我对学校管理的认知系统，也让我的思想有了源源不断的生命活水。

在这个相对喧嚣的社会里，有一些校长依然对文化情有独钟。他们高品位的阅读，让学校一直弥漫着宜人的书香。文化是可以“化”人的，于是，教师也有了书卷气，学生也多了琅琅书声。当一所学校文化味越来越浓的时候，和谐向上的风气也就形成了。教师就不会只是关注考试成绩，还有了文化升值的幸福之旅；学生也不只是一味地追逐高分，也在着意为自己打点文化的底色。文化的力量是巨大的，它不但让学校有了更多的文化气息，也让学校有了持久的发展动力。

品牌是一种优质的生产力。我所采访的校长及学校，大多已经形成了属于自己的品牌。有些本来就是名校，由于校长的努力，让其有了“更上一层楼”的景观；有些则是相对薄弱的学校，由于校长的引领，教师与学生的精神面貌有了巨大的变化，让学校也步入了名校的方阵。从某种意义上说，学校成就了名校长，名校长又让名校更有名气。

没有办不好的学校，没有不想成为名校长的校长。这些学校走向成功的探索过程，这些校长成为名校长的生命足迹，可以让更多的学校与校长作为“他山之石”，来攻自己之“玉”。这当是我解读名校与对话名校长的一个重要原因。

对于我所对话的校长，我都进行了采访。不过，我几乎没有当场记录，只是用大脑过滤采访的信息，而后形成对话的基本思路。我的思路被采访的校长同意之后，我们就共同商定一个对话的时间，然后用 QQ 聊天的方式，少则三四小时，多则六七小时，一篇万字左右的对话文章就完成了。由于是即兴而写，就有了自然生态的特点，也有了一定的可读性。“聊天”时要求大脑必须高度运转，因为我不知道对方要发来一段什么样的文字，却要在短暂的时间里，作出自己的理论性评价。这种富有挑战性的“聊天”，激活了我的大脑，常常让我文思泉涌，下笔成文。不过，毕竟是现场生成的文字，粗陋之处在所难免。这些对话文章我没再进行修改，尽管修改之后文章会更好一些。我认为这种生态化的文章，更属于真实的陶继新。况且，我可以用更多的时间，去采访新的学校，去向新的校长学习。这种运转方式，让我一直能够吸纳教育的新鲜血液，让我有了“苟日新，日日新，又日新”的状态，也有了精神不断提升的可能。

我对话的名校长，并非哪个权威机构界定的。很多已经是名校的名校长，而且取得了骄人的成绩。而有的学校并不是特别有名，校长也并不为更大范围的人们所知；可是，他们却很有思想与文化，不断地进行超越常规的突围，取得了匪夷所思的成绩。我觉得，这是真正的名校长。当下未必特别有名，未来却一定脱颖而出。这种选人定文的方式有点“主观”，却可能更接近真实，更受读者的欢迎。

本书采用了“由近及远”的方式编排，即按照对话文章发表时间最晚者排在最前，最早者排在最后的顺序进行编排，未予发表者，则按对话完稿的时间计。这避免了以先后判优劣的嫌疑。至于哪些更适合读者学习，只有让读者自我选取了。

特别感谢《中国教育报》《人民教育》《现代教育导报》《创新教育》《基础教育论坛》《教育时报》《学校品牌管理》《今日教育》等报刊，发表了我的不少对话文章，这不但给我很大的鼓励，也对宣传与推广这些校长的经验起到了不小的作用。

需要说明的是，书中的校长简介，是文章发表或对话时校长提供的。此后变化与发展的内容，书中均未提及。

文章出版之后，读者会有不同的评说。对于褒奖，我将作为对自己的一种鞭策；对于批评，我则作为省检自身的一种忠告。在此，对于关注本书的所有读者，致以诚挚的谢忱！

陶继新

2014年9月5日于济南

目　录

点亮心灯　唤醒灵魂的教育

——构建学生精神成长家园的武汉市常青实验小学

［**万玉霞校长简介**］

万玉霞，武汉市常青第二初级中学校长，武汉市常青实验小学党总支书记、校长。全国教育科研先进个人，2014 年全国课改杰出校长，2010 年感动中国十大杰出校长。湖北省督学，湖北省有突出贡献的中青年专家，湖北省党代表，湖北省劳动模范。武汉市有突出贡献的中青年专家，武汉市首届“优秀名校长”，云南省现代教育工程首席专家。

她是一名誓为人先、敢为人先、能为人先的汉派教育先锋；是一名对教育有深邃思考、并能付诸实践的开拓型校长。她建构的“生命发展教育”理念，由一校独唱到百校合鸣；她一手开创了常青实验小学跨越式发展的神话，一手描绘了常青二初中智慧型办学的辉煌，凭借对教育的挚爱，用双手托起了明天的太阳。

编者按：武汉市常青实验小学按照生命发展教育理念，关心学生身心健康发展，关爱生命成长。通过主动教育课堂模式，打开孩子思维大门，让孩子沐浴在求知益智的光辉里。为唤醒孩子的天性，满足心灵需要，学校建起了论坛馆、体验馆、才艺馆、人文馆、嬉戏馆五大场馆。最终实现了“尊重儿童的生命主体意识，开发儿童的生命发展的能动性，促进儿童的自我教育能力的形成，创造人的精神生命”的教育目标。一系列的探索、创新，呈现给我们的是对生命的精心呵护、匠心栽培、真心期待。像一泓清泉，又像一条长长的江河，释放出的是万玉霞校长思维活跃、做事认真、敏锐精炼、勇于创新的精神。

而陶继新先生在对话中则以哲理思辨，以随处可感的灵性，引领着教育管理者向本性回归。不难看出他笔下的文字连着时代的脉搏与体温，就像一杯绿茶，有着不绝如缕的韵味与芳香，还用自己独特的纯美和精神的辽阔告诉读者：“发展的要义不只是习得更多的知识，还有人格的升华、习惯的养成……”

生命发展教育理念：让儿童的心灵更快乐

【万玉霞】我们的常青实验小学建校于2001年，至今14个年头，从最早的一个校区发展到现在的两个小学部和一个正在建的初中部，从无到有，从有到强，最终实现了跨越发展！

【陶继新】这14年的发展，几乎凝聚了您全部的心血与智慧，其中的艰难与曲折，以及破解困难之后获取成功的喜悦，已经凝聚成一笔丰富的精神财富。它记录了过去的辉煌，也昭示着未来的飞跃。

【万玉霞】的确，这14年来，我们矢志不渝地坚守着一个核心，那就是如何用教育实践去很好地兑现我们14年前一建校就提出的先进的办学理念——生命发展教育理念，其形象具体的表述是一句话，即："孩子们，欢乐的童年属于你，学习的主人就是你，生命的创造在于你，美好的人生召唤你"。其主旨在于"尊重儿童的生命主体意识，开发儿童的生命发展的能动性，促进儿童的自我教育能力的形成，创造人的精神生命"。

【陶继新】童年的快乐是会为学生一生的幸福奠定基础的；相反，不快乐的童年也会为未来积淀下痛苦与悲伤。同时，童年又不只是玩，也不只是快乐，还是成长中的生命，所以，要如您所说，尊重儿童的生命主体意识，开发蕴藏在他们身上的巨大发展潜能。人只有一个童年，童年生命成长的快慢与优劣，不只是显现于当下，更会影响到未来。所以，特别欣赏您的生命发展教育理念。

【万玉霞】正如您所言，生命发展教育理念不仅仅是关爱好每个儿童的生命，更要发展好每个儿童的生命，尤其是关注好每个儿童生命成长中的点点滴滴！而如何关注好他们的点滴成长，我们提出了这样一个思想，即"孩子的心灵需求是我们教育的第一信号"！我常对老师讲，要"让学生幸福生活每一天，生命发展每一天"。学校的价值在于满足学生健康发展的需要，让学生体验到成长的喜悦，人格上健全发展、学习上潜力显现、心理上个性张扬、身体上体魄强壮。在大课堂里有效学习，在学校中健康生活，从小让孩子体验、感悟正确的社会性情感——幸福感，为他们正确的价值观念体系的确立、科学的人生观的形成奠定无可替代的基础。

【陶继新】“孩子的心灵需求是我们教育的第一信号”可谓至理名言。每一个孩子都是一个丰富的世界，发现其心理需求的第一信号，既需要有一颗关爱儿童的心，也需要有发现儿童的智慧。因为这种信号就在平时的生活中，就在点点滴滴的小事中。心中与眼里都有孩子的老师，就会与儿童的心灵链接，就会走进他们的心里。每一个人都想更好地发展，孩子也是如此。发展的要义不只是习得更多的知识，还有人格的升华、习惯的养成、心灵的愉悦、身体的健康等。只有这样，儿童才是真正发展了，才会感到学校学习与生活的幸福，才会感到小学教育是其生命成长的奠基工程。

【万玉霞】“把每个学生都看成一个新的世界，细心探索他们丰富而脆弱的内心，发现他们每个人身上哪怕是稍纵即逝的闪光点，是做教师的一种快乐。”常小的教师满怀深情地说。因此他们特别关注每一个学生的喜怒哀乐，注意每一个学生的情绪变化。

在常青实验小学，班主任还有一个特殊的称呼叫心理辅导员，在他们手里都有一个“秘密武器”——《心情预报表》。表格样式不同，是根据学生的年龄特点和喜好自行设计的图案和栏目；目的相同，都是为了及时了解每一个学生的情绪和心理状况，以便及时调整。如果需要，学生可以随时填写，老师可以随时看到。

《心情预报表》包括这样几项内容：心情图标、心情倾诉、教师疏导及学生反馈。“心情图标”设计了笑、怒、愁、哭四种卡通图案，学生根据自己的心情勾画；“心情倾诉”是学生说明自己为什么高兴或不高兴；“教师疏导”是教师调控学生情绪的留言；“反馈”是学生被调控后的心理状况。掌握学生心绪的详细“情报”，是为了把孩子的心灵需求真正当作教育的第一信号。

【陶继新】目前，小学生心理问题呈逐年上升趋势，如果忽视或不能有效地解决这些问题，就有可能积少成多、积小成大，以致影响到小学生当下的学习与生活，并对他们未来的发展产生负面效应。从这种智慧的创意中，让我感到你们是想方设法在第一时间搜集学生心理的“第一信号”。发现“信号”，及时解决问题。于是，学生就极少再有心理问题。一个充满阳光的儿童，心智发展是健全的，身心也是健康的。为此，你们的老师要付出很大努力，可是，他们又是愉快的。因为他们从孩子的成长中感受到了为师者的意义与价值，心理也会更加阳光。而老师的心态是会直接辐射到孩子心理的；孩子的心态，同样也会影响到老师的心态。所以，要想构建一个心灵愉悦的生命场，教师就一定要快乐，并带领孩子们一起快乐地成长起来。

【万玉霞】的确！的确！老师有个健康的心态，这是培养心理健康学生的重要前提，而教师的健康心理来自于内心的快乐。只有一个自己快乐、内心敞亮的人才能够感染身边的人，将真正的快乐传递给周围更多的人，影响更多的人去体验快乐。而我们老师的快乐来自于对学生发自内心真诚的爱，这一份真诚的爱落实在具体的行动上，就有了班主任工作“十六知晓”（知晓学生的姓名含义；知晓学生的个性特点；知晓学生的行为方式；知晓学生的思维方法；知晓学生的爱好兴趣；知晓学生的困难疑惑；知晓学生的情感渴盼；知晓学生的心路历程；知晓学生的知音伙伴；知晓学生的成长规律；知晓学生的家庭情况；知晓学生的上学路径；知晓学生的社区环境；知晓学生家长的思想；知晓学生家长的愿望……）。还有每周把孩子在校的点滴成长状况写成饱含深情及关注的回馈家书，一学年下来，被家长称为“十万家书”……正因为有了这些真诚的爱，我们的老师广受社区和家长的赞誉，教师的职业成就感也由此而生，其人生的快乐也正在其中！

【陶继新】教师的快乐来自于对孩子的爱，而爱与智慧又生成了“十六知晓”，“十六知晓”则让孩子有了真正的快乐。“十万家书”何其多，爱又何其深！我想，相对于一般学校来说，你们老师的工作量是比较大的；可是，上次我去你们那里讲学与走访的时候，发现你们的老师个个都是“乐而忘忧”的样子。看来，爱与心灵的愉悦，不但可以提高工作的效率，还可以让人变累为乐。其实，真正快乐的人，不是那些天天无所事事的人，更不是那些无事生非的人，而是那些积极工作、乐于助人、爱心永驻的人。这一生命的密码，被您破解了，也被你们的教师破解了。你们成了累并快乐着的实践者，而你们的学生，则在老师们快乐的沐浴中，快乐地生活与学习，也快乐地成长着。

【万玉霞】谢谢陶教授的这份认可与鼓励！相信我们的老师们在听了您这位教育大师走入教师们的心理深处，给予的如此精准到位的评价后，会更加坚定自己的理想与追求！十八大上习总书记向全国人民吹响了“空谈误国、实干兴邦”的号角，而教育是民族兴旺的基石，更需要“实干兴教”！我们作为一校之长，就这份责任与担当而言，更应正确引导好老师们的价值取向和人生追求！教师这份职业要想把它做好，就必须得付出真情，因此，最终达到“乐而忘忧”的境界，才是真正的享受教育的状态！

【陶继新】特别喜欢“享受教育”这个提法，我本人也是一个享受教育者，我与魏书生老师还合写了一本书《享受学习》。那么，怎样才能享受学习与享受教育呢？首先要明白教育的本义是什么，做人的要义是什么。《周易》有言：“立人之道，曰仁与义。”人之所以为人，关键是要有仁与义。只有真正有教育情怀，一心为了孩子生命成长着想与工作的人，才能体验到仁义的内在之善，才能享受到教育的本质之美。同时，还要心灵和谐，人的一生会有成功，也会有失败；会有顺境，也会有逆境；会有得，也会有失；成败、顺逆、得失原本就构成了人的生命的一个系统。所以，即使有了大的成功，也不应当忘乎所以；即使遭遇失败，也不应当垂头丧气。不管在什么情况下，都要保持一个快乐的心境。再其次，就是要发展。幸福的老师，都不是原地徘徊者，而是不断地发展者。爱学生，会从爱中体验到爱心的美好，这也是成长；与学生同享心灵的愉悦，这也是成长；在学习与实践中不断地丰富自己的教育智慧，这也是成长。有了人格之善、心灵之乐、成长之美，也就拥有了享受教育的审美感受。

主动教育课堂：让孩子的“天空”更精彩

【万玉霞】正如您前面谈到的，我们对生命发展教育理念还有另一层理解，那就是如何发展好每个儿童的生命。我校聚焦课改，不仅实践了一套较完善的课程体系，而且还建构了更加关注学生自主学习、尊重学生成长需求的主动教育课堂，“主动教育”课堂上呈现出的特征是，比以往的课堂更加关注学生自主的程度、合作的效度、探究的深度、互动的程度、生成的高度及拓展的宽度。由追求知识的完整性、全面性到更加关注学生的人格、能力的主动构建；由注重知识的培养到更加关注学生的心理需求和精神愉悦成长。通过追求课堂的高效性，来减轻学生的课业负担，给予学生更多的时空去思考、去实践、去创造，真正兑现学校的“生命发展教育”理念所倡导的——把欢乐的童年还给孩子，学习的主人就是孩子，让孩子的“天空”更精彩！

【陶继新】课堂原本就应当是学生的“学堂”，可当下一些教师的过多之讲，让“学堂”演变成了“教室”。这两个词的内涵是大不一样的，前者更多关注的是学生的学，后者更多关注的是教师的教。这并不是不要教师的教，而是要让教师少教，要教到点子上，教会学生主动学习。“主动教育”的课堂之所以好，就是因为你们将学生看作是主动学习与主动发展的人。学生本身就具有自主学习的需求，只要教师稍作指导，他们就会拥有这种能力。当学生自主学习、学会学习的时候，学习的积极性就会空前高涨起来。教会与会学是不在一个层次上的，前者学生学习的效率低下，而且少有积极性；后者学生学习的效率高，且有乐在其中的快感。积极与快乐，不止会提升学生学习的效率，还会在他们的心里积淀下一种积极向上的思维，让其终生受益。

【万玉霞】现在一些老师、家长希望孩子一夜长大，一夜能够将一本书全部生吞活剥下来，这是一种典型的“知识暴发户”心理。不要说这实际上很难达到，事实上即使达到了，对儿童获得生命的快乐也无多大的助益。这种只吸取而不吸收的教育模式，无异于将一大堆营养物质直接灌输到孩子的身体内，而丝毫不考虑他的吸收能力。这样的课堂容易造就“虚高”、“虚胖”的孩子。

我们“主动教育”课堂教学模式就是彻底清除这种弊病，让孩子们能够沐浴知识的光辉慢慢成长，我们有足够的耐心、有十足的信心，让孩子们能够长得壮硕，走得稳健。

“主动教育”课堂教学模式推行一段时间后，老师们的心态更平静了，孩子们在课堂上的主动度和积极参与度都大大提高了。家长们反响也非常好：“孩子现在放学回家后，总有许多问题缠着我们一起去弄明白。这样，对我们家长来说也是一种督促啊。我们也不敢偷懒了。”有些家长还反映：“孩子对生活中的小事表现得更加敏锐，会有许多意想不到的问题提出来。这样挺好的。我最怕孩子上了几年学以后，什么问题也没有，就像一个只会做题的傻瓜一样，那就麻烦了。现在看来，我的担心是多余的。”

【陶继新】孔子说：“无欲速，无见小利；欲速则不达，见小利则大事不成。”孩子的教育，是急不得的，所有的拔苗助长，都会在当下或者未来受到惩罚；当然，也是等不得的，应当受到教育的时候得不到好的教育，就会影响儿童一生的发展。所以，中国第一篇教育学的论著《学记》上就有这样一句话：“时过然后学，则勤苦而难成。”比如孩子记忆力非常好，如果让他们背诵一些古代经典，不但花费的时间少，而且还能记忆终生，成为其一生发展的精神能量。如果到了成年的时候再背诵，就会耗费数倍的时间，反而不会有好的效果。所以，一定要懂得儿童成长规律与心理特点，才能施以有效的教育。再比如孩子的问题意识，这几乎是天生就有了。一个婴儿刚会说话时，就对世界充满了好奇，他们的很多问题，都可以称得上“天问”。遗憾的是，我们的一些学校教育，却无意间泯灭了孩子的这种“天问”情结，以致让他们原本就有的问题意识、求异思维渐渐走进死寂的状态里。你们的“主动教育”课堂不但没有压抑孩子们的“天问”情结，反而更好地打开了他们思维的大门。这不仅有利于他们当下的学习，还会让他们未来拥有一个开放性思维的大脑，以致具有终生质疑问难的科学思维品质。

【万玉霞】说得好！教育就是一定要懂得儿童成长规律与心理特点，才能施以有效的教育。“下课的时候，我还以为在梦里。这样的课堂是我学生时代从未经历过的。那时的课堂里只有老师不停地讲，学生被不停地追问，一旦答不出问题来，就面临被惩罚。而现在，孩子们好像从来不用担心他的问题是错的，或者答不出问题来。下课了，孩子们走出教室，一边走一边还在争议刚才那句话：‘为什么不一样的树叶有不一样的声音，不一样的季节有不一样的声音?’多么美妙的课堂，如果不是亲自经历和见证，我可不敢相信！这一代孩子真是有福了。时代还是在进步啊。”这是一位极认真的家长。他不但记录了课堂上一些程序、操作方法，再现了课堂上的一些情景，并且还将现在的课堂与他那个时代的课堂进行了比较，在一些疑惑的地方写上了解释。记录的最后还写了简短的评价。

在常青实验小学，这样的家长并不在少数。由于离社区较近，很多家长在方便的时候都会通过我们的校园网络来预约听课。他们甚至感叹，听老师上课也是一种难得的享受啊。在这里能够让自己重新回到童年，尤其是可以体验童年时代不曾感受到的东西！

【陶继新】课堂是学生学习的主阵地，如果学生课堂学习不快乐，其在校的生命就不可能快乐起来。有的教师不但讲得不好，而且还对学生横加指责，上这样课的孩子，不但学不到更多更好的东西，还会在心灵上受到压抑。这难道不是浪费生命吗？其实，世界上最大的浪费不在物质上，而是在教育上的浪费！可怕的是，一些老师面对这种情况，竟然视而不见，听而不闻，也无痛心之感。可以说，这样的教师不管其学历多高，也是不合格的教师，因为他们浪费了孩子的生命，而且伤害了他们童年的心灵。你们的可贵之处在于，课堂成了学生的最爱，因为那是一个心理安全的场所，童言无忌在这里会折射出一道又一道的教育风景，并成为他们当下的精神享受与终生的铭记。孩子们乐在其中的时候，不就让我们听到生命拔节的声响了吗？

五个场馆：让孩子在玩中快乐与成长

【万玉霞】让孩子在玩中学也是我们尊重孩子心灵需求的教学出发点，三号校区的教学楼于2011年7月竣工。我们新设了五个场馆：

第一个是嬉戏馆。建馆的基本指导思想是：尊重孩子们“玩”的天性，呵护孩子们的勃发精神，让孩子玩中乐、玩中学、玩中成长。“玩”的内容：1. 传统游戏——丢手绢、老鹰捉小鸡之类；2. 集体舞蹈；3. 现代游戏——轮滑之类；4. 乒乓活动；5. 儿童戏剧（精神层次）——课本剧、小品之类。

第二个是人文馆。内容包括：1. 冰心奶奶的爱（中国）——让我们有一颗纯净的童心；2. 安徒生爷爷的童话（丹麦）——让我们睁开童眼，获得一份童真；3. 现代科技将动漫馈赠我们，让我们的生活充满意趣；4. 儿童图书馆（文本）；5. 现代电子阅览。

第三个是才艺馆。我们的设馆初衷是“让孩子们把手动起来、把脚跳起来、用口唱起来”。通过动手、跳舞、唱歌等活动训练孩子的美感、技能、技巧，让这几项富有艺术感的技能集于一身，让孩子们的心灵在艺术享受中丰富起来。内容包括：1. 合唱团；2. 舞蹈队；3. 乐器演奏组；4. 陶艺室（缝纫室、针线手艺等）；5. 供师生展示交流的校园电视台——常青藤少儿电视台。

第四个是体验馆。设馆的初衷是：让孩子在真实的社会情景中亲身体验实际生活，培养他们的服务意识和生活、生存能力。设计的实际生活场景包括：1. 超市；2. 医院；3. 银行；4. 邮局；5. 交通（地铁、轨道、公汽、航空、轮船等）；6. 近两百平方米的专业陶艺馆；7. 书画室。

第五个是论坛馆。论坛馆主要用来组织师生针对某些主题进行交流、研讨，并就某些感兴趣的专题进行研究，共享研究成果，共谋发展之策。建设的理念是将论坛馆按照资源节约型、环境友好型的设计要求打造成一座集生态、休闲、科研为一体的花园。设计的项目和论坛有：1. 太阳能利用；2. 风能利用；3. 雨水收集系统；4. 农业试验田（三动园：动手、动眼、动脑，科学试验）；5. 环境保护。

这样，我们从育人环境和教学场所上不遗余力地真心为孩子着想，才会真正促进孩子们全面发展、健康成长。

【陶继新】心有孩子，又懂孩子，且有智慧，才能有这五个场馆的诞生。

嬉戏馆尊重儿童的天性，特别关注了孩子的玩。可是，这又不是一般意义上的玩，是玩中乐，玩中学，玩中益智，玩中成长。非匠心独运，不可能让孩子玩得如此高级啊！

人文馆的意义非常大，因为目前学校人文教育的缺失，已经严重影响到了孩子的健康成长。人文教育就是要将人文精神，通过教育活动、环境熏陶等方式和途径，内化为人的品格因素，实现对人的精神世界的全面塑造。它是健康人格塑造、人性境界与人生理想提升以及个人社会价值实现途径等方面的教育，目标是人的精神素养。可有的学校并不关注人文教育，甚至不知道什么是人文教育。这也是我连续六年举办“名家人文教育高端论坛暨名师课堂研讨会”的一个重要原因。而且，你们学校的参会人数一直居高不下。而小时候有了一定的人文素养，就等于为他们一生的人文素养奠定了良好的基础。

才艺馆一定是学生喜欢去的地方，因为有不少学生在才艺方面是有一定天赋的。可是，这种天赋往往被过重的学业负担所挤压，以致最终与才艺做一个无奈的告别演说。你们开设才艺馆，则让有才艺的学生有了挥洒才思的地方，并让他们在这个过程中享受审美的快乐，以及因为其才艺之美而生成自信心与自豪感。

体验馆在一般学校更是难以见到了。可一个人的成长，不只需要知识，同时也需要实践。当下的学校教育，很少能为学生的实践活动提供相应的场地。你们的体验馆，就为孩子们提供了生活体验的条件。实践能力的提高，也会促进学业水平的提升。而且，当小时候有了一定的实践活动能力后，还会为其未来生命成长提供必需的精神营养。缺少了这种营养，一个人就不可能成为健全的人。

你们的论坛馆也不同于一般学校的论坛场所，他们多是谈学论道之地。这当然必要，可是，绝对不能空谈，空谈不但会误国，也会误导学生以至误导老师。你们的论坛是针对当下社会问题而设的，是让师生关注社会、关注人生的。人生活于学校，可是，也是社会中的人；一个两耳不闻窗外事，一心只读圣贤书的人，是不可能为社会做出大的贡献的。尽管小孩子很难为社会做出巨大的贡献，可是，当他们有了这种意识，有了这种行动之后，就会在他们的心里埋下一颗关注社会与人生的种子，到了一定的生命节点上，这颗种子就会破土而出，且结出丰硕果实。

教育感悟：让我的生命影响你的生命

【万玉霞】我想用一段诗来表达对我所钟爱的教育事业的一番感悟："我不去想是否能够成功/既然选择了远方/便只顾风雨兼程/我不去想能否赢得回报/既然钟情于教育/就勇敢地吐露真诚/我不去想身后会不会袭来寒风冷雨/既然目标是地平线/留给世界的只能是背影/我不去想未来是平坦还是泥泞/只要热爱生命/一切，都在意料之中。"

是啊！在我看来，要想将生命教育理念从"在天上飞"变成"在地上跑"，首先就要关注儿童的心理需求，使之作为教育展开的基本点。因为，好的教育，从来都是关注受教育者心灵需要的教育。德国伟大的存在主义大师雅斯贝尔斯，这位二战后被誉为德国精神支柱，带领德国走出二战阴霾的哲学家、思想大师，在他的著作中对教育作了深刻的界定："教育的本质意味着：一棵树摇动一棵树，一朵云推动一朵云，一个灵魂唤醒一个灵魂。"亦即教育就是心灵与心灵的交融，心灵与心灵的对话，以我的生命影响你的生命，让大家的理想照亮彼此，让大家的心灵相互温暖。生命就在这种影响、交融、对话、照亮和温暖中具有了一种难以言传的意味！

"为什么我的眼里常含泪水，因为我对这片土地爱得深沉。"这是艾青的诗，同样能够表达我对常青实小这片土地的挚诚！

【陶继新】您的这首感悟诗读来让人感动。是的，因为"热爱生命"，才一往无前，才无所畏惧，才遭遇波折，也才收获成果。做教育，就不能太多计较个人得失，就不能瞻前顾后，为了孩子的成长，不管收获的是什么，都是在心里激起的幸福的涟漪。

是的，真正的教育"是一棵树摇动一棵树，一朵云推动一朵云，一个灵魂唤醒一个灵魂"。您不正是用一个高尚的灵魂，去唤醒师生的灵魂吗？我也比较欣赏德国教育学家斯普朗格说的话："教育的最终目的不是传授已有的东西，而是要把人的创造力量诱导出来，将生命感、价值感唤醒。唤醒，是种教育手段。父母和教师不要总是叮咛、检查、监督、审查他们。孩子们一旦得到更多的信任和期待，内在动力就会被激发，会更聪明、能干、有悟性。"

诗人艾青眼里常含热泪，是因为对这片土地爱得深沉；而您也会常含热泪，因为您太爱常青实验小学了。它的角角落落，都有您的身影，甚至有您的泪滴洒过。可是，我又说，这泪也是幸福的泪，因为您的百般努力，万千之爱，都因常青实验小学的发展而化作一个理想的风帆，驶向了理想的远方。

（原载于《中国教育报》，2014 年 9 月 4 日，第 4 版；作者：陶继新、万玉霞。）

灵魂的盛宴

——鸡西市和平小学从“阅读”走向“大阅读”的思考与实践

[陈景利校长简介]

陈景利，1984 年参加教育工作，中学高级教师，黑龙江省特级教师，现任黑龙江省鸡西市和平小学校长、党支部书记。她任校长六年间，带领师生在全市小学开创了小初、幼小衔接，经典教育，科技教育，京剧、名曲、名画进校园，家校深层合作，亲近大自然和社会实践活动的先河。是鸡西地区小学校长中唯一被省教育厅认定的黑龙江省教育家型校长培养对象。学校也成为鸡西市义务教育的一面旗帜、对外展示的一个窗口，并得到了国家教育部领导的关注，《人民教育》杂志曾多次进行专访与报道。

编者按：2008 年 8 月，陈景利接任鸡西市和平小学校长，六年期间，她带领师生鼎固革新，兴利除弊，使学校发展成为省市级名校，成为鸡西地区引领小学教育发展的一面旗帜。学校以阅读为突破口，在课程、课堂、学生活动、队伍建设、综合评价等方面进行了全方位的改革，形成了经典教育与科技教育两大办学特色，经典阅读、家校合作、学生社会实践活动走在全国的前列，得到了教育部、中国教育学会领导的高度评价，学校开展的许多活动受到国家和省主流媒体的关注。陶继新先生在与陈景利校长的接触中，感到她是一位很有思想见地和教育智慧的人，由此萌发了与她进行深入交流的想法，于是成就了这篇一万多字的对话。对话中的陶先生，问天借光，以风过大海的气势，拨动充满渴望与呼唤的琴弦，真诚地告诉人们：人类崇高、精神圣洁、灵魂所在的境地就是静下心来——阅读。末尾点睛之笔的先导，更是刻骨精彩，使题旨升华。

【陈景利】作为一名黑龙江省东北边陲城市的小学校长，能与全国久负盛名的教育专家陶继新先生就小学阅读这一话题对话请教学习，并能聆听指导评价，深感机会难得和荣幸。

【陶继新】陈校长，您太谦虚了！您的道德人格与教育情怀，以及超越一般人的教育智慧，都让我敬佩不已。与您对话，我会学到很多东西。所以，我也特别珍惜这次对话的机会。

【陈景利】多年来，我对小学教育一直有许多要付诸实践的想法。自己从小学教师起步，最初的十年里，成为教学副校长和鸡西地区首届名师，后来在市教研部门和教育行政部门分别任职，承担过教研、培训任务，最后从初教科长到学校做校长，算起来在教育战线工作了三十余年。任校长之前的很长一段时间，自己曾为一些小学办学中的形式主义和浮夸作风所担忧，感觉在课程改革初期，小学层面普遍缺乏科学、个性化办学理念，在改革中跟风、模仿的多，功利思想较严重，导致了小学阶段学生基础不够扎实，后续学习能力不足，以至到了中学后尤显突出，影响了学生的健康成长。

【陶继新】当今教育上的问题很多，可为什么有的人视而不见，听而不闻，以至随波逐流了呢？一个重要的原因，就是缺失了教育的良知，更少了教育的责任感。您经历特别丰富，且聚合成了您的一笔精神资产，加之良知未泯，责任在肩，您就看清了教育的本质。于是，有了您的忧患意识，有了您的“上下而求索”的追求。遗憾的是，现在像您这样的校长已经相当少了，这是教育的悲哀。

虔诚阅读　明理力行

【陈景利】2008 年 8 月，我接任校长时，所任职的学校同样也存在类似的问题，很多工作形式大于内容，包括名声在外的师生读书活动。学校倡导阅读虽然已有六七年的时间，但效果却不尽如人意。一是师生阅读没有形成全员性氛围，有的读的多，有的根本没读过什么书。二是阅读效果不好。读写应是不分家的，但部分教师写作水平较差，简单的计划总结句不通、语不顺的现象较多，阅读在促进师生行为改变方面不明显，读书与做人存在两张皮现象。三是学生阅读存在着盲目性和随意性。阅读范围相对狭窄，对书籍没有甄选，多是信马由缰、囫囵吞枣和蜻蜓点水式的阅读，读书缺乏思考。当问及学生怎么读书时，答案基本上是“看呗”，学生对为什么要读书，读什么，怎么读还很模糊。

通过深入调查，发现产生上述问题的原因有这样几个方面：一是学校和教师对阅读没有进入理性思考层面，对读书还只是局限在形式上的倡导，没有真正纳入课程管理，仍处于感性实施阶段。二是对小学生的认知规律缺乏足够的认识，小学阅读要解决哪些问题不清楚，读什么，怎么读，培养哪些阅读习惯和能力还没有准确定位，多注重儿童文学范畴内的阅读，对学生成长最有益的经典阅读涉猎太少。三是对当代阅读特征的变化敏感度不够，因为，传统纸面阅读的方式已经满足不了学生现实需要，“开卷有益”已经不适应现实社会。四是多数学生的阅读能力没有得到有效的培养，对存在阅读障碍的学生缺少关注。正是这样的一些原因导致了学生读书效益低下、优势不足的问题。这就引发了我对通过什么路径真正解决师生为什么要阅读、读什么、怎么读问题的思考。

【陶继新】您所说的读书中出现的问题，在很多学校现在依然存在着，而且还没有引起足够的重视。读书，本来就应当是全校师生的事情，可现在却成了少数人的“专利”。而没有全员的读书，师生的整体水平就很难真正提升上去。如果说读是一个人的精神输入的话，写作就是精神输出。没有一定量与质的精神输入，就不可能有好的精神输出。阅读质量不高及其随意性，就很难体会到读书的要义。因为只有好书中，才有“明明德”的为人之德，以及超越常人的智慧之识。我的两个女儿的孩子课外所读，除了儿童经典之外，绝大多数诵读的是中国古代经典，而且已经有了一定量的积累。在某些方面，文化已经起到了“化”人的作用，且有了一定的语文学习底气。我想，未来的作用还会更大地彰显出来。为什么有的老师与家长就是不让孩子诵读这些经典呢？因为他们不懂得儿童学习的奥妙。不少大人认为，小孩子根本不懂那些“之乎者也”的古文意思，即使背会了也毫无作用。甚至有的教育专家也持这种观点。其实，他们不懂得一个起码的常识，那就是我们不能用大人的思维来框定孩子的思维。儿童时代是记忆的黄金时段，他们背诵经典更多用的不是抽象思维与逻辑思维，而是形象思维与图像思维。他们不需要理解深义，却可以轻松自如地快速背诵古代经典，让大人们望尘莫及与自愧不如。记忆有一个规则，年龄越小，记得越快，忘得越慢；年龄越大，记得越慢，忘得越快。所以，中国第一篇教育学的论著《学记》上说：“时过然后学，则勤苦而难成。”如果在儿童时代不让他们背诵大量的经典，年龄大了后，用上数倍甚至十几倍的时间也很难记下这些经典。现在记下了，未必理解，可是，却储存到了孩子的精神世界里，随着时间的推移，这些经典的种子就会生根、发芽、开花与结果。您是深知这其中要义的，所以，您在这方面进行了积极的探索，也收获了丰硕的果实。

【陈景利】是的，小学阶段的儿童是学习经典的最佳时期，是形成阅读习惯的关键期。我们在深入的理论学习、问题分析和实践研究中认识到：小学最重要的任务是教会学生学习，通过学习，学会做人和做事。“学会学习”包含着一系列与掌握知识有关的能力，阅读是所有能力形成的基础，是最重要的学习能力，如果这个能力不具备就会制约其他能力的形成，并衍生出许多难以解决的问题。而小学又是培养阅读能力的黄金时期，一旦错过，很难弥补，对小学生来讲，阅读就像生命一样珍贵，是牵一发而动全身的。

【陶继新】阅读是人的精神食粮，也是物质保障，缺了就会发育不良，生命力必然受到影响。所以，我认为，小学校长的责任，就是要为学生营造宽松的阅读环境，让学生享受有品质的阅读生活。教师的责任就是让学生喜欢上阅读，学会阅读，通过阅读积淀学习和生存能力。

【陈景利】为了改变师生的盲目、浅层、低效阅读和为阅读而阅读的现象，解决阅读在提升学习能力、促进行为改变方面效果不佳的问题，保证小学生阅读食粮的充裕，我们将办学的思路定位在“让阅读成为学生成长的切入点，教师成功的着力点，学校发展的落脚点”上，形成了“让阅读成为每一位学生精彩人生的基石”的特色办学理念，并将“虔诚阅读，明理力行”作为校训，进一步凸显阅读特色，强化阅读功效。

另外，从阅读的本义上看，凡是用眼睛看到的、用心去体会的都是阅读，阅读的过程也是复杂的多感官协调运动的过程，在当今信息资源极其丰富的时代，必须颠覆“阅读就是读书”这一贯的理解，我提出了从“阅读”走向“大阅读”的办学策略。所谓“大阅读”，就是在阅读的理念上，确立了“阅读即思考，阅读即育人”的阅读活动指导思想；在阅读的范围上，从阅读书籍拓展为阅读文本、阅读声音、阅读图画、阅读自然、阅读社会和阅读自我六大领域，从书籍一个点的阅读向多维空间阅读转换；在阅读的内容上，秉持“童蒙养正”的原则，实施经典教育，力求让学生从进入和平小学校园的那天起就见到精彩。阅读国内外经典，欣赏中外名曲名画，见识最美好的事物，做最有意义的事情；在阅读的态度方法上，改变被动应付、只读不思、蜻蜓点水式的阅读方式，培养学生边阅读边思考、边阅读边行动的习惯；在阅读的目标上，让学生的阅读实现从“器”的层面转到“质”的层面，达到完善人格的目的。在特色办学理念的指导下，围绕阅读，实施了课程、课堂、活动、评价、队伍建设等全方位的改革。

【陶继新】我感到，你们提出的“大阅读”观非常符合小学教育的规律，也符合小学生的认知规律。不仅有想法，而且有实现这些思路的具体措施，对其他学校很有借鉴意义。学校是文化的圣地，阅读，当是师生必需之事。你们的办学理念和大阅读观，以及与之相应的行动，则让学校有了真正的

"文"味。阅读有广义与狭义之分，您所谈的阅读，则是从广义上说的，既读有字之书，也读无字之书。人的生命成长，需要有字之书的精神滋养，也需要无字之书的感染与塑造。而很多时候，人们忽略了这种无字之书的阅读。我有一个常说的观点，就是"上天入地"。所谓上天，就是阅读"天书"，所谓"天书"，就是世界大师的经典之作。因为这些作品中不但有真善美的精神品格，也有开启人们心扉的大智慧。读得多了，这种大智大美大善，就会"随风潜入夜，润物细无声"地走进读者的心里。可是，只读"天书"还是远远不够的，还要"入地"，即走进社会自然等生命实践场景中，让生命接上"地气"。不然，读到的有字之书，都会成为天上浮云与空中楼阁。孔子之所以成为孔子，除了研读了大量的先贤圣书之外，就是他一直在教育实践中行走。在某种意义上说，他是一个实践哲学家。也正是这种"上天入地"，才让他成为了真正意义上的圣人。您所说的"六大领域"的阅读，比我说的外延更宽，比如您所说的阅读自我，这尽管与"入地"之读有关，可是，还要有与"上天"之读的和谐，还要有生命的感悟才行。再比如声音与图画，通过听觉与视角，去感知属于艺术的那种美好等。孩子的生命成长，需要多种营养，而您所给予他们的，则具备了这一属性。

特色阅读　校本课程

【陈景利】教育除了学校教育、家庭教育、社会教育，更重要的是自我教育，正如苏霍姆林斯基所说的那样："没有实现自我教育的教育不是真正的教育。"而目前最缺失的是自我教育，阅读自我就是实现自我教育的一个重要途径，但我们做得还不够深入，特别期待您的指点。为有效地解决正如您所说的阅读中的"上天"、"入地"问题，我们主要开发开设了具有阅读特色的四大类校本课程，即经典诵读类、文化赏析类、体验实践类和心灵导行类。课程的实施通过三个途径：一是国家课程渗透，二是地方课程整合，三是校本课程深入落实。在经典诵读类课程上，我们根据不同学段学生的认知能力和识记规律，将《论语》等国学经典与古今中外经典美文按年段编入校本教材，每周固定经典诵读时间并开设一节经典诵读指导课，除此之外，要求学生小学期间全文背诵《道德经》。同时，把古今中外经典著作纳入课外阅读之中。低年级以经典的童话和寓言故事为主；中年级以科普读物和民间故事为主；高年级以经典散文和获大奖的儿童文学为主。通过诵读经典，滋养内涵，开发智能，规范行为，养成良好习惯，同时感受中华文明的无穷魅力。在校本经典课程开发的牵动下，各年级组、班级分别拓展了经典诵读内容，加强年本、班本课程建设。目前，我们已经有十余本年级和班级开发的诵读教材。

【陶继新】你们的经典诵读类课程开得太好了！有时间保证，有教材保证，有数量保证，有质量保证。比如要求学生背诵《道德经》，其意义之大，是一般人想象不到的。《道德经》是道家文化的代表作，老子的大智慧在其中得到了淋漓尽致的体现。我甚至认为，一个人不读《道德经》，生命里就少了一些精华思想的浸润。宇宙间有一个生命规则，而人符合其内在的要义；走进《道德经》，就会明白这个规则，就会让生命发生变化。那么《论语》呢？是中国人的《圣经》，当下人们的生活里，都烙印着孔子及《论语》的思想。它不但是一部智慧与哲学书，也是一部教育书，还是一本修身养性的书。《周易》上说："立人之道，曰仁与义。"无仁无义，不可以称之为人。而真正走进《论语》与《大学》、《中庸》，就等于走进了修身的人门。人做好了，事也就不难做好。小时候人学好了，未来就多能成人成才。从这个意义上说，你们的课程，不只是让学生得到知识与智慧，更让学生学到了生命成长之本。

【陈景利】文化赏析类课程主要包括汉字文化学习、名曲名画欣赏、国粹知识学习、数学故事、京剧故事等。体验实践类课程包括书法、手工、武术、体育舞蹈和京剧艺术、研究性学习和社会实践活动。我们开设了以培养学生热爱家乡、建设家乡的情感为主题的《阅读鸡西》、《阅读中国》等校本课程。鸡西是一个具有兴凯湖文化、北大荒文化等历史文化特色的城市。我们把重点放在了《阅读鸡西》上。《阅读鸡西》主要分为阅读家乡的山水和阅读家乡的生活两部分。在课程的实施上，主要采取两个步骤：课堂内，通过讲解让学生认识家乡的人文历史、经济文化；课堂外，根据课堂学习的内容，按照学年段，集中开展“拥抱家乡、亲近自然”活动，让学生走进山林、田园、村庄、矿山，领略家乡的自然景色之美，体验劳动创造财富之美，走向社会和自然的过程也是阅读的过程。近两年我们还利用研究性学习手段，对鸡西地区水资源短缺、水质下降问题，对雾霾天气、对身边不文明行为等现象进行了实践调查，极大地激发了学生的探究兴趣，环境意识、责任意识明显增强。

【陶继新】《阅读鸡西》、《阅读中国》等校本课程中的文章，未必称得上亘古未变的经典之作，可是，却不失为有思想、有品位、有文化的作品，更是学生接地气的课程。生长于鸡西，就要熟悉鸡西与热爱鸡西；生长于中国，就要熟悉与热爱中国。开设这样的课程，有利于培养学生爱家乡、爱祖国的思想。这种爱，具有高尚情结，又会长驻在自己的生命里，并会对未来的发展起着重要作用。

【陈景利】还有心灵导行类课程，我们设计了以“阅读自我”为主题的微型课程，时间主要是每天早上课前的十分钟，每天内容各不相同。周一是“新闻速递”，以实时发生的国内外大事、名人义举为主题，让学生增长见识，接受社会正能量；周二是“赏心悦目”，通过讲述身边的好人好事，感受身边榜样带来的正能量；周三是“心灵鸡汤”，以讲述富于哲理的故事，朗读触及情感的美文或学唱励志歌曲等，让学生的心灵在善和美的情景中得到润泽和滋养，激发内在的正能量；周四是“真情告白”，让学生向老师和同学、向自己说心里话、讲述真实想法、反思自己的行为，形成自我教育的正能量。通过这种微型课，让学生不断积蓄积极向上的正能量，让积极、阳光、向善的力量充溢在每一名学生心中。

这些校本课程，不仅有效深化、助推了以阅读为核心的学校特色化建设，也在全市产生了积极影响，市教育局还专门召开了“和平小学校本教材推介会”，把我们编写的校本教材向全市中小学进行了推广。

【陶继新】一个人的成长，除了思想人格的生成、知识的丰富与智慧的生成外，还有一个重要的元素，那就是心灵成长。小孩子心灵是否和谐与健康，不但会影响到当下的幸福，还会辐射到未来。一个在小时候心灵受过伤特别是重伤的人，长大之后，总会在某个时段以某种形式呈现出来。所以，小孩子心灵的塑造，当是目前学校教育的一个大工程。你们开设心灵导行类课程，让孩子从小心灵健康，就等于为其构建了一座幸福的殿堂。其功也大，其事也巨，其影响也久远。

看来，你们在开设这些课程的时候，关注了文化之“化”，关注了成人之教。现在的教育如果说出了问题，更多则出在这些方面，不是用优质的文化“化”人，而是用一般甚至低俗的文化侵蚀人。小孩子的心灵犹如一张白纸，染白则为白，染黑则为黑。课程，就是为孩子染“色”的载体。从这个意义上说，你们送给孩子的是生命成长的必需品，而且是极其优质的必需品。与您几次接触，您给我留下的一个深刻印象就是，您是一位极有教育情怀的人，是一位很有历史担当的人。当了校长，教育好孩子，您就有了舍我其谁的责任感。而和平小学的孩子，也会因为有您这样一位好校长，有你们这样一批好老师而幸福。

提升阅读　构建模式

【陈景利】我们坚持经典教育也是受您的影响啊！您的《经典让生命有根》和《让幸福与经典同行》两本书，我们全校教师都拜读过，您的经典教育思想和观点对我们启发很大。您说儿童的心灵犹如一张白纸，染白则为白，染黑则为黑，太有哲理了。先入为主是儿童认知成长的重要规律，受什么样的教育就形成什么样的人生，正如“蓬生麻中不扶自直，白沙在涅与之俱黑”

一样。所以，从小接触经典、见识精彩的孩子，就不容易被社会的污浊之气所感染，也不会盲目追星和崇拜。我们发现，经典读得好的学生，均不会产生贪恋游戏、沉迷网络的问题，而且小小年龄内心就很沉静，做事也很有节制。我们的课程开发，有效地解决了读什么的问题，而构建以提升阅读为核心的教学模式是解决怎么读的问题，也就是提高阅读能力的问题。阅读光进入课程还不够，必须重视在课堂教学中培养阅读能力。通过阅读能力的提升，激发学生内在的生命活力，实现深层次阅读，这也是我们课堂教学改革的目的。为达到这一目的，我们构建了“阅读·活力”课堂教学模式。

该模式以“三个回归”、“三个关注”和“五个教学环节”为主要内容。“三个回归”，即回归主体，回归科学，回归育人，这是支撑该模式的思想理念。回归主体就是课堂教学要以学生为本，调动学生学习的积极性和主动性，培养学生主动学习、自主管理的能力，让学生真正成为学习的主人。回归科学就是要求教师按照教育教学规律、学生身心发展规律去组织教学活动，避免因不懂、不遵循规律而造成各种偏差。回归育人就是课堂教学要以育人为目的，培养学生良好的学习习惯，提高学生认识、理解能力，完善人格。“三个关注”即“关注兴趣、关注习惯、关注方法”。这是课堂教学内容实施的重点。教师要投入更多的精力去关注学生在课堂上的学习需求、兴趣爱好、情绪变化，以激发其持久学习的兴趣；有针对性、有计划地培养学生良好的学习习惯；教给学生阅读教材、表达想法、思考问题等方法，使学生在教师指导下学思结合、知行统一，让课堂成为学生主动学习、学会学习的学堂。“五个教学环节”，即“单元导入，目标导学；自学指导，主动探究；互动交流，教师点拨；拓展提高，目标检测；课堂小结，单元回归”。在教学环节中，突出解决以下三个问题：一是强化阅读能力培养，从教会学生阅读教材入手，教给学生阅读方法，通过对文本、图画、符号、声音、情境等阅读能力的培养，提高学生自主学习能力，增强思维水平和创新意识；二是关注师生在课堂上的生命状态，突出学生自主探究、小组互助的学习方式；三是形成系统思考问题的习惯，关注知识结构，整体把握教学内容，培养学生能够在宽阔的视野下看问题的能力。

【陶继新】“三个回归”的研究很有价值。现在的教育，有些不是什么创新的问题，而是回归的问题。魏书生老师经常讲，他讲的没有新东西，都是长了胡子的老经验。可是，这些经验百试百灵。因为这些经验，看似旧，实际上却是符合教育规律的道。而现在有些学校所谓的创新，不少关注的是技术层面。而离了道的技术技法，都是舍本逐末，失去本质要义的。您所说的回归，让我眼睛一亮。因为本来就是如此，可后来偏离了本道，所以必须回归本路。回归主体就是要尊重学生学习的主体地位。想想当年孔子教学的时候，不就是这样吗？再看看我们以前学生上课的地方，不是就叫学堂吗？而现在为什么叫教室了呢？因为学堂之义说的是学习之地，教室之义说的是教师教学之所。两个词的意思迥然不同，说明了两种学生观的不同。您说要回归主体，说明了学生观是正确的，有了正确的学生观，才能形成正确的教学模式。回归科学同样重要。现在教育上出现的很多问题，都是违背教育科学的。比如现在上级到学校的检查之多，到了让人难以忍受的地步。可是看看《学记》怎么说的：“未卜禘，不视学，游其志也。”没有夏祭是不去考查学生的，目的是让学生有充裕的时间按自己的意愿去学习。现在的问题是，有些不懂教育教学或似懂非懂的教育教学者，因其位在其上，到了学校与课堂上，指手画脚，结果让教师不知如何教，学生不知如何学。还有，不了解学情，不尊重学生的现象也比比皆是，有些是不懂教育规律，有些则是人格上出现了问题。如果不予以回归，学生就不可能受到良好的教育。回归育人就更重要了。教育的目的是培养人，而不只是传授知识。当年孔子的教学，是将育人放在第一位的。他有一个教学总纲：“志于道，据于德，依于仁，游于艺。”你看，这短短的十二个字，前九个字谈的都是育人问题，最后三个字也不是与育人毫无关系。育人是本，本立而道生。这个问题如果解决不好，教育就会出大问题，我们的民族就会出大问题。您说要回归育人，不但正确，而且任务艰巨，且有时不我待之紧迫。

您所说的“三个关注”当是抓住了教学的关键。兴趣是最好的老师，可是，当下的教学到底有多少兴趣？而没有兴趣的学习，不但学习效率是低下的，而且还会使学生形成不健康的心理。学习，本来就应当是一种探索未知、提升人生境界的快乐之旅，孔子所说的“知之者不如好之者，好之者不如乐之者”中的“乐”，更关注的是学习的兴趣，而且升华到了审美的境界。关注习惯与关注兴趣同等重要。教育的本质是什么，用叶圣陶的一句话就是“养成良好的习惯”。这个人与那个人最终是成功还是失败，更多不是智商问题，而是情商起着决定作用。而习惯，则是情商的核心元素。好的学习习惯一旦养成，提高学习成绩就有不求自得之妙。关注方法与关注习惯一样，也是提高教学与学习效率的重要因素。之所以说“授之以鱼”不如“授之以渔”，就是说老师单纯地传授知识，学生尽管也能学会，但多不是自己探索出来的。只有学会了学习的方法，不用老师之教而自会学习的时候，才能抵达高效的殿堂。还是《学记》说得好：“善学者师逸而功倍，又从而庸之；不善学者师勤而功半，又从而怨之。”学会与会学不在一个层次上，不但所学知识的巩固程度大不一样，由此形成的思维走势与心灵状态也是大相径庭的。

“五个教学环节”是一种教学流程，也是一个科学的教学系统。同时，它让教师有效之教与学生高效之学落到了实处，并会产生良好的效果。

【陈景利】您的这些论述，让我备受鼓舞的同时更使我有振聋发聩之感。在和您连续的这些对话中，也常常使我在对于学校建设发展，尤其是以阅读为突破口，深化学校教育教学改革的理性思考和实践操作方面，与您有不期而遇之感。这种感觉在开展学科教学活动中，亦有所体现。我们在语文学科教学中强调阅读能力的培养。低年级强调识读，也就是对重点字词的深入解读；中年级强调理读，重点培养学生阅读的流畅性和专注力，在阅读理解上下功夫；高年级强调品读，在思考内化、情感细化、品行变化上下功夫。我们还强调教科书的阅读，主要采用整体——部分——整体的阅读方式，读出教材中的每一个信息。同时，还注重教会学生阅读课外书，学会以问题导读的方式阅读，并开设了课外阅读导读课，目的是教会学生阅读的方法，帮助学生养成良好的阅读习惯。阅读是一个系统思考的过程，当学生在阅读中学会了思考，也就达到了理想的阅读效果。

【陶继新】阅读是语文教学的一个重点，也是一个难点，以至到了高考的时候，阅读依然是考生心中的一个痛。其实，阅读是有道有术的。没有“取法乎上”与大数量之读，阅读能力是不可能真正提升的。因为阅读有一个重要环节，那就是语感的问题。优质语感的形成，不是仅靠方法能解决的，没有质与量的聚合，就不会有优质语感的生成。这并不是说方法不需要了，如果方法不得当，就会走很多弯路，甚至出现事与愿违的问题。您在前面谈到了一些阅读之道，现在又梳理出了一些阅读之法。这样，阅读才能驶进一个理想的境界。

【陈景利】目前教师对“阅读·活力”课堂教学模式的理解更深入了，应用更自如了。本周我随机听了三节课，一节是王岳老师的美术手工课，课中她引导学生在观察图形中寻找创作灵感，在图文阅读中掌握制作要点；一节是李天慧老师的音乐课，她注重在听歌前提出阅读要求，将阅读（歌曲中听到的）到的事物用肢体语言表现出来，很好地将耳朵听到的、眼睛看到的、学生思考想象到的、创作展现出来的多种阅读方式有机结合在一起，提高了学生感受美、欣赏美、创造美的能力。还有一节是李慧杰老师的语文课《我和祖父的花园》，她巧妙渗透的读写指导与深度、广度阅读方法的指导，都给我留下了深刻印象。在课堂上我也见证了学生的阅读能力和学习能力比以前有了明显的提升，这些都佐证了“阅读·活力”课堂教学模式是科学有效的。

【陶继新】正确的路径有了，教师就会循路而行。其实，老师们几乎没有不想教好学的，关键是要让他们知道如何才能教好学，并形成自我探索的意识。以上三位老师的课之所以让您满意，其中一个重要的原因就是，他们已经摸清了科学的教学之路，而且体会到了教学的乐趣。

【陈景利】将阅读融入到学生的实际生活中，让阅读伴随和促进学生的生命成长，是我们深化阅读实践的宗旨。为了实现这样一个目标，在学生中开展了具有阅读文化韵味的主题活动，并形成了一大系列，即品读书香系列、社会实践系列、感恩教育系列、艺术体育系列、科技活动系列、研究性学习系列。

【陶继新】品读书香，是阅读文本、滋养心灵、丰盈智慧的生命之旅；社会实践，是阅读自然、阅读社会、阅读人生，让学生胸怀祖国、心存集体、敬畏自然、挑战自我的生命锻造；感恩教育，是阅读自我、感受恩泽、植入成就他人的思想境界的提升；艺体活动，是阅读声音、阅读图画，接受高雅艺术的熏陶，培养高雅情趣的审美追求；科技活动，是激发思维，增强创新意识和动手实践能力的科学之路；研究性学习，是整合各学科资源，提高将阅读成果转化为行动的综合能力。

【陈景利】您说得太好了，我们也十分重视在每一项活动中培植和注入阅读的内涵，突出阅读文化的穿透力。例如：每学期的亲近大自然活动，在教师指导下，活动前有针对性的书籍阅读，活动过程中有观察、思考、体验式的阅读，活动结束后有反思、交流、感悟式阅读，体现生活中处处是阅读的思想，实现育人的目的。

【陶继新】开展活动是进行人格教育的有效载体。学生不但会积极参与多样化的校内外活动，而且还有了在这些活动上展示才华的机会。有了成绩，希望通过展示得到大家的认可，这是人们共同的心理，孩子更是如此。它不但会大大增强学生的自信心、自豪感，还会让他们求知欲长盛不衰。长久的热情还会内化成一种良好的习惯，而良好习惯将会使孩子们受用终生。

评价阅读　硕果累累

【陈景利】实践使我们深刻地认识到，要使学生的阅读保持持久性、鲜活性，有效的阅读评价是不可或缺的保障。基于这样的认识，我们创设了有效的学生阅读质量的综合评价办法：一是年级读书测试。由年级主任组织，自行出题，每月对学生课外阅读情况进行书面形式的综合测试，并给予学生物质、参与活动等方面的奖励，以此调动全员阅读的积极性。二是分学段的阅读能力测评。除了期中期末的语文综合测试外，增加了针对阅读能力的单项检测内容。以往的一张语文综合试卷考核的多是知识掌握的程度，并不能全面反映学生阅读的水平。为了能及时了解到每个学生的阅读状况，尽早发现学生们在阅读方面存在的障碍，从而寻求解决问题的方法，切实提高学生的阅读能力和学习能力，我们制订了“和平小学学生阅读能力检测评价标准及考核办法”，各年段侧重点不同。具体内容包括倾听能力、阅读态度、朗读和默读能力、阅读速度、回想能力和理解能力等六项内容。这一办法改变了仅凭一张语文试卷粗浅评价阅读能力的方式，促进教师将教学的关注点转到每堂课的阅读训练上。三是阅读考级和小硕士、小博士评比。每年 11 月份开展学生全员参与的“七彩读书考级”活动，根据评价标准，认定学生读书能力的级别。同时，根据学生的阅读情况不定期开展“读书小硕士”、“读书小博士”评选活动，在阅读小能手认定的基础上，“小硕士”的考核增加了现场作文和行为评价内容，“小博士”考核增加了即兴演讲、现场短文创作、行为表现综合认定三项内容，考核不止看阅读量，更看重阅读的质，尤其是学生行为的变化。

最初我们在制订小硕士、小博士评比方案时，没有行为考核这项内容，只是根据学生读书的数量和理解程度作为主要依据，但是我们发现了一个问题，学生读书与做人不是完全正相关，有的学生读了很多书，但行为习惯和品行表现不佳，这样读书是没有意义的，阅读的最终目的应该是完善人格。所以，为了在实践中让学生更好地诠释“虔诚阅读，明理力行”的校训，更好地践行“阅读即思考、阅读即育人”的思想，在读书小硕士和小博士认定上增加了行为考核的内容，引导学生正确阅读、有效阅读。

【陶继新】“虔诚阅读，明理力行”这个校训好！谈阅读的人很多，可谈虔诚阅读的人不多。读书如做人，面对好的作品，应当有一个敬畏之意、虔诚之心。因为好的作品，大多浓缩着作者生命的经历与感悟，有着思想的品位与智慧的含量。所以，阅读不但要读文字，还要读文字背后的思想与智慧，还要读写作品的人。目前，一些人已经少了虔诚，而没有了虔诚，则会失去生命的意义。《中庸》有言：“诚者，天之道也；诚之者，人之道也。”还说：“诚者，物之终始，不诚无物。是故君子诚之为贵。”诚不但表现在平时的行动中，也应当深入到日常的阅读中。再说明理力行。读书的意义是相当丰富的，明理则是其中的要义之一。《大学》开篇之语：“大学之道，在明明德，在亲民，在止于至善。”其意义是相当丰富的，明理则是其中之一。而《学记》则说：“虽有佳肴，弗食不知其旨也；虽有至道，弗学不知其善也。”不学不知善，也不足以明道。当然，这里的学，还不止于阅读文本，还有前面我们谈到的阅读无字之书。而且，明理与力行也是紧密联系在一起的。孔子说：“力行近乎仁。”而明理也要知乎仁。如果一个人读了万卷书，可是在行动上并不好，那这个人等于没有读好书，更没有做好人。小学生之学，当然有文字之学，但更要有行动之学。从这个意义上来说，你们的考评超越了一般意义上的考评，是有了人格素养的考核。这样的阅读，才有意义，才会让学生真正成长起来。

【陈景利】陶老师，您还不知道，当年我提出要将“虔诚阅读，明理力行”做为校训时，还引发了一些不同的意见。个别人甚至认为“虔诚”带有宗教色彩。但我没有动摇，原因就是，我觉得，要做好教育从某种意义上讲应该有虔诚的宗教情怀，学生对待学习也应如此，否则很难成就真正的教育。这次对话又得到您的首肯，更坚定了我以这一校训引领师生阅读的信心。记得您曾经说过：“要把学校打造成为读书的好地方，教师就要与经典为伴，享受职业的幸福；学生与经典为伴，品味成长的快乐。这样，不但教师的专业素养提升了，文化品位提高了，而且学生的综合素养也提升了，身心也健康了。”在这一方面，我与您有同感，小学生的“向师性”决定了小学教师的全部就是为人师表，教师不爱阅读，不会阅读，就很难唤起学生的阅读热情，更不可能培养学生的阅读能力。为此，学校成立了以相互促进阅读、实现教师阅读自我管理的“师友会”，通过阅读经典、阅读名曲名画、阅读教育名著、阅读社会、阅读学生、阅读自我，着力打造一个爱阅读、会阅读的教师群体。“师友会”每学期向教师推荐阅读内容，每周组织读书交流活动，教师每月撰写一篇学习体会汇集在学校编辑的《在阅读中成长》教师文集中。

【陶继新】相信《在阅读中成长》教师文集内容一定是非常丰富的，因为老师们有了属于自己的读书感受，有了在读书中成长的切身体会。阅读经典的要义在于，读与不读不一样，读前与读后不一样。如果读了一段甚至更长时间的经典，没有任何变化，就等于没有读。老师们开始读书的时候，也许不会有现在这种感受，甚至有的还会有一定的抵触情绪。可是，当他们从读书中大大受益之后，就会形成读书的习惯，甚至升华为一种审美追求。有了这种审美感觉之后，人生的幸福也就会接踵而至了。

【陈景利】回眸学校六年间的发展历程，主要得益于有效践行以阅读为核心的办学理念，所带来的学校和师生身上所发生的前所未有的变化。2008 年以来，学校先后获得了国家、省级多项荣誉。2012 年《人民教育》杂志社对学校的一些做法进行了为期三天的深入采访，并以《为了孩子的明天》为题刊登在 12 月第 24 期“名校扫描”栏目上；《黑龙江教育》杂志社对学校阅读特色做了深度报道，并以大篇幅《最是书香能致远》为题刊登在 2013 年第 10 期上；学校的国学经典教育，在教育部语言文字司和中华书局举办的论坛上两次交流经验；2014 年 3 月，教育部办公厅副主任兼新闻办主任续梅与中国教育电视台记者王刚在腾讯网上报道了我校“少年研学会”的活动；2014 年 4 月，教育部副部长鲁昕在看到了网上我校家校活动的视频后，对我校家校共建工作给予高度评价。学校的科技教育排在全省中小学前十名之列；经典阅读、京剧、名曲名画进课堂、社会实践活动、研究性学习、家校共建、小初衔接、课间音乐等在全市起到了示范引领作用；“和平鸽”京剧社团成为鸡西地区对外文化交流的一张名片；2013 年 10 月，市教育局在我校召开现场会，推广我们的经验；学校还承担了全省两次现场会的任务，学校的阅读特色得到了中国教育学会原会长顾明远的充分肯定。

教师也在这个过程中不断成长，特别是师德素养和专业能力提升较快。2012 年，学校被国家扶贫基金会选定为为偏远落后的西部地区送教单位，全校教师为西部送视频微课 100 多节，有两位老师的读书体会发表在《人民教育》上，一位老师还成为《语文教学研究》的封面人物。2014 年 6 月，鲁昕副部长亲点我校班主任李慧杰，参加 6 月 18 日教育部在上海和杭州召开的班主任会议，全程费用由教育部承担。

在深化阅读特色实践中，最让我们高兴的还是学生的文明素养、学习能力一年比一年强。学生们喜爱读书、科技制作、艺术创作、体育运动、社会调查、公益活动的越来越多，参与校外补课的越来越少，涌现出一大批读书小硕士、小博士、经典诵读小状元、爱心小天使、科技小院士；2013 年 7 月，我校学生赵紫汐作为黑龙江的唯一代表进入中央电视台少儿戏曲大赛总决赛；在全省机器人大赛中，我校学生连续三年获得冠军，四名学生获得中国少科院小院士称号。我们的毕业生也成为最受初中学校欢迎的生源。

师生的进步和成长，让我这个做校长的感到无比的幸福和欣慰。

【陶继新】取得如此大的成绩，凝聚了您及老师们的心血与智慧。更重要的是，您与老师们在这个过程中成长了，特别是学生学到了更加丰富的知识，养成了阅读的良好习惯，具备了一定的道德素养，当下快乐的学习状态与文明程度，形成了和平小学的品牌，也为他们未来走向社会奠定了成功的基础。

【陈景利】让阅读成为每一位学生精彩人生的基石，立体化推进学生们向阅读文本、阅读声音、阅读图画、阅读自然、阅读社会和阅读自我六大领域纵深发展，已成为我们坚定不移的办学理念和孜孜不倦的自觉实践，这个过程很艰难、充满着挑战。作为校长我很清楚，我们有些工作还不够成熟，有待完善，前进的路上任重道远。通过与您这样一位富有崇高境界和思想智慧的专家对话，更坚定了我携手师生、驰骋阅读天地、传递正能量、激发正效应、唱响正气歌的信心。有了您的点拨启发、鼓舞激励，我们将更加努力，在学校未来发展中，凝神静思，探幽涉远，以新的成就回报您对我及学校的关注与厚望，并延伸我们的新对话，期待您的新指教！

【陶继新】优质的阅读，就是为学生的精神生命充氧，就是为其未来的生命打点文化底色。有了这个底色，生命就会更有希望，人生就会更加幸福。相信你们会一如既往地在这条路上走下去，期待你们更多的精彩。

[原载于《基础教育论坛》（小学版），2014年第7、8期合刊；作者：陶继新、陈景利。]

创设人人想干事与干成事的环境

——杭州师大东城实验学校的蜕变与超越

［张立栋校长简介］

张立栋，中共党员，1984年7月参加工作，现任杭州师范大学东城实验学校校长，中学高级教师，国家级骨干校长培训对象，省特级教师。在省级以上刊物发表论文20余篇，编写论著4部，主持并承担省级以上课题研究12项。

编者按：杭师大东城实验学校通过尊重、赏识、关心、提高教师，倡导抱团发展，建立学生社团活动，培养学生自信心，规范学生行为，改变家长等一系列做法，成为了一个颇有美誉度的名校。不难看出，张立栋校长在学校管理上做得有声有色，用一串创新的脚印走出了一条属于自己的路。

如果说张校长对话内容实质是一只“金蝉”，那么陶继新先生的对话就是采用“脱壳”的技巧，让金蝉质变后展开双翼飞翔。陶先生在对话中所用的警句与杭师大东城实验学校的实践经验结合在一起，形成蓬勃与哲理的共振。读着读着，如同读到镰下饱满的时空和奇迹，恰巧又传来灵魂深处的颤抖。这一刻，让我们不由得思考教育的真正要义，以及教育背后那个廓大的世界。

传递正能量，抱团求发展

【张立栋】教师改变是学生改变的基础，这几年学校发展过程中，十分关注教师的状态和教师的精神成长。现在看，尊重赏识的教师核心文化已成为教师的自觉。想干事的氛围已经形成，人人干事、人人展示、人人成事。就拿教师参加各类比赛获奖来说，无论是获奖数量还是获奖等级都比以前有较大跨越，教师越来越有成就感了。

【陶继新】教师的生命状态决定了学生的生命状态，当他们人人干事、展示与成事的时候，不但自身的价值得到了体现，还会将这种积极的人生态度辐射到学生那里。学生有了优质生命状态后，不但可以提高学习的成绩，还会积极地面对人生。而学生的成长，反过来又会激发教师工作的积极性。这种良性的互动，自然让学校快速发展起来了。

【张立栋】随着学校的不断发展，我们感觉到中层管理干部的管理水平亟待提升，所以适时提出了只有改变中层才能提升教师的要求，这也是我们实施精细化管理的关键一步。赢在中层，才能使教师的工作真正接地气。

【陶继新】中层是学校发展的一个关键环节，它是上达学校领导与下接群体教师的一个枢纽。中层干部有了工作的积极性，有了教育的智慧，学校领导会省心、省力且多能事半功倍；老师们则会尽心尽力且能收获教育教学的成果。

【张立栋】于是我们就强化了对中层包括对三长即备课组长、教研组长和年级组长的培训，组织管理干部的论坛，提升每一位管理干部的管理意识。现在是每学期一次的管理干部论坛，大家针对管理工作中的问题和困惑谈自己的工作和学习体会，比如，过去教师工作出了问题，干部常常会埋怨教师没做好，现在不是了，干部首先会从自身找原因，做自我反思，这样与教师的沟通就顺畅了，很多问题就很容易得到解决，同事干群关系也顺畅了，因为在学习中大家认识到管理的二八原则。

【陶继新】从自身找原因与做自我反思，显见了中层干部的精神境界。而教师属于知识分子群体，他们有良知、有追求，同时，他们也有尊严，有的还特别爱面子。当中层干部主动承担责任与承认错误的时候，即使原本有些意见的老师，也会变怨恨为敬佩，变疏远为和谐，甚至也会主动承担责任与自我认错。于是，积极和谐的人际关系就形成了，大家工作起来就会心情舒畅，就能取得理想的成绩。

【张立栋】传递正能量，抱团求发展，是我们在一直关注教师团队建设中提出的理念，尤其在现实当中，看到了明显成效。为了激励教师团队力量，我们已经连续做了五年十次，就是每学期开学第二周的全体教师的表彰会，除颁奖环节外我们还有一个重要环节就是备课组的智慧分享。在这个会上，我们要求组内的每一位教师都要上台发言，每人从一个侧面说组内老师的故事。表扬他人和被他人表扬同样都很开心，这是全体教师最开心的时刻。

【陶继新】有了成绩，期待展示，从而得到大家的认可与赞扬，这是人的共通心理。你们的智慧分享，则为老师们提供了一个展示的舞台。展示的老师会因此生成一种特别的自豪感，进而在以后的工作中更加努力。没有展示的教师，也从这些榜样身上看到了努力的方向，并会自觉地“学而时习之”，期盼在以后的展示中也能一展风采。当老师们都有一种向上状态的时候，也就凝聚成一种集体的力量，也就有了更好更快发展的可能。

【张立栋】我们学校的办学愿景是幸福校园优质教育，我们想只有教师幸福学生才能真正幸福。几年的办学历程对学校的每一位教师来说都是很辛苦的，但老师们虽然辛苦却很快乐。在进修学校老师来校进行教学工作的调研中，有一份调查问卷，结果统计，我们学校教师工作的满意度和幸福指数是最高的，他们觉得很惊讶，但我们老师认为很正常。之所以会有这个结果，与我们提出的管理思想有关系，我们一直认为，管理就是服务，就是要为每一位教师的发展和成长服务，搭台子竖梯子，为教师成长提供平台，因为只有教师成为名师，学校才能真正成为名校。

【陶继新】教师幸福与否，与其经济收入有一定的关系，而与其精神的成长关系更大。当老师们感到在学校里得到领导的尊重与信任，且感到自身不断发展的时候，才能形成真正意义上的幸福感。每一个教师都希望得到认可与发展，你们恰恰为他们提供了这种可能。发展就要付出，付出就有可能劳累，可是，劳累并不等于苦。心甘情愿地去干工作的时候，所谓的苦与累都会变成甜与乐；被迫无奈去工作的时候，即使干得不多也会心力交瘁。当老师们心有幸福感的时候，不但会有高质量的工作，而且会有愉悦的心境与健康的身体。这些，又都是与幸福紧紧联系在一起的。

【张立栋】只有教师的幸福才会有学生学习生活的快乐，教师是学生幸福成长的源头。因此我们在平时的管理工作中十分关注教师的工作状态。关于学生学习成绩归因的变化很能说明问题。记得几年前，当学生考试成绩不理想的时候，教师总是喜欢在学生身上找毛病，结果听下来，成绩差与老师一点关系都没有。通过引领，让老师从关注自身状态开始。现在完全不同了，同样还是考试，还是分析成绩，老师常常是内观自身，反思自己的教学行为，找自己教学的不足，不去埋怨学生不好，而是鼓励欣赏学生的变化，结果学生也越来越好了。

【陶继新】归因上的变化，反映出教师人生境界的提升。而人生境界的提升，自然会有新的教育景观诞生。它不但能提高学生的学习成绩，更会让学生感到教师人格的高尚。教师之所以称为教师，更多应当体现在道德修为上。中国儒家经典《大学》开篇就说："大学之道，在明明德，在亲民，在止于至善。"还说："自天子以至于庶人，壹是皆以修身为本。"分析学生成绩优劣的原因探索只是一种表象，而深层次的原因则是教师的人生修为提升了。"修身则道立"，有道才能本，有本才能从根本上提高教育的质量。

搞社团活动　塑自信品质

【张立栋】要说学生变化，最大的变化就是学生自信心的提升和行为习惯的变化。过去学生总是认为自己不行，记得 2009 年 12 月，有一批美国客人来学校参观，会议室的旁边就是六年级学生的教室，客人走进教室，几乎没有一个学生敢抬头看美国人，更别说与客人主动打招呼了，后来再三启发才有几个学生开始与客人问好。这件事对我们触动很大，按六年级学生的英语基础，听懂会说一点问题都没有，为什么学生不敢交流呢？关键就是学生缺少底气和勇气，实际是不自信的表现。经过几年的实践，现在学生的表现完全不同了，类似的机会多了，学生也主动交流了、主动参与了，精神面貌有很大改观。

【陶继新】学生前后变化之大，折射出一个问题；你们的学生不但有了自信心与好习惯，还有了底气与勇气。一个充满自信的学生，即使当下学习成绩一般，也会力争上游，最终取得优异成绩的。养成良好的习惯至关重要，叶圣陶先生说："教育是什么，往简单方面说，只有一句话，就是养成良好的习惯。"养成好的习惯，利在当下，功在未来。这个人与那个人之所以有取得巨大成功或很少成功的差异，关键不在智商上，而在情商上。而习惯，则是情商的核心元素。现在你们的学生与外国人交流表现出来的是一种文化自信，是因为他们有了足够的底气。没有自信与底气的勇气是匹夫之勇，而有了自信与底气的勇气则会闪烁出智慧的光华。

【张立栋】要说其他变化，社团活动是最好的例证。学生社团是我校的一大亮点，我们学校的社团经历了一个从无到有，从小到大的发展过程，现在社团活动已经成为学生的最爱。我们的要求就是人人有项目、人人都参与、人人都发展，其特点就是一个全字，学生全员参加，每个学年进行一次调整，完全尊重学生的兴趣和自愿。每周三和周五下午是我校学生社团集中开展的时间，这个时候学生要离开自己的班级到自己参加的项目所在的教室活动，采取的是 1 加 1 的管理模式，一位老师负责学生管理，另一位老师负责具体项目教学指导，确保了社团辅导的质量。现有校级和年级社团 120 个，有些社团已经成为江干区的优质社团和品质社团，今年六一，我校舞蹈社团 44 名学生参加了在国家大剧院举行的以“快乐的童年”为主题的 2014 魅力校园六一国际少儿歌舞展演活动，现在我们的社团正在向课程化发展，我们正在进行积极的探索。

【陶继新】社团如此之多，学生活动如此积极，真是令人感叹！学校，不能只是学生学习知识的地方，更不应当是一个心灵沉默的寂寞之地，而应当是学生快快乐乐挥洒才思的园地。社团，则为学生开辟了这个园地。有着不同特长与爱好的学生，可以“各取所需”地走进他们所钟爱的社团。人的潜力是巨大的，只不过有的显现在这个方面，有的显现在那个方面；而单一的课堂教学，很难让学生的多元智能发挥与展现出来。社团，则有着独特的优势。学生在社团活动中，不但会缓解学习的压力，感受学校生活的快乐，还会因能展示其才华而形成特殊的自信。这种自信心还有迁移的功能，即可以扩展到课堂上，让学科学习也有了别样的成效。当然，还可以延伸到更多的方面，以至人生命变得更加精彩。

【张立栋】社团活动可以说在学生兴趣和特长方面有了长足的发展，更重要的是学生将在社团活动中获得的灵感和自信迁移到学习上，对学习的促进是显而易见的，学习上自信心提升，提高了学习的兴趣，也获得了学习的成功体验。课堂上，学生在教师的引领下，积极参与，主动学习，学习成绩有了较大提升，我校也进入了江干区的教学质量一类学校，家长和社区都给予很高评价。

【陶继新】自信心之所以产生这么大的作用，是因为学生有了自信之后，就会在心理形成一种积极的思维定势，我能行！我一定能行！即使学习中遇到困难，那也是暂时的，我相信自己可以克服这些困难，以至可以享受破解困难的心灵愉悦。自信心提高学习效率与学习成绩之后，又会生成更大的自信心。这种良性的运转，不但会让学生当下充满希望，还会让他们在未来的旅程中，能一往无前地去争取更大的成功。

教育有温度，管理是服务

【张立栋】所以，我们始终认为，一所学校真正的变化应是人的变化，包括人的行为举止和精神面貌，当然环境对人的影响也是不可忽视的。在校园文化营造过程中，我们始终坚持的一点就是，校园文化的核心是人，“尊重赏识情满校园”是学校文化的核心。用身边的人影响身边的人，用身边的事教育身边的人，在我们的校园里，无论是墙壁上，走廊里还是路灯的灯柱上，展示的都是学生和教师的心声。这样做的目的就是让师生知道，校园里真正的主人是学生和教师。人的存在是价值的体现，而改变人才是教育的真正目的所在，行为、言语本身就是最好的教育。

【陶继新】身边的人最有说服力，也最有影响力。他们的事迹是真实的，是可学的，当更多的人都想着在自己的精神与智慧方面“更上一层楼”的时候，学校也就有了正能量的文化。再说，对那些身边人的展示，对他们本人来说也是一种认可与表彰，他们会更加努力，不辜负大家的信任与鼓励。一所学校的发展，离不开全体教师的努力，每一个人都是重要的。学校文化就要“化”到所有教师的心里，让他们感到自己就是学校的一部分，学校的发展也有自己的一份功劳。当人人都以主人公的姿态活跃在校园里，人人都有一种校兴我荣、校衰我耻的集体荣誉感的时候，真正的学校精神文化也就形成了。精神文化一旦形成，就有相对的稳定性，它会在很多层面“潜移默化”地对全校师生产生影响，让积极向上的精神鼓舞更多的人努力奋斗。

【张立栋】教师是学校发展的一支重要力量，教师健康向上的心态比教师的教学能力还关键，因此爱心和责任是教师的必需，因为只有信其师方可信其道。教师对学生的影响是“润物细无声”的，就是要求要做有温度的教育。

【陶继新】“有温度的教育”说得好！我们读作品还要“披文以入情”，教师面对活泼的孩子，更要充满感情，爱心永驻。不要认为小孩子不懂得老师之爱，其实，每一个小孩子都有一双火眼金睛，老师对他们有没有责任，有没有爱，他们都看得一清二楚。所以，所有爱孩子的教师，也都得到了孩子们的爱。有了爱与责任，也才有了真正的教育，也才有了孩子的真正成长。

【张立栋】在教育过程中，教师要有心理定力，就是相信学生都是可以改变的，因为每个孩子都是独立的个体，学生的差异是客观存在的，教育的最大价值不是把学生差异补齐，而是在各自基础上的有效提升，因人而异，因材施教，才是教育的本真。要引牛向草，而不是摁着牛头吃草。这样学生的学习才是快乐的，学生的活动才是健康的，学生的精神成长才是有益的。

【陶继新】中国第一篇教育学的论著《学记》有言：“导而弗牵，强而弗抑，开而弗达。导而弗牵则和，强而弗抑则易，开而弗达而思。和易以思，可谓善喻矣。”是啊！教学中，教师要引导孩子，而不是像牵着牛硬让它走；我们要相信孩子各有所长，各有潜能，要赏识他们，而不是压抑他们；我们可以为他们打开通向智慧的大门，但不要领着他们走进这个大门，而是让他们自己在探索中走进去。因为学生是发展中的人，当他们具备了自我学习动力与前进方向的时候，学习就会变得不再困难，而有了乐在其中之美。

【张立栋】几年的办学经历给我最大的启示就是人的变化，教育的育人功能得到充分体现。教师的变化引领着家长和学生的变化。记得2009年底，集团举行首届课堂节，其中有一个环节是专家论坛，每个论坛组织者都是杭师大的专家，在一个分论坛上，出现了一个现象，让在场的老师和专家感到惊讶！临近结束还有半个小时，因为超出了下班时间，有一位年轻教师突然宣布，请让我说句话，散会，然后起身离开，这一举动令会议主持者很是尴尬，在场的老师也是面面相觑，论坛不欢而散。时间推移3年，同样还是这位老师，就像变了一个人似的，工作上勤勤恳恳，兢兢业业，对待学生就像自己的孩子一样，很受家长欣赏，对待同事像自己的兄弟姐妹，得到老师们的赞赏。

有人说，在学校里最难管的是老师，对此观点我不敢苟同。多年的学校管理实践给我的启示是，老师其实不是管出来的，因为老师首先是文化人，普遍受过高等教育，应该说有知识、有水平、有修养，是一个值得尊重的群体。我始终认为，人的第一需要是被尊重，也就是说，面子比票子更重要。基于这种认识，我们提出在学校管理上，所谓管理其实就是服务，为教师成长搭台，为教师工作提供方便和支持。

【陶继新】这是一个个案，但却折射出一个问题，这个老师当时是带着气而说走就走的，可以说是对学校有不满情绪的，只是采取了一种极端表现形式而已。那么，没有表现出来的老师就没有气了吗？不一定。之所以出现这样的问题，是有深层次原因的。并不能说这个老师及相关老师有问题，而是要考虑学校领导对他们尊重了吗？他们得到公正对待了吗？您说得对，教师爱面子胜过爱票子。可如果他们相应的尊严没有了，他们也就有可能什么都可以做出来。这个老师后来为什么变得这样好呢？其中的原因当然是不言自明了吧。我并不是说所有的教师都没有问题，而是很多问题，更多的不是出在老师身上，而是出在学校领导身上。孔子说：“其身正，不令而从；其身不正，虽令不从。”学校领导特别是校长做好了，教师也就多能做好了。还是孔子说得好：“君子之德风，小人之德草。草上之风，必偃。”

非常认同您所说的管理就是服务的理念。学校领导服务于教师的时候，教师是心知肚明的；学校领导凌驾于教师之上的时候，教师也是明明白白的。我们不能说教师是为校长与学校领导干的，却可以说，学校领导的优劣，直接影响着他们的工作态度。当然，这里的服务并非低层次的，而是高品位的，除了尊重信任之外，还要为他们搭建成长的舞台。校长的心胸有多大，学校的名师就有多少。名师多了，名校也就自然而然地诞生了。

发展新教师，激情创奇迹

【张立栋】教师的进步和成长是学校持续发展的不竭动力，老师们舒心工作，孩子们就会快乐成长。尤其是青年教师得到更快提升，老师们工作的成就感明显增强，2013 学年，先后有 2 位青年教师代表杭州市参加全省优质课比赛，分别获得中学英语和中学信息学科一等奖。

【陶继新】青年教师脱颖而出的背后，一定是有原因的。除了个人素养与努力之外，学校当是其成长的一个大背景。既有学校领导的信任与鼓舞，也有老教师的扶持与帮助，还有整个教师团队的同心合作。青年教师是学校未来的希望，这部分老师有了持续发展的动力之后，学校也就有了美好的未来。

【张立栋】这几年学校始终处在发展的过程中，每年都有几十个大学生加入到教师队伍中来，他们边熟悉边工作，边适应边工作，他们能否快速成长担当重任显得尤为重要。鉴于这种情况的存在，集团理事长林正范校长审时度势，适时成立了教师发展学校，有杭师大专家领衔组织开展了诸如教师课堂教学观察班、班主任班级管理提高班、教科研班等，教师自愿报名参加。除此以外，还有专家引领名师助跑项目，有专家针对学科教学的指导，使学科教师提升很快。同时，集团充分挖掘一切资源为教师成长服务，2013 年 10 月，集团学校 23 位教师走出国门到加拿大蒙特利尔进行为期 20 天的英语培训，参训教师大开眼界。

【陶继新】集团理事长林正范校长当是一位有大气魄、远眼光的领导，他知道如此做会有很多的经济投入，可他更知道教师的成长关乎到学校的未来。投入的是钱，收获的是教师的成长。几乎所有的老师都有很大的发展潜力，当学校为其提供发展的平台而他们又真的发展之后，他们收获的不只是业务的提升，还有一种自信心与自豪感的攀升，以及心灵的愉悦与人生境界的升华。今年 4 月 13 日在你们学校采访您的时候，您就感慨于林理事长的大的教育情怀，说他特别关注人的成长，也特别希望当地老百姓的孩子受到优质的教育。有了这样的好领导，再加上优秀的教师，培养出品学兼优的学生，也就有了水到渠成之势。

【张立栋】新教师的发展和成长一直是学校领导关注的大事情，学校成立了新教师培训班，按来校时间分成年级，有专人负责对新教师进行指导和培训。基本功训练常年坚持，每学期结束新教师都要进行学习成果汇报，完成新教师成长册。与此同时，学校还专门聘请特级教师、区内外名师组成名师工作室，专人蹲点，对新教师进行跟踪指导，帮助新教师成长。为了让新教师能够及时将自己教育教学的思考进行整理和汇报，要求新教师每月要撰写教学反思，上传校园网并由教导处安排老师进行跟踪点评，既提高了新教师的写作能力，又及时整理了教学所思所想，可谓一举两得。

【陶继新】新教师有热情，有干劲，有发展的愿望；可是，如果在起初几年没有激发起他们的热情与干劲，慢慢地，他们的热情与干劲就会消解下去，就会失去发展的愿望。你们高度关注青年教师的发展，有效地激发了他们发展的热情。人的发展，有时是需要一定压力的，比如要求新教师每月要撰写教学反思等。不过，压力也会变成动力，动力又会燃起激情，激情则会创造奇迹。当发展成为主动需求，甚至是审美追求的时候，青年教师就有了势不可挡之势，“后生可畏，焉知来者之不如今也”的景观就会展现出来。

【张立栋】新教师进入工作岗位常常是既要当班主任又要担任学科教学任务，通常会遇到班级管理的难题，这也是新教师的管理弱项，因此我们及时进行跟进，对新教师进行提升学生管理能力的培训和指导。我们还邀请杭师大专家来校进行项目指导，选择班队课这个载体，提升新教师的教育水平，这个项目实施一年多来，成效非常好，新教师普遍感到收获大。

【陶继新】做一个班主任，既需要有爱生之心，还要有会爱的智慧，还要有管理的方法，这对青年教师来说当然是一个难题。不过，他们有热情，又好学，如果进行有效的指导，做好班主任工作也就有了可能。指导到位与得法，优秀的青年班主任队伍就有可能形成。你们在这方面探索出了一条很好的路子，这不但会让你们的班主任收获甚大，也会对其他学校做好青年班主任工作产生积极的影响。

教育“化”家长，同心育英才

【张立栋】几年来，我们认为在教师变化的引领下，学生发生了很大变化，事实上家长的变化更大。记得2009年秋季开学的一次家长会，很是纠结，来校参加会议的家长可以说像是来学校赶集，有穿拖鞋的、穿短裤的、穿睡衣的等等，会场秩序很糟，大声说话的、接打手机的、来回走动的等等。几年过去了，家长今非昔比了，现在家长会已成为学校的一大特色，我们每个学期还组织家长论坛，不仅穿着上讲究，行为举止十分文明，而且有的家长在学校组织的论坛上侃侃而谈，俨然是教育专家，很有味道。每当看到这些惊人的变化，我就觉得办学越来越有成就感，老师们更是开心不已。

【陶继新】你们所开设的家长论坛等活动，让他们知道自己是学生的家长，是应当为孩子争光的，也是应当为孩子的成长承担责任与义务的。家长与学校，从本质上说是一个战壕里的战友，在关注孩子成长上，有着共同的想法。所以，当家长真正明白如何对孩子成长有利，以及自己以身作则和“择其善者而从之”的意义之后，他们也就会进行自我“改造”，变化也就有了必然。再说，学校不但是文化之地，也是一个精神道场，它对家长有有形的影响，也有无形的影响。他们初来学校时的表现，当是一种自然，因为他们在家里在社会上就是这个样子。可是，你们学校里师生的文明言谈举止，他们会看在眼里，慢慢地内化到心里，再逐渐地外化到言行中。

【张立栋】家长的变化远不止这些，家委会的成员和家长志愿者已经成为学校教育不可或缺的一支重要力量，我们认为教师要与家长建立良好的共同机制，并且尽可能地让家长成为教育学生的帮手，实现家校教育资源的共享。

教师访千家活动拉近了家长和老师的关系，同时也拉近了学校和家庭的关系，共同营造学生成长的良好生活和学习环境。尤其是书香家庭的评选活动，大大激发了家长教育孩子的积极性和主动性，家长已经不再是教育孩子的局外人，而是成为学生学习的示范者和引领者，家长主动买书的多了，主动读书的多了，学生主动学习已经成为一种自觉。

我们认为，一所真正的名校，家长对教师是敬重的，对学校是敬畏的，对教育应是充分理解的。我们正在向着这样的目标努力。

【陶继新】教师访千家活动令人敬佩不已，因为现在家访者已经“几希矣”。可是，家访的意义非但没有因为时代的变迁而消减，反而有了更大的价值。这自然会耽误老师们不少时间，可由此而拉近的教师与家长的心理距离，却是无价的。当教师与家长心理和谐、目标一致时，学校教育也就相应变得简易而轻松。书香家庭的评选活动不但提高了家长教育孩子的积极性，还让家长更有文化。文化的要义之一就是以文“化”人，通过优质的文化不但可以改变家长的话语方式、思维走向，还可以改变他们的心理状态与幸福指数。当家长变得越来越有修养，心理越来越健康，越来越有文化品位的时候，家庭教育也就跃升到一个更高的层次了。

【张立栋】几年前学校组织学生演出活动，家长常常觉得麻烦，参与活动的积极性不高，甚至借故不来，现在完全不同了。无论是家长会还是亲子活动，尤其是大型演出活动，家长总会踊跃参加，跑前跑后，和老师一起为学生服务。原来学生在学校演出时，家长表现得很冷淡，现在是家长拿着摄像机、照相机在台上台下忙着给学生拍照，看到自己孩子的精彩表演，很有自豪感和成就感。

【陶继新】学生成长的快慢与优劣，家长是最清楚的。现在他们之所以积极参与学校的活动，是因为他们感到这些活动对孩子成长有利，是因为他们对学校有了感情。他们的自豪感与成就感，是与孩子的幸福与成长紧紧联系在一起的。而家长的这种积极情绪，又会在无形中辐射到孩子那里，让他们有了更多的快乐。学校与家庭的和谐，让孩子有了更多的幸福，也有了持久发展的可能。

（完稿于 2014 年 6 月 22 日；作者：陶继新、张立栋。）

寻找教育的“幸福密码”

——北京市朝阳区安慧里中心小学校长孟夏的教育坚守与追求

［**孟夏校长简介**］

孟夏，中学高级教师。先后从事过小学、中学、师范、职业高中的教学工作，担任过中学教研员、职高兼职教研员、教研中心小学教研室主任。现任北京市朝阳区安贞里学区管委会主任、安慧里中心小学校长。在从教的三十多年中，不断在继承中发展，在改革中创新，在朝阳区、北京市创建了多项教育品牌。《中国教育报》、《中国政协报教育在线周刊》、《语言文字报》、《现代教育报》、《发现教育》、《未来教育家》及新华网、人民网、中国教育网、中国广播网、中国校长网等多家主流媒体都对他的业绩做过专题报道。他撰写的论文曾获教育部“九五”、中国教育学会“十一五”规划课题一等奖，中央教科所一等奖，北京市基教所一等奖，曾参加编写了《现代汉语新词典》和《中国文学名作鉴赏与选读》等书，均已由国家级出版社出版。

20多篇文章分别在《人民教育》、《人民教师》、《中国教育学刊》、《基础教育参考》、《语言文字报》、《中小学心理健康教育》、《班主任》、《北京教育》、《北京教育报》、《华夏教师》、《朝阳教育》等国家、市区核心期刊上发表。

先后被授予全国优秀校长、全国百名优秀小学校长、全国研究型校长、中国基础教育行业十大教育创新人物、中国可持续发展教育（ESD）项目开拓者奖、北京市杰出校长、朝阳区教育突出贡献提名奖、朝阳区教育年度人物、全国特色教育先进工作者。曾被评为北京市中学语文学科市级骨干教师、朝阳区“优秀中青年知识分子”。现为《基础教育参考》理事会常务理事，华夏教师杂志社特约研究员，朝阳区教育学会理事会理事、学术委员会委员，中国关心下一代工作委员会教育发展中心《中国教育创新与发展》副主编、中国音乐家协会电子键盘学会名誉理事。

编者按：北京市朝阳区安慧里中心小学校长孟夏有一句名言：“人生可以选择放弃，却不能放弃选择。”这句话也是他本人人生发展轨迹的真实写照。在36年的教育生涯中，孟夏有多次机会可以离开学校或教育，过上更舒适、优越的生活，但他都选择了坚守。支撑他的正是一份无与伦比的职业幸福感，支撑他的正是对“幸福教育”的执着追求。

这样独特的人生经历是一笔巨大的精神财富，深深地影响着孟夏的办学。如今在小学教育的园地里，作为学区管委会主任兼中心校的校长，他都能够以恬淡、平和的心态去理解教育，践行他理想中的学校教育。他能够大胆突破常规，创造性地开展艺术教育、心理健康教育、性健康教育实践；也能够抛开功利羁绊，回归教育本原，关注每一个学生和教师的精神成长，引领他们感悟幸福、传递幸福、创造幸福。这一切最终升华为他对“幸福教育”的全部理解。

2014年初夏的一天，山东教育社原总编辑陶继新先生与孟夏校长进行了一场心灵对话，畅谈对幸福教育的理解、感悟和实践，走进了他那深沉而丰盈的教育世界。

生命因教育而幸福

【孟　夏】我觉得我这一生做出的一项重要的决定，就是选择了教育事业。因为它让我找到了实现人生价值的路径，随着工作的变化经历了不同的教育，不断地对教育有了更多的理解。我的教育观念与实践构想大都不是从书本上习得的，而是从实践中感悟到的，包括我的幸福教育理念。这也使得我在几次人生路口的选择上，尽管个人待遇、生活境遇上并不富足，但都没有放弃对教育的追求。

【陶继新】您对教育的感情是从血液里流淌出来的，有着极深的渊源。所以，在一般人看来，您舍弃的是官位，是财富；可在您看来，您获取的是生命的价值与意义，是人生的幸福。尽管您在教育行走的路上也有这样那样的艰难，可是，这都不能改变您对教育的执着追求。人的一生不可能同时干几件大事，却可以将一件大事做好。您则将教育这件大事做得精彩纷呈，不但成就了自己，也让很多老师与学生领略到了教育的意义。

【孟　夏】我从教已经 36 年了，这 36 年中对教育感悟最深的，也最引以为傲的还是小学教育。此前从事师范教育、职业教育的一些经历，使我越发感受到了基础教育尤其是小学教育的重要性。在师范学校任教期间，我感受到了自由、民主的学习氛围，因此对幸福教育产生了本能的向往。

回到北京后，从事了 6 年多的职业教育，恰逢职业教育“萎缩”期，也成为我最痛苦的一段时期。正是有了前后这两种教育的比较，才使我一直在思考“我们应该提供怎样的教育”的命题，也更加珍视幸福教育的价值。

【陶继新】小学是有点“小”，可是，它的未来意义却是巨大的。正如高楼大厦平地起，必然有一个坚硬的地基做支撑一样。小学教育做好了，不但可以成就真正的人才，更可以成就真正意义上的人。人做好了，才能才尽其用，才能获得幸福。每一个人都希望自己幸福，可是，对于幸福的诠释却是千差万别。而小学教育，恰恰要给孩子们锻造一个真正幸福的童年，并让这种幸福绵延下去，直到未来。

【孟　夏】当初自己做教育，纯粹是一种被动中的偶然。真正喜爱上教育是后来的事。或者说，是经历了一个从职业喜爱到事业追求的过程。开始是把它当职业当乐趣，后来是把它当事业当使命。每当人生出现转折、工作遭遇挫折的时候，我就在想，既然选择了这一行，就应该不断坚持把它做好，对得起这份职业，也对得起当初百转千回做出的人生抉择。

【陶继新】天花乱坠地说，远不能比踏踏实实地做重要得多。孔子说“古者言之不出，耻躬之不逮也”，就说明了做的意义之大。孔子之所以能够成为一个大教育家，最重要的是做出来的，所以，有人说他是一位实践哲学家是有道理的。当老师如此，做校长亦然，只有踏踏实实地做，才能真正做好，才能对得起这份事业。

【孟　夏】面对人生中的几次机遇，不管是早年的提干、开启仕途之路，还是中间待遇优厚、让人羡慕的社会地位，我始终坚守自己当初的选择，这其中更多的还是出于自己的乐趣，以及感受到的一种所谓的“价值”——成就感。

另外，正因为对幸福的认识方法与途径不同于他人，也正是在这个过程中不断体验、领悟着幸福，此后无论自己做教师还是做学校管理者，才会由衷希望我的学生不仅在学习阶段能够感受幸福，今后也能拥有一个幸福的人生，不需要在成长过程中以苦难与挣扎换来所谓的终极幸福。人生就像是一次长途旅行，每段都应该有每段的风景，更重要的是感受到生命不同阶段的幸福。

【陶继新】工作有职业、事业与志业之分，而您则将教育当成了一种终生不舍的志业。于是，其他的诱惑就不可能动您心，摇您志，相反，您越干越感到教育工作的意义太大了，以至有了乐在其中的感觉。

做教育工作，当然会有累，有苦，但当您有了为师生幸福而工作的追求后，这些累与苦又都变成了美与甜。更重要的是，您的这种志趣并不止于您自身，您还推而广之，让老师们、孩子们也在乐中教，在乐中学。他们当下的生命状态是幸福的，同时，这也成了一个为他们未来的幸福构建精神的奠基工程。

【孟　夏】您说得很对，但是把这种理念转化为教育实践的过程是很艰辛的，尤其作为管理者，要把理念通过管理手段变为教师的一种教育实践，把自己的教育理想转化为教师的教育行为和目标追求的时候，就会感到时时的不如意。教育理想不是一个自我陶醉的“象牙塔”，必须要找到适合的载体与方法，让它变成大家的共同愿景，在实践中落地。

【陶继新】理念转化为现实，当然需要一个过程，因为内化于心，进而付诸行动，既有一个思想蜕变的过程，也有一个实践验证的过程。不过，永远都不能放弃，要想做好任何一件事情，都需要努力，也需要等待。不过，等待不等于无所事事，其中内含了相信会变的信念，也内含了继续为之努力的信心。

为学生种下一棵幸福的种子

【孟　夏】如果说此前幸福对我更多是一种人生体验的话，来到小学以后，我开始在实践中建构自己对“幸福教育”的理解。在我看来，基础教育阶段，幸福教育有三个重要的落脚点——兴趣、习惯、方法。习惯是使人终身受益的行为方式，在小学阶段养成良好的习惯，不管将来做什么都会受益；而要获得知识，培养兴趣非常重要，而这种兴趣的形成更多的是在小学阶段培养的，错过了培养的最佳时期，可能会事倍功半；同时，作为教师，在学生学习、成长的过程中，应适当地传授学习方法。

有了这三个人生的基点，就能为他的幸福人生建构坚实的基础，这也是教育的核心价值所在。建构这三个基点的过程，也正是人的人生观、价值观、世界观形成的过程，在小学阶段，不必刻意地追求教育的效果，只要抓住这三点，教育效果就会水到渠成。这也在客观上要求教师应该做“人师”而不仅仅是个教书匠，一个可以成为人师的人，会让学生终身受益。

【陶继新】您所说的兴趣、习惯、方法三个元素，对于小学生成长来说太为重要了！孔子说：“知之者不如好之者，好之者不如乐之者。”快乐状态下的学习，不但是高效的，而且还会在心里积淀下一种积极的思维，久而久之，会让学生感到学习并非是一场又一场心力交瘁的苦役，而是主动积极地探索未知的快乐之旅。习惯的重要性绝对不亚于兴趣。叶圣陶先生说：“教育是什么？往简单方面说只要一句话，就是要养成良好的习惯。”这个人与那个人未来能不能走向成功，重要的不在智商上，而在情商上，而习惯则是情商的核心要素。

从某种意义上说，学生养成良好的习惯，就等于为自己的一生积蓄下一笔取之不尽、用之不竭的利息；养不成良好的习惯，就等于为自己的一生欠下了一笔永远还不完的债务。所以，在习惯养成上要下大功夫，要持之以恒地抓下去。唯有如此，才能为学生积蓄终生幸福的资本。方法同样重要，“授之以鱼，不如授之以渔”。知识是现成的，而方法则是需要在学习实践中感悟出来，并形成一种良好的思维品质。有了这种思维品质，有了这种随手可取的方法，学习知识就会易如反掌，也会因为会学善学而幸福起来。

【孟　夏】我特别感谢我的一位初中老师，在小学时，由于父母不幸的遭遇，也使我对小学阶段的记忆都是灰白的。五年级时，我们被下放农村，先是在村子里上学。不久，就升到公社上中学。虽然条件艰苦，环境恶劣，但却享受了一段非常充实且恬静的学习时光。

还记得初一的第一次作文课，老师没有急着讲授写作方法，而是给我们讲了一个故事，我们听得都很着迷，老师抓住契机，让我们复述这个故事。为了让我们复述得更好，老师让我们先把故事写下来，我立刻兴致勃勃地写了起来。有些记得不清楚的地方，我就通过自己的想象来补充。最后，老师让我和一位同学在班里读了这篇作文，这是我的第一篇作文。我的第二次作文，是老师出示了几十个成语和词组，让学生组织成一段话，我写的是一个电影片段，被老师张贴在教室的墙上，贴了好久好久。

多年后回想起来，我感触很多。教育就应该是无痕的，老师巧妙的引导非常重要，要让学生在“不露痕迹”中爱做、想做这件事情。不用说，这两次写作经历让我爱上了作文，感受到写作文不是痛苦的，满心期待着老师给我们留第三篇作文。后来的作文课上，老师还经常给我们讲故事。当我们为班里赢得荣誉的时候，老师也会用讲故事的方式奖励我们。

记得初二下学期，我就跃跃欲试地开始“写小说”了，因为一直在作文练习中得到老师的褒奖，所以充满了强烈的写作欲望。甚至是在语文考场上，当别的同学都已经交卷了，我还在写“小说”，到了该交卷的时间，老师也不会打扰我，只是坐在讲台前，一支接一支地吸着烟，耐心地等待着，为此吸引了别的班的同学趴在窗子上观望。

这一幕永久地留在我心底，成为一道温暖的风景。这种教育学习生活在当今循规蹈矩的局面下恐怕是不可能出现的，我不评判老师这一做法的对错，但不可否认，这对于一个孩子的个性和自信心的培养却起了十分重要的作用！这也让我不断地反思，今天什么样的教育才是适合生命成长的教育？

【陶继新】您在初中阶段的作文经历说明，老师对于学生成长的作用太大了。是打击，还是欣赏，将会出现两种截然不同的情景。倘若您的那位老师不欣赏您的作文，在您写“小说”的时候横加批评，您就不可能喜欢上写作，也不可能写出那么好的作文来。看来，教师首先要爱学生，同时，还要会爱学生。您的那位教师不但爱您，而且爱到了节点上，让您终生难忘，也让您终生爱上了写作。同时，也让我们看到，学生的潜力是巨大的，您的写作历程就说明了这一点。教师如果给学生一点阳光，他们就会灿烂起来。可是，有的老师就是不愿意施舍这种阳光，而是施以阴冷与雨雪。教育的一个重要的使命，就是将蕴藏于学生之中的潜力挖掘出来，尽可能地放大它，进而激发起学生积极学习的欲望，进而生成一种积极的人生态度。

【孟　夏】现在回想起来，那位老师最让我感动的地方，就是每次给我们留完作文题目后，他自己也要写一篇，后来我才知道那就叫下水文。我在刚参加工作的时候也经常给班里的孩子们写下水文，这样能潜移默化地给孩子树立榜样，激发他们学习的兴趣。因为着迷于写作，那段时间也是我最爱读书的一段时光，但当时文化很贫乏，能供我们选择的书籍非常少，我们所在的那个村连公社里都没有书卖，只能到县城里买，我经常利用周末时间骑行40里的山路到县城里购书。当一本书即将看完的时候，我的心情就特别难过，总想让这本书再长一些，最好永远不会读完，因为之后不知道要等多久才能读到下一本书。而现在可选的书太多了，人们反而不再珍惜了。

【陶继新】当年叶圣陶先生就倡导教师写“下水文”，而且有很多切中肯綮的精妙之语。我在曲阜师范教学的时候，就常常给学生写“下水文”，我还与我的同事出过几本关于教师“下水文”的书。教师不“下水”写作，就很难感受到写作中的个中三昧。教师能写出比学生好得多的“下水文”，不但可以为学生的写作引路，还可以在学生中提升教师的权威性。这样，教师再做写作指导的时候，学生就会心服口服，并生成一种“择其善者而从之”的心理趋向。当学生自愿写作并知道写作的“道”后，爱上写作，也就有了水到渠成之势。

【孟　夏】2001年起，我开始接触小学教育，好像有一种“柳暗花明”的感觉，因为时常能够有一些自由、新鲜的空气让我们去呼吸，所以特别希望能把自己接受到的一些难忘的幸福生活情境，或者工作以来自己感受到的幸福的校园生活在如今的校园里复制，让现在的孩子们能够获得当初我曾获得的那种幸福体验，并不是要复制当时的形式，而是创设条件增强他们内心的体验。

我时常在想，现在并不缺少教育理念和现代化的教育手段以及丰富的教育资源，在学习和生活条件上是远非我们当初所能比的，但为什么我们现在的孩子感受不到教育的幸福？我想，其根本原因就是我们的教育目标被孤立了，教育被异化了，更多的是在为中考高考的一纸证书而学习。

人生不可轮回，面对只有一次的人生，我们作为教育者应该经常反思自己能够做什么、应该做什么、怎么做的问题。我愿以微薄之力，做自己力所能及、想做并应该做的事情。我认为，教育说白了就是丰富人生、完善人生、提升人生的一种由体验、感悟而生成的精神活动。

【陶继新】非常欣赏您所说的最后一句话，真是太精彩了！学生学习知识，只是教育的一部分，可现在一些学校教育，却将其视作了全部。教育的要义在于如何让人生丰富起来。丰富更多在精神层面，必须自己去经历，去体验，去感悟。别人的东西再好，如果没有自己的生命实践与精神投入，都不可能化成自己的东西。况且，最有意义的东西，多是自己在生命实践中感悟出来的，既有着“这一个”的特点，又可以支撑生命的发展。

孔子说得好：“为仁由己，而由人乎哉？”我与您一样，小时候学校里没有良好的硬件设施，可是，却有着今天没有的精神道场。经常感叹这种精神道场的不再，也希望如您所说的经由内心体验后去“复制”，去创造。您的忧患与感叹，您的期待与理想，显见了一个当代公共知识分子的良知。有没有这个良知是不一样的，有没有这个希望与实践也是不一样的。正因如此，我对您才更多了一份敬仰。

关注每一个学生的精神生活质量

【孟　夏】我发现，身边很多的孩子似乎并不幸福，也未必知道什么是幸福。归根结底，如果我们的教育方式、培养模式不改变，孩子们恐怕永远也感受不到受教育是件多么幸福的事情。这种幸福是一种心灵得到浸润、精神得到滋养的心理体验，而不是表面的“热闹”浮饰。缺少幸福感的教育，是无法触动学生的心灵，也很难走进他们的内心世界的。所以，无论在幸福村学区，还是在安贞里学区，我首先做的就是努力促教师观念的改变，让教师们在学习与实践中不断理解与感悟——什么是真正的教育？如何才能真正走入孩子们的内心世界？

【陶继新】幸福不是表面的“热闹”浮饰，也不重在物质的丰富，主要是一种内心的体验，是一种有着高尚品格的心灵的快乐。现在孩子之所以感受不到幸福，是因为他们不懂得什么是真正意义上的幸福，学校也没有给他们提供体验幸福的教育气场。为此，就要培养一批您这样的懂得教育、珍爱幸福的校长，进而改变教师的观念，让他们首先幸福起来，进而带领孩子们走进幸福的生命领地里。

【孟　夏】要让孩子们学习生活快乐，首先应该让教师们的精神充盈起来，但我们的教师更多是被功利的东西所捆绑，被行政的指标所束缚，被更多的“任务”所驱动，在凡此种种压力下，他们失去了追求教育本真的原动力，陪伴孩子成长的“慢”教育更是很难实现。因此，让孩子们幸福起来的前提是让更多的教师在职业发展中找到幸福。

基于这样的理解，我在幸福村学区工作的时候，首先就以教师为重心，以心理健康教育作为推动幸福教育的突破口。通过调研我了解到，学区在心理健康教育方面有着非常好的前期基础，如果顺势而为，在继承中创新，必能有所成就；再有，由于我们对基础教育的功能定位不准，一线教师们长期在学校、家长、社会的多种功利的挤压下负重前行，确实也需要一些心理课程帮助教师走出心理焦虑的废墟和精神匮乏的荒漠。于是除了配建心理咨询室，努力打造专业团队外，还借助专业机构，面向全体教师开展了心理健康教育的通识培训，并帮助各校引导教师们通过开展心理健康教育课题的研究，寻找幸福教育的突破口。

到了安贞里学区后，看到中心校艺术社团的发展，特别是看了孩子们的排练、演出，我一次次被生命的灵动所震撼。我觉得通过艺术教育为孩子们的生命注添活力，从而打破、甚至改变当前基础教育模式刻板、课程僵化的现状，应该是让幸福教育走向实践的一条可行路径。

随着实践的深入，我逐渐有了一个更加明确的愿望，就是让每个孩子都能有这样一个精神层面的平台，去不断改变、丰富他们以往单调的学习生活，以此作为实践幸福教育、素质教育的一个载体，这也就是我由学校到学区全面启动艺术教育的一个初衷。

【陶继新】要想让学校成为学生终生的铭记，成为他们向往的地方，艺术教育是绝对不可少的。尽管孩子们的艺术天赋不一，可在艺术熏陶下的快乐却是共通的。孔子本人就是一位音乐大家，司马迁在《史记》中说孔子：“诗三百，皆弦而歌之。”

当年，孔子在齐国听到《韶》乐的时候，竟然“三月不知肉味”，且感慨万千地说过这样一句话：“不图为乐之至于斯也!”那些有着优质内容与美好旋律的音乐，可以悦志，可以悦心，也可以让人幸福。艺术教育的本质是天人合一的和谐自由的理想关系，它包含着认识关系和功利关系，又不同于认识关系和功利关系，体现出真善统一的特色，它具有人类社会性、客观现实性、形象直觉性、精神功利性、和谐自由性、新颖独特性等基本特征。

蔡元培先生提出以美育代替德育，就是因为好的艺术之中除了内蕴着美质之外，还有高尚的德育情结。学生在学校里，长期处于这种和谐之美中，不但心理是健康的，而且也是幸福的。您在全学区启动艺术教育，不就是为了学生学习与生活得更幸福吗?

【孟　夏】这就要说到安慧里中心小学的金帆民乐团了。这支乐团自建校之初就有了，如今已经建团 20 年，在全国、北京市各类大赛中获奖无数。每一次参赛的作品，都是委托词曲作家为学校量身打造的原创作品。可是，有一个奇怪的现象，这些作品只是用来参赛、获奖，比赛后都被束之高阁，尘封在柜子里，无人问津，更没有让更多的人领略这种艺术之美，没有让民乐在校园里得到广泛传播。因此，我来到中心校后的第一件事，就是让孩子们重新演奏、感受这些乐曲，让这些乐曲在校园、在学区内的其他学校播放。

这也是2010年5月我们在人民大会堂开办原创音乐会的动因，可以说，这次活动相当于学区面向全体学生开展艺术教育的一次行动宣言。

【陶继新】历届参赛的乐曲是留给学校留给世人的一笔精神瑰宝，如果束之高阁，则失去了这些精神产品的意义。艺术精品是永远不过时的，有着永久的生命力。您让孩子们重新演奏、感受这些乐曲，既让优秀的民乐作品重现其美丽的光华，又让更多孩子有机会领略民乐的魅力，丰富了学校的文化建设。

【孟　夏】接下来，我做的是艺术教育校本课程的研发，让更多的孩子接受到艺术的滋养，给孩子们提供感受艺术、学习艺术的多样选择。课程建设是学校教育的核心，如果说孩子们每一次的排练演出是一种内心的触动，是精神上的愉悦，那么校本课程则是文化的积蓄与沉淀。好的教育必须有好的课程来实施。为此，我们提出了艺术教育三步走的设想，后来又进一步提出了学科教学中的艺术教育渗透，通过实践为我们的教育注入活力，增添一抹亮色。

在艺术教育实践中，我深刻感悟到：学科教育解决不了的问题，可以通过德育来解决，德育解决不了的问题可以通过心理健康教育来解决，心理健康教育解决不了的问题可以通过艺术教育来解决。特别是，艺术教育校本课程的研发与实践，让我们真正感受到了一种生命的回归，激扬了师生的生命活力。

此后，我们成立的性健康教育基地，也是基于生命健康成长的考虑。其实我也知道，开展性健康教育并非每个学校之所必须，只是作为教育者，我们希望通过这样的教育实践，向社会传递一种声音——尊重生命的成长，找回教育的本真。

在一次全国的教育沙龙上，专家向我提问：学校开展艺术教育与性健康教育，两者之间是什么关系？我的回答是：艺术教育是丰富人的精神情感、滋养人的心灵向善向美的精神活动，但这些年，我们的艺术教育是被严重扭曲的，换句话说，现在从小学到高中所开设的艺术课程，很难起到美育的作用，起不到滋养心灵的作用和审美教育的效果。而性健康教育更是基础教育中避而不谈的，是生命成长教育的一个空白点。我们所倡导并实践的艺术教育和性健康教育，就是想通过对“扭曲的教育”的矫正，通过对“缺失的教育”的补白，唤起社会对教育的重新思考，让教育真正成为帮助人的发展的教育。

【陶继新】艺术教育校本课程的研发，让学校的艺术教育走上了一个更高的层面。课程，是最能彰显学校特色的一个载体，也是使艺术教育真正扎根于学校这片沃土的根本保障。当然，有课程，不一定有课程文化。文化的要义，是以文“化”人。当课程上升为课程文化的时候，其艺术“化”人的意义也就有了更大的生命张力。我觉得，你们的课程，就有了文化的况味，起到了“化”人的作用。因为你们不但是艺术课程的开发者，也是这一课程的使用者、修订者与完善者。

于是，你们的师生与这些课程就有了更加亲密的关系，以至成为他们生命中不可或缺的有机组成部分。艺术教育也有优劣之别，正如书有好坏优劣之分一样。你们的艺术教育是优质的，而且有着开放性与融合性的特点，它与德育、心理教育、性教育等有着内在的和谐。

于是，艺术教育，就不只有了美，也有了真，也有了善，也有了心灵的快乐。小学生的心理是纯净的，是向往真善美的，而你们的艺术教育，恰恰是在孩子的心灵里播撒真善美的种子。而且，在播种这些种子的时候，不是强行的，而是水到渠成的，不知不觉的，是美在其中的。

还是孔子说得好：“兴于诗，立于礼，成于乐。”作为艺术，承载着教育的特殊使命，它让教育不再“扭曲”，让生命有了勃勃生机，让孩子在艺术教育中成长起来了。

【孟　夏】在艺术教育的实践中，随着校本课程的研发，我们真正感受到，艺术教育在学生成长中的助力是非常强大的。怎么使用好这样一种优势资源，真正发挥它的价值呢？除了我们前面提到的艺术教育所特有的教育功能之外，它还能为学校教育提供更丰富的发展资源，促进学生的健康成长。比如我们现在启动的三级课程，也是依靠艺术教育的优势资源而建构的。我理想中的教育是让孩子们的生命充分得以绽放，活力充分得以释放，个性充分得以张扬，心智充分得以滋养；能够通过教师对课程的重新构建和整合，形成促进学生全面成长的教育生态。

在这里，我们关注的是班级授课制下“吃得快，吃得饱”的学生和“吃得慢，吃得少”的学生的发展差异，让每个学生都能选择自己喜欢的学习方式和学习内容，让他们在三级课程里进行选择，汲取他们所需的营养，并非只是依靠教师。吃不饱的学生，可以走出课堂，根据他们的实践需要进行选择，有目的地学习，既促进了高效课堂的实现，也充分关注他们成长的需要，使他们获取更多的成就感、荣誉感。

孩子们提前完成了学习任务，满足了获取成就、获取荣誉的心理体验，同时根据学生需要催生的高效课堂，对老师们也提出了更高要求，促使他们要不断完善课程，不断进行自主地专业提升。这种提升是由学生需求催生的，并非是被动接受学校管理的行政要求。

为了实现这种教育状态，我们提出了“五还给”课堂教学理念，也是一种教学模式，即要求教师充分把时间权、话语权、学习权、探究权、发展权还给学生，让我们的课堂从过去教师为主导的灌输式，转而成为一种生命互动，师生共同建构的灵动的课堂，从而实现心灵与心灵、生命与生命的交汇。

【陶继新】孔子说：“中人以上，可以语上也；中人以下，不可以语上也。”可当下的不少课堂教学，是不管这种上下之别的，而是向学生施以统一化的教育，出现“吃得快，吃得饱”和“吃得慢，吃得少”的情况也就自然产生了。你们所构建的课程，充分体现了“因材施教”的教学原则。

学生学习水平与能力的高下不一，是一种客观现实。教学，就不能无视这种现实，而应当因人而异，采取不同的教育。于是，不管什么样的学生，就都有了“吃得饱”的可能，有的学生还可以“吃得快，吃得好”。这样，学生就有了特别的自信与成就感；自信与成就感，又可以催发其更大的积极动力，从而让自主学习成为可能。

学生学习质量的高下，与老师的教学水平有着直接的关系，但如果只是老师一个人在课堂上侃侃而谈，学生就没有话语权，也没有了相互探究与彼此研讨的可能。但知识再现有一个金字塔规律。这是美国科学家研究 24 小时后得出的一个规律：只用耳朵听讲授，24 小时后知识在大脑保留 5%；只用眼睛去阅读，24 小时后知识在大脑保留 10%；分组讨论法，知识保留 50%；实验操作、练习，知识保留 75%；向别人讲授、互相教，快速应用知识，知识保留 90%，这就是知识再现的金字塔规律。只有学生之间相互教，快速应用知识，学习才能实现真正意义上的高效。

做有强烈社会责任感的教育者

【孟　夏】坦率地说，目前幸福教育下的课堂教学改革，更多还是停留在理念口号上，让学生真正享受课堂的有效和高效，让教师在“五还给”的课堂理念下自觉运用、有效实施，还有待时日。但是做了就比不做强，今天的一小步就是明天的一大步。只有实现了这一点，才是最理想的教育状态，它不仅是对学习者学习的多元性和差异性的尊重，也是对教师生命质量的尊重，它是真正提升教师职业价值的唯一途径，但实现它确实难度很大。所以学校管理者要克服重重困难，不断迎接新的挑战。

艺术教育对安慧里中心小学来说，是发展的“魂”。前面提及，艺术教育改变了我们学校的教育方式，注入了活力，既发挥了艺术教育本身的教育功能，也催生了学校的三级课程和三型课堂。同时，艺术教育还是连接学校、社会和家长的重要纽带和桥梁，校外教育资源的引入，社会大课堂的教育实践，都源于我们艺术教育这支花蕾。

我在很多场合都谈到：中国的教育是最难搞的，一方面是人口基数大，优质教育资源不足，教育的发展远远满足不了人们对教育资源的需要。另一方面，十年“文革”造成了教育文化断代，从祖辈到父辈都把自己的大学梦寄托在了独生子女的身上，不仅给了政府、学校以巨大的压力，也给孩子们带来巨大的压力，由此造成了社会“鞭打”教育，教育被家长“绑架”，政府为了公平疲于救火的混乱现象。

独生子女身上的孤僻、冷漠、脆弱、敏感、不懂关心他人、不会合作等诸多问题，也给学校教育带来巨大的挑战。但是我们现在的教育只关心孩子怎么能考上大学，而忽视了对人心灵的滋养，忽视了人才发展固有的规律，注重眼前利益，用成“才”教育取代成“人”教育，教育已经被严重扭曲，完全脱离了它应有的运行轨道。

所以，作为教育工作者，要本着职业道德的良知进行自省与考量，要理清并反思基础教育各个阶段的功能定位究竟是什么。回归教育的本原，遵循教育的规律，重新理清其服务于人与服务于社会的功能，否则就不可能真正解决择校热的问题以及人的发展的问题。

【陶继新】你们的艺术教育不但打通了学校与社会、家庭之间的生命链接，也让学生从单一的知识学习走向多元成长的大舞台。一个人的成长，只有学校教育是不行的，只有知识的学习更是不行的；有了社会实践方面的学习，有了成人的教育，才能成为真正意义上的人。

可是，当下我们的孩子在成人的路上可谓举步维艰，在很多时候，他们是无力的，是无奈的。正如您所说，他们“被家长绑架了”。家长当然是爱孩子的，可是，这里的爱出现了问题，他们因为自己小时候没有接受好的教育而深感遗憾，便将所有的希望寄托在孩子身上了，于是考取高分，升上重点学校，就成了他们梦寐以求的唯一目标。孩子心理有没有问题不考虑，身体出现了问题无所谓，品质不优秀也不担心，只害怕没有好成绩与好学校。

其实，他们应该意识到，取得再好的成绩，考上再好的学校，身体与心理不好了，也只能是一个废人；道德品质不佳，也只能是一个危险品。到头来，不但害了孩子，也害了自己，也害了社会。

作为学校教育工作者，尤其是校长，对此不但要有一种清醒的认识，更要有一种舍我其谁的担当意识。在上次采访的时候，我就深深地感到了您的担忧，感到了有一种良知在您的心里跳跃。是的，真正的教育工作者是应当“内省不疚，无恶于志”的。相信有努力，就会有结果，你们学校的孩子，会因有您这样一位有使命感的校长而走向幸福境地的。

【孟　夏】古人说得好，“亲其师，信其道”。作为学校，不仅要承担教育下一代的责任，还要承载文化引领和文化传播的社会功能。

这些年来，我们通过文化理念的传播，通过教育思想的渗透，用我们的艺术教育纽带连接起社会与家庭，让他们了解如何培养孩子成人，如何陪伴生命成长，让下一代真正成为中华民族未来的希望与栋梁。这是学校应做的，国家与政府也应承担相应的责任与义务。只有发挥各自的职能与作用，用积极方式解决、疏导，而不是头疼医头，脚疼医脚，时时处于救火状态，才是中国教育走出困境的唯一选择。

因此，我们学校除了家校培训以外，还依据学校的特色资源开展了一系列教育活动。我们创办了“我们家的歌”活动，就是想通过无痕的教育方式，让家长真正走进学校，理解教育。

目前，学校已经创作了近百首“家庭歌曲”，同时征集《“我们家的歌”背后的故事》，在这个过程中，学生在成长、家长也在成长。通过“寻找爸爸妈妈童年的游戏”，让家长们懂得关爱孩子不仅要关心他的学习，还要关心他的成长，这是培养孩子情商的重要命题。教育的内容与方式不能只局限于课堂上教师的传授，当然更不仅仅是知识的习得，更重要的是一种心与心的温暖，是精神的融汇，是生命力量的传递。让他们在游戏的情景中、在玩要中，学会尊重、学会理解、学会沟通、学会合作。

另外，我们还开展了“故事爸爸、故事妈妈”，“我家的绘本”等多项家校协同教育活动，并邀请家长志愿者和大学生志愿者走进学校，为孩子们带来书本和学校所不能提供的教育资源。

2012年，我们将学校的校本课程和上述教育实践搬上了舞台，组织了一场名为“让花儿绽放”的大型汇报演出。在确定演出主题时，我们特别强调了一个“让”字，这实际上就是要向社会做一种教育的表达。

之前我写了一本书，我给它起名为《守望者的声音》，内容多是近年来我在各类活动各种场合的发言和发表的文章，之所以起名为《守望者的声音》，是想告诉社会同仁同时也提醒自己——教育需要等待、成长需要陪伴。新近，我的第二本书也即将出版，书名为《叩问教育的幸福》，也是想通过对自己心路历程和教育实践的梳理，来完成我对教育的理解与诠释。

【陶继新】尽管当今一些家长的教育理念与家教方法存在一定的问题，可是，他们都有一个美好的愿望，都希望自己的孩子当下与未来都幸福。在这一点上，家长与学校又有着共同的追求。那么，如何让这种共同点更加和谐起来，是学校教育应当思考的问题。你们以艺术教育为纽带，开展创作“我们家的歌”等活动，让您的教育理念，通过“艺术之声”“随风潜入夜，润物细无声”地走进家长的心里。当家长被“化”之后，他们就会与学校形成一种教育的合力，就会产生事半功倍的教育效果。你们的家长不但变了，而且也行动起来了。您期待“让花儿绽放”，花儿也真的绽放了。

可是，如果没有您这个校长及其教师和家长的主动努力，花儿不但不会绽放，还有可能凋谢与枯萎。而这一个“让”字，又凝聚了你们多么大的期许与愿望啊！又经历了你们多少的努力与探索啊！而您的《叩问教育的幸福》，则是对教育幸福的一个全方位的诠释，其中有您深入的思考，也弥撒着您执着探索的足迹，还有您对幸福的美好期待。相信这本书出版后，会在教育领域引起一定反响的。因为它会有更多的读者，会在全国不同的地方产生影响，从而让更多的教师与学生幸福起来。

[原载《基础教育论坛》（小学版），第6期；作者：陶继新、孟夏。]

情系故里　回报社会

——访平川中恒学校房忠董事长

［房忠董事长简介］

房忠，大学本科文化程度，厦门大学 EMBA 硕士在读研究生，高级工程师。现担任甘肃省人大代表、甘肃省政协委员、甘肃省工商联副主席、甘肃省乡镇企业协会副会长、白银市政协常委、平川区人大常委会委员、白银市工商联副主席、平川区工商联主席、平川区慈善会会长、平川中恒学校董事长、平川区宝积乡响泉村委会主任，甘肃忠恒房地产开发集团董事长。

房忠董事长热心社会公益事业，为环境绿化、教育卫生、抗震救灾、扶贫济困、拥军爱民等累计捐款捐物 2 亿元。房忠董事长热心社会公益事业的精神得到了社会各界的认可，曾被授予“全国农村青年创业致富带头人”、“全国创业之星”、“全国优秀乡镇企业家”、“中华慈善人物”、“全国十大创新经济新闻人物”、“2009 中国农村十大致富带头人”、“2010 当代功勋民营企业家”、“优秀民营企业家代表”及第四、五、六、七届“甘肃省乡镇企业家”，“甘肃省劳动模范”、“甘肃省十大杰出青年农民”、“甘肃省优秀青年”、“甘肃省优秀青年企业家”、“甘肃省优秀政协委员企业家”、“甘肃省五一劳动奖”、“捐资助学先进个人”、“白银市十大杰出青年”、“光彩事业先进个人”、“白银市联村联户先进个人”、“全国五一劳动奖”、“甘肃省首届非公经济风云人物”、“2013‘中国双拥’年度人物社会拥军典范”等荣誉称号。并于 2002 年、2008 年受到国务院总理温家宝同志、国务院副总理回良玉同志的亲切接见，于2012年受到国家领导人王兆国同志的亲切接见。

编者按：甘肃省白银市平川中恒学校房忠董事长，既是一位企业家又是一位投资办学的慈善家。他先后在教育、文化产业、公益事业等方面斥巨资兴建工程。他无偿投资一亿多元，创办了平川中恒学校，自觉承担起社会责任，为国育人。这种以命运、境界、精神为抵押的行程，把成果和微笑慷慨传给四面八方，不正是人格的升华吗？

而陶继新先生敞开襟怀与房忠先生、王世雄校长共话教育事业，捧出一颗赤诚的心，以人生磨炼为跳板，以智慧的光辉、生命的感悟，像春耕田地一样，翻新出人生价值，把交响奏成凯歌，催发灵魂的羽翼萌生哲学的叶片。此时此刻，我们恍若发现人间真情溶化成水滴在滋润大地，让所有仰望的眼睛写满感动。

直面现实　梦想缘起

【房　忠】我之所以办教育，是因为我们白银市是西北一个比较荒凉落后的地区，人均收入低，降水量少，至今有些地区还未通电，很多山区过着靠天吃饭的生活，山区个别家庭人均年收入1000元左右，还有个别家庭一家人住在10多平方米的房子中，这给我的印象太深了。

【陶继新】荒凉落后地方不只经济贫困，教育也多不发达。所以，孩子们更加需要优质的教育。为了让这些孩子接受优质的教育，您才办教育的。这其间有一份悲悯情怀，也有一种历史担当。有的人有了钱后为富不仁，而您有了钱后则想到办教育。从这个意义上说，您有了超越一般人的人格能量。

【房　忠】谢谢您对我的理解。我本人出生在白银市平川区宝积乡响泉村，小时候家中特别贫困，是舅舅家拉扯长大的，9岁开始上学，每天靠吃晒干的红薯片充饥，上学9年后因家中没有能力继续让我上学，我便辍学。但我本人是个特别爱学习的人，为此后来我最遗憾的事就是没能上学。

【陶继新】听了您的童年经历，让我感慨万千。因为我的童年也是在极其贫困的状态下度过的。小时候的记忆里，承载了更多挨饿的痛苦。与您一样，我也喜欢学习，而且成了当时我们村第一个高中生。可是，因为家境太过贫寒，我的两个妹妹只上了几年学便辍学了。所以，大凡听到哪个人为农村的孩子上学做些贡献，我都会顿生敬仰之情的。

【房　忠】看来我们有着极为相似的童年经历和人生感悟，对教育有着同样的情怀。为了生计，我起初从事建筑瓦工工作，拼命挣钱。也由于对知识的强烈渴望，我用从好心的邻居家借来的970元钱开始了建筑专业的学习。后来我逐步完成中专、专科、本科、研究生的课程学习，目前马上要进行厦门大学工商管理EMBA的毕业论文答辩。

在这些年的求学中我从来不迟到、早退、旷课，特别是在读厦门大学

EMBA 的同学中，全班只有两个人没有缺课、旷课、挂科，其中有一个便是我，现在我计划还要去进行学习深造。

【陶继新】我 20 岁到 30 岁整整 10 年的时间里，一直在出苦力，还被挂着“现行反革命”的牌子游街示众，直到 1977 年恢复高考时，还在被批判中。也许正是这份磨难，才让我有了坚忍不拔的毅力，有了锲而不舍的学习精神。看了您的经历，让我有一种“相逢何必曾相识”的感觉。我觉得，也许正是您的这些苦难经历，造就了您“学不可以已”的学习精神。所以，很以结识您为荣啊！

【房　忠】陶老师，能结识您这样品德高尚、学识渊博的教育大家更是我的荣幸，是甘肃省白银市平川中恒学校的荣幸！磨难的确是一份珍贵的精神财富，正因为有了磨难我们才有了更多的精神感悟，才有了办教育的初衷。

【陶继新】孔子说：“友直，友谅，友多闻。”您不正是这样的“益者三友”吗？有了磨难，有了钱，有的人就飘飘然，甚至做出一些很不好的事来。可您则不然，磨难虽成过去，却变成了您的精神财富，且在后来发达之后，又想到办教育，想到贫穷地区的孩子，这是一种多么高的境界啊！

【房　忠】其实办学的初衷非常简单，对我们西北地区的孩子来说改变命运的唯一出路便是上学。我一直有一个愿望，要办一所全省的好学校，造福乡里，回报社会；让每位家长从牙缝中挤出的每分钱都能真正花在孩子的教育上，并得到最大的回报。这就是我的一个梦想，我办学，就是要圆这个梦想。

【陶继新】办学初衷虽然简单，却是异常高尚的。因为您不但改变了自己，还要改变乡村更多孩子的命运。这需要资金支持，更需要一份浓浓的爱心。当一心想着回报社会的时候，社会也会为您的发展打开一扇畅通之门。

【房　忠】我办企业的目的是为了赚钱，赚钱的目的还是为了感恩和更多更好地回报社会。我想投资办学就是感恩乡里、回报社会的重要方式之一。

【陶继新】《大学》里有一句名言：“财聚则民散，财散则民聚。”您有民气，有更多人的支持，所以，还会积聚更多的钱。而这些钱，又不断地用之于民。如此良性运转，还会让您继续赚不少钱，继续为民做更多的好事。

【房　忠】这些都是应该的，办企业感恩社会还有另外一种方式，就是要做好财富的二次分配。我个人对财富是这样理解的：财富取之于民，也理应用之于民，回馈社会才会显示它的最大价值。钱只有流通起来才会活起来，钱只有用在办正事、办好事上，才能让我的心更踏实、更安慰、更幸福。

【陶继新】说得好！有了钱，用在办正事、办好事上，则可以积善成德。《周易》有言："积善之家，必有余庆；积不善之家，必有余殃。"还说："善不积，不足以成名；恶不积，不足以灭身。"有的人钱很多，如果不用到善事上，就有可能殃祸于身甚至家人；如果用到善事上，则为自己的人生积累了精神财富，以至为家人积累了福报。

孝善感恩　造福故里

【房　忠】有孝心，有善心，有感恩之心是我一向做人的原则。

【陶继新】《论语》上说孝是立身之本，并说"本立而道生"。孝同样也是有回报的。孝敬父母者，孩子也多孝敬自己。因为人在孝敬父母的时候，已经在无意间为孩子编织了一个孝敬老人的思维程序，到了一定的节点上，这个程序就会自动运转起来。当然，如果不孝的话，也会在无意识中编织一个思维程序，到了一定的节点上，也会自动运转，让孩子不再孝敬自己。从这个意义上说，孝是感恩父母，也是在为自己积累善良。

【房　忠】是的。在我看来，"孝"有大孝、中孝、小孝之分。大孝就是要热爱祖国、造福故里、回馈社会；中孝就是要忠诚事业、尽职尽责、惠及一域；小孝就是要孝敬老人、友爱兄弟、善待他人。在工作中，我一直怀着一颗忠诚的心，抱着忠诚企业、忠诚员工的态度，坚守员工的利益高于一切、客户的利益高于一切的做事原则，争做企业家的标杆。在生活中，我一直用心照顾双方父母，记得第一次我为在农村操劳大半辈子的父亲洗脚时，他泪流满面的样子让我终生难忘；每次外出我都会给母亲报一个平安电话，母亲所表达出的知足、欣慰与快乐的情绪，让我这个做儿子的感到非常幸福。让我觉得更幸福的是，现在我已是四世同堂的和谐幸福之家了。所以，陶老师您说得对，孝顺是可以传递的、接力的，我认为“孝顺”二字关键还在“顺”字，孝顺并不只是给老人钱花、给老人衣穿，孝顺也许只是为他们端上一杯热茶，做一顿可口的饭菜，报一个平安电话。那些看似平常的小事，有时却能温暖人心。

【陶继新】您说得对，孝还要有“顺”字，孔子说：“事父母几谏，见志不从，又敬不违，劳而不怨。”意思是说，侍奉父母（如果父母有不对的地方），要委婉地劝说他们（自己的意见表达了）。见父母心里不愿听从，还是要对他们恭恭敬敬，不要违抗，要替他们操劳而不怨恨。此外，还要敬，孔子这样说：“今之孝者，是谓能养。至于犬马，皆能有养，不敬，何以别乎？”意思是说，如今所谓的孝，只是说能够赡养父母便足够了。然而，就是犬马都能够得到饲养。如果不孝敬父母，那么赡养父母与饲养犬马又有什么区别呢？看来，孝不但要在心里有，还要付诸行动，要让父母感受到。既顺又敬，父母就会特别欣慰，作为孩子，也就尽到孝敬之心了。

您所说的中孝与大孝是对小孝的延伸与深化，小孝虽然也是孝，可有了中孝与大孝，则将孝推广到了更高的境界。您是这样说的，也是这样做的，所以，就有了大德之美。而《中庸》则说：“大德必得其位，必得其禄，必得其名，必得其寿。”从这个意义上说，有了孝，不但利父母、利他人、利国家，对自己也是有利的。这是一种天地规则，任何人都只能在这个规则中行走。

【房　忠】我走过的路正好印证了您所说的观点，人就是要在孝顺父母的基础上发展自己的事业，做更多有益于社会的事，这样不仅利人更利己。我实实在在做了一些有意义的事情，从而更大限度地实现了我的人生价值。一直以来，我从事的主业是房地产，说起来也挺不容易。如果让我总结一下公司的做法，那就是源自我的一个信念："人为尊、德为本、诚则信、精则赢、惠及一域。"我一直这样理解这个信念：天地之间，人是万物之灵，很有智慧，是最尊贵的；要做一个好人，最根本的是要有良好的品德，这是最主要的；做人要诚实、讲信用才能得到别人的信任，所说的话、所做的事才可靠、可信；办企业、干事业要做成精品，产品质量好、公司信誉好才能得到顾客的信赖，才能获胜；财富取之于民，要用之于民，公司理应承担社会责任，回馈社会，惠及一方百姓，公司发展到哪里，就要造福到哪里。

【陶继新】《周易》有言："立人之道，曰仁与义。"没有仁义，是无法立身的。也就是您所说的，"要做一个好人"，才能立足于世。你们公司的信念，就体现了仁义之美，拥有了做人之道。人因有仁义而立身，公司也会因有仁义而畅达。所以，要想办好公司，就一定要取信于人。《中庸》有言："诚者，天之道也；诚之者，人之道也。"还说："诚者，物之终始，不诚无物。"所以孔子说："人而无信，不知其可也。大车无輗，小车无軏，其何以行之哉?"而有了诚信呢，则"虽蛮貊之邦，行矣"。您所处的地方，在一般人看来，并不特别有利于公司发展；可是，由于您以诚为本，取信于民，以义为利，才有了持续良好的发展。当您想着公司发展到哪里，就造福于那里时；那里也就有了你们公司的品牌，公司也就有了越来越高的美誉度与信赖度。

【房　忠】的确如此，随着企业的发展和壮大，2007年我们组建了甘肃忠恒房地产开发集团，发展的速度更快了、规模更大了。除了平川本土，还向省外发展。不仅建了许多商品房，还给政府建了经济适用房、廉租房。2010年集团公司被评为房地产开发行业国家一级资质企业。这一切为我实现造福家乡的梦想奠定了坚实的基础。有四个方面值得提一下：一是文化产业：我们创建了白银忠恒文化发展有限公司，建立了尚文坊文化一条街。二是教育：我们兴建校舍改善家乡响泉小学办学条件，创办平川中恒学校，兴建屈吴山红军小学。三是公益事业：修建了人民广场，建设恒山公园。四是建设了红军纪念馆，创建爱国主义教育基地，弘扬红色文化。在白银军分区领导的支持下，我们还组建了白银陆军预备役防化团三营八连和忠恒民兵应急连。我很高兴能够有幸在今年被评为2013中国双拥年度人物，并获得“社会拥军典范”的称号。

【陶继新】您造福一方的善举感动了很多人，我也是被感动的其中一位。我曾到过您上面所说的地方，真的是不见不知道，一见则感动不已！怎么也不会想到，您会花那么多的钱，为当地做那么多的好事。如果说您荣获“社会拥军典范”称号等是一种荣誉的话，那么，您在平川老百姓的心里更矗立起了一座精神的丰碑。也许有人会说，您做这些事会削减您相当多的公司利润，十分可惜；可是，我却认为，由此获得的老百姓的好评，却是无价的，它是你们公司更好发展的一个潜在股。更重要的是，您自始至终在做这些善事的时候，并没有想从中捞取什么名利，而是只想感恩，只想付出。这种不求回报的善举，恰恰最能得到更好的回报。

办学兴教　智慧育德

【房　忠】在做这些事的时候我并没有考虑过回报，其实，只想圆我的一个梦。比如，我无偿投资一亿多元创办平川中恒学校。2005年，在平川区政府部门及市区两级教育行政部门的正确领导和全力支持下，在以朱元年为代表的教育同仁的无私关心帮助下，经白银市教育部门批准，我们成立了民办公助性质的普通高中——平川中恒学校。学校一经成立，平川区便积极向全国各大重点中学招聘配备管理干部及教师，从区内选拔优秀教师，之后每年还向国家教育部门直属的六大师范大学招聘5名优秀毕业生用于补充学校教师队伍。这既为学校组建了一支优秀的教师团队，也为学校的后续发展注入了活力。最让我们感动的是，建校初期，以王长旺（中恒学校第一任校长）为代表的第一、二批入校教师，为投身教育事业，毅然选择离开家乡，在这个远离亲人的地方教书育人，他们兢兢业业、勤勤恳恳，将自己的力量奉献于中恒，为学校的发展奠定了基础，做出了重要贡献。谈到这儿，我想请王世雄校长谈谈学校发展的具体情况。

【王世雄】作为受聘于中恒学校多年的校长，一直以来我被董事长这种办教育的大爱情怀深深地吸引着、感动着。9 年来，董事长为惠及家乡莘莘学子，已无偿投入一亿多元，用于学校的建设与发展。办学之初，董事长就要求学校“要办惠及千家万户，让人民满意的教育”、“办精品特色学校，办优质高效教育”，这就成了我们中恒学校的办学宗旨和办学目标。作为民营企业家，董事长主动承担社会责任，创办学校、启迪智慧、传递薪火、为国育才。建成了高标准的教学楼、科技楼、实训楼、公寓楼、学生餐厅等教学生活设施；配置有达到国家一类标准的理化生实验室 6 个，生物标本室、音乐教室、美术教室、形体教室、计算机室、敏特英语实验室、学术报告厅等各种功能室；并设有图书馆、阅览室、多媒体电教室等现代化教学设施。还建成了高标准的 300 米环形塑胶跑道、标准化篮球场 9 个，排球场 4 个，网球场 1 个，并配备了达到国家一类标准的体育器材和健身器材。

【陶继新】我到你们平川中恒学校讲学之前，无论如何不会想到会有那么好的设施，休说在西部，就是在一些经济比较发达的地区，也是堪称一流。它成了平川一道文化风景，身在其中的学生，会因环境之美而生成一种审美感受；更重要的是，它还有一流的教师队伍与优质的教育管理，以及勤奋好学、积极向上的学生。这所学校，已经成了当地一张教育名片。学校的投资的确是大，可这种投资也有了美好的回应，那就是当地的孩子可以不出远门，就能够接受到优质的教育。若干年后，从你们学校走出来的学生成才之后，也会学习董事长，回报社会，造福百姓。从这个意义上说，房董事长何止建造了一所好的学校，更培养了一批又一批为平川造福的有用人才。

【王世雄】当然，学校的发展，关键在教师。为了建设一支高水平的教师团队，办学之初，中共平川区委、平川区政府部门大力支持，在全国范围内招聘了55名优秀高中教师，房忠董事长又给每位教师免费提供了面积在110平方米左右的住房一套。之后，又从区内选拔了一批优秀教师加盟中恒学校。自2010年开始，经区政府部门批准每年从国家教育部门直属的六大师范院校招聘免费师范生或教育专业硕士研究生5名，不断输入新鲜血液，充实教师团队。目前，我们中恒学校已经拥有了一支师德高尚、业务精专、结构合理、敬业爱生的优秀师资队伍。

【陶继新】前一段时间去你们学校时，您就学校的情况曾经向我作过比较详细的介绍，直到今天，依然历历在目。校园之美自不必说，而教师的优秀更让人感慨不已。特别是那天晚上在你们的报告厅为老师作《做一个幸福的教师》报告时，给我留下了特别深刻的印象。晚上已10点多了，大家还是认真且安静地听着。从他们的眼神里，我深切感到，他们是幸福的，他们希望自己更加优秀。而幸福的要义，不是要自己拥有更多的钱，也不是要拥有更好的房子，而是希望自己更好地发展，让当地老百姓的孩子接受更好的教育。应当感谢中共平川区委、平川区政府部门的大力支持，也应当感谢房忠董事长为大家提供了这么优越的教学与生活条件，也应当感谢老师们“得天下英才而教育之”的一种高尚的情怀。正是有了这些老师，平川的孩子才有了当下的幸福，也有了美好的未来。

【王世雄】学校建校9年来，在区里及市区两级教育行政部门的正确领导和大力支持下，在房忠董事长大爱情怀的感召引领下，全体中恒人以“智慧、育德”为校训，筚路蓝缕，奋力拼搏，不断开创中恒学校发展的新局面。目前，学校已发展成为一所市级示范性高中，现有教职员工176人（其中，特级教师1人，高级教师56人，硕士研究生16人，专职教师大学本科学历达标率99.2%），学校已经由办学之初的500多学生、10个教学班发展到今天的2600多个学生，44个教学班。尤其是近4年来，中恒学校连续获得“平川区高中教学质量一等奖”；在2011年白银市22所高中学校高考业绩评价中，取得结果性评价第一，发展性评价第二的优异成绩。几年高考，学校出了10

位平川区之冠和一位白银市之冠——武军晖同学被清华大学录取。在2012年的高考中，顾振茹同学以603分荣获甘肃省文科第81名，被南开大学录取；在2013年的高考中，祁可翰同学以631分的优异成绩夺得平川区理科高考之冠，被浙江大学录取。几年来，中恒学校已向国内二本以上高校输送优秀毕业生3000多人。

同时，在各级各类学科知识竞赛中，学校多人多次获得国家、省级、市级等奖励。在白银市教育部门组织的历年质检考试中，学校各科成绩优良，名列全市前茅。一分耕耘，一份收获，中恒学校取得的办学成果得到了广大学生家长及社会公众的一致好评。

【陶继新】取得如此好的成绩，是水到渠成的。因为你们"智慧、育德"的校训，不只是一个口号，而是已经内化到师生的心里，形成了一种精神文化。智慧尽管需要知识，可它与知识不在一个层面上。知识更多关注的是事物，而智慧则有生命的感悟。如果只有知识，就有可能看着一块石头就是一块石头，一粒沙子就是一粒沙子；可是，当有了智慧之后，则可以从一块石头里面发现一道风景，从一粒沙子里面发现灵魂所系。当遭遇困难的时候，也绝对不会轻易放弃，而是努力前行，最终取得成功，并去享受破解困难的心灵愉悦。智慧与您所说的育德也有着内在的维系。因为德是一个人成功的基石，舍之，虽有能力也不可能真正成功。《周易》上所说的"厚德载物"，是很有道理的。《周易》之道，更多不是占卜，而是让你如何更好地做人。人做好了，才能"自天佑之，吉，无不利"。即使是好的学习成绩，如果从深层次探究，几乎都与学生之德联系着。一个感恩父母、有着为国争光的大志的学生，往往都有着持久的学习动力。这个学生与那个学生未来能不能成功，更多不在其学了多少知识，而在于其人做得好不好，有没有智慧。看来，你们的校训系学校之魂，也是师生发展之要啊！

【王世雄】您说得对！我们培养学生不仅仅是知能并重，更重要的是教育指导学生要养成良好的品格，树立远大的理想。为此，我们学校还特别注重

"环境育人"的理念，学校在绿化美化方面也做了大量的工作。走进校门我们能看到，花园里种有花草树木，绿满枝头春意盎然，环境幽雅，初具园林化特色。校园文化长廊，古书卷、日晷雕塑，中外名人雕像等，文化气息浓厚，学校书声琅琅。更为重要的是在学校发展中，董事长给我们提出了更高的追求目标：力争在建校十周年时建成市级品牌特色学校；建校十五周年时建成陇原名校；建校二十周年时进入全国一百强。2013 年 5 月，中恒学校与江西金太阳教育集团签订课改合作协议，打造"课改样板校"；2014 年 4 月，与全国名校河北衡水中学结为友好学校，学习他们的先进教学管理模式与策略，充分发挥名校引领作用，构建高效课堂，全面提升我校教学质量。同时，与国家留学基金管理委员会东方国际教育交流中心合作开启了国际留学直通车，让学校向更高的目标迈进。

【陶继新】你们学校是一所园林式自然环境之美与人文环境之美和谐统一的学校，身处其中，让人有一种赏心悦目且又富有文化品位的感觉。在这种环境中，学生可以在无意识中感受美的魅力，并自然而然地提升人文素养。此之谓环境育人也。

你们与江西金太阳教育集团签订课改合作协议，与全国名校河北衡水中学结为友好学校，则有"他山之石，可以攻玉"之妙。近年来，我多次到衡水中学采访与讲学，5 月 11 日，我还要在"第六届名家人文教育高端论坛暨河北衡水德育工作现场观摩会"上作《高效教学的方略与品质》报告。我之所以对衡水中学情有独钟，是因为它打造了一个精神特区，不只是有了高升学率，更有了师生的优质发展。晚些时候，衡水中学的张文茂校长还要率团来你们学校指导工作，相信会在你们师生中引起强烈反响的。那么，你们为什么要与这样的名校联合？因为你们要"择其善者而从之"，进而"学而时习之"的。不管是董事长，还是您这个校长，都希望你们学校尽快步入名校的方阵，都希望你们的师生更好更快地发展。

红色情结　绿色心梦

【房　忠】在我的心中，还有着一个深深的“红色情结”和“绿色心梦”。自从我记事起就常听爷爷提到房贵、水车、红军这些字眼。房贵（明正统二年靖房卫守备），是我的祖上，他是一位为实仓廪、固国防竭尽赤诚的功臣，以水车兴农，被称为“西北水车第一人”。像祖辈那样，建功立业，为民造福，这些最初的红色教育在我幼小的心灵上打下了深深的烙印。那时起，我只有两个理想：一是上大学，二是当兵。然而，梦想常常不得不为残酷的现实让道。15岁那年，我家越发贫寒。作为长子，虽然学习成绩好，但我不得不辍学，跟着村里大人在铁路上拉石料，去挣一天1块3毛的血汗钱，也因此失去了当兵的机会。儿时的理想似乎离我越来越遥远。爷爷拿当年住在我家的一个红军班长说过的话激励我：“认准的事，坚决要干下去，至死不能回头。”

让我铭记的还有一件事，那也是爷爷常常挂在嘴边的故事。1936年8月14日，朱德、彭德怀等革命领袖和红军在白银市平川区屈吴山一带整整驻扎了48天。在中国革命和中国共产党最危急的时刻，这里发挥了巨大的作用，最终促成了三大主力红军在会宁和将台堡的胜利会师，使中国革命走上了转危为安、扭转败局的坦途。秉承革命传统，支持部队建设，是我们老区人民的红色基因。可以说，老区人民始终怀有对革命领袖和红军的感恩之心。而我能做点事也是对红色土地的一种回报。

【陶继新】这让我想起孔子说过的一句话：“君子固本，小人穷斯滥矣。”您当时虽然穷困，可是，您却坚持了正道，而且矢志不移，一往无前；而不是由此步入邪路，为所欲为。其实，有些以前受过苦难的人，有钱有权之后，很快就堕落或嚣张起来了。此之谓：“子系中山狼，得志便猖狂。”那么，您为什么能够坚守这份高尚的情结呢？因为您尽管受过苦难，却从来没有消解自己的凌云之志，依然保留了农民那份最纯真的感情。当然，农村也有其弱点，比如愚昧保守、安于现状等。而您则将这些弱点一一摒弃，接纳了先进的思想，有了现代思维品质。于是，在面对风云万变的世象时，您有一个清醒的头脑，有一个明晰的思路。您牢牢记住了您爷爷说的话："认准的事，坚决要干下去，至死不能回头!"那么，认准什么事了？认准了对红色土地的回报。看来，您今天的志向，不是现在立下的，而是在异常艰难的情况时就立下了。这不只需要坚持，更需要品格。同时，还让我想到，是这方红色土地滋养了您，是您那位有着铮铮铁骨的爷爷鼓励了您。看来，只有从现实中吸纳有效的能量，且身体力行，才能有更好更大的发展。

【房　忠】传承红色基因，回报红色土地的方式就是要感恩革命先烈，也就是要选一块地方，为革命英雄修建起一所中国革命领袖红军纪念馆，要让长征精神永远弘扬下去，要让纪念馆成为缅怀革命先烈、激励后人的爱国主义基地。

2006年7月1日，我们奠基开建了屈吴山红色教育纪念馆，无偿投资4100万元建成纪念馆，总建筑面积达5118平方米，馆内有毛泽东、周恩来及十大元帅铜像，设有红军长征文物陈列室、长征革命历史展馆、会议室、接待厅等场馆。后来，又兴办了屈吴山红一军小学，并免费提供食宿，用于解决当地山村老百姓孩子上小学难的问题。同时，我们考虑到，作为革命老区，屈吴山红一军小学建成后，要指导学生学习科学文化知识，弘扬红色文化，坚持知能并重，要让长征精神在红色老区代代相传。2012年，我们再次无偿投资1100多万元，用于完善纪念馆配套设施及文物资料展厅布置，完善屈吴山红一军小学教学设施、师资配备、教室及宿舍的维修装修，捐赠50万元购买两辆校车供学校无偿使用。

2011年9月，为创建爱国主义教育基地，还成立了屈吴山少年军校，用于对青少年学生进行爱国主义教育。少年军校配备了学生军训所需的服装、教具、宿舍、食堂、多媒体教室和一次性可容纳600人学习、生活、训练的设施和场所，同时为充分发挥这些场所的功能，我们每年与平川区武装部合作，邀请屈吴山雷达连、消防中队、武警大队联合举行军训活动，每年军训学生可达 2000 多人次。

【陶继新】 4 月 10 日我去这些地方参观的时候，特别感动。那绝对是大气魄、大手笔，也是大功德。屈吴山红色教育纪念馆不但气势恢宏，而且很具特色。这不但需要资金，而且还要有对革命红军的敬仰之情。因为人们走进纪念馆瞻仰毛泽东、周恩来及十大元帅铜像后，必然对领袖与元帅的豪迈之气、博大胸怀顿生高山仰止之情。

兴办屈吴山红一军小学有着特殊的意义，既弘扬了红色文化，又让这片红色土地上老百姓的孩子有学可上。如果不亲临其境，是很难想象那片土地之荒凉的，也很难想象当地孩子上学会何其艰难。您解决了孩子们上学难的问题，让他们的父辈看到红色精神在绵延，看到了孩子未来的前景。这就是最好的教育，这就是最大的善举。

屈吴山少年军校的设施之好，远远超出了人们的想象。更重要的是，它让前来的学生接受到了良好的军训，在不知不觉中接受到了爱国主义的教育。同时，它也让孩子在军训中，磨砺了意志，提升了人生的境界。

【房　忠】 作为一名土生土长的西北人，我知道生活每跨出一步的艰辛，因此我也热爱公益事业，我希望在自己企业发展壮大的过程中，有更多的人可以与我一同分享到企业发展的成果。公司垫资修建平川人民广场、沁川湖，无偿修建恒山公园、建成尚文坊文化一条街，都只是我为改善地区环境、改变家乡面貌所做的一点点事情。作为一个社会责任的践行者，这些都远远不够，我们仍然要不断地学习、改进工作方法，坚持精细化管理理念，脚踏实地，奋力拼搏，更多更好地造福社会、回报社会！

【陶继新】 热爱公益体现的是一种人格修为，是感恩于民的一种最佳呈现。挣很多钱可以证明一个人的智慧，将这些钱更好地花出去则体现一个人的境界。真正有品质与智慧的企业家，既通过智慧来获取经济收益，同时，也通过人品来施财于民。天地间有一个看不见的规则，那就是你施财于民的时候，百姓也会归心于你。而有了民心与信誉，也就有了更好的经济收益。这种往返回旋，则是一种天地规则。

甘肃忠恒集团简介

甘肃忠恒集团是一家以房地产开发为主，集基础教育、现代农业、文化产业、物业服务、保安服务、集中供热、商贸流通、建筑、信用担保、小额贷款为一体的综合性民营企业集团。公司成立于1999年，现为国家一级资质企业，总资产达20多亿元，现有职工2896人，年上缴税款达3000万元。

近年来，集团公司严格遵守党的各项方针政策和有关劳动保障法律法规，诚信经营，扶危济困，捐款捐物，无偿兴办学校，建设屈吴山红色教育纪念馆和恒山休闲公园，认真履行社会责任，社会公益事业累计捐款达2亿元。为推动农业增产、农民增收，公司以持续发展为主题，主动谋求企业长远发展，加快城乡一体化进程，计划投资1.5亿元筹建平川现代农业示范园、投资10亿元筹建甘肃忠恒金地年鲜特色商品交易中心项目，为推动当地农业持续健康发展奠定坚实基础。

近年来，集团公司开发建设面积达90万平方米，主要开发建设了花苑小区一期、二期，中恒购物广场，平川中恒学校，屈吴山红色教育纪念馆，恒山公园，福华源住宅小区，兴佳城住宅小区等项目。

集团公司自成立以来，始终把“感恩社会，造福于民”作为公司的发展理念，把履行社会责任作为最终追求。多年来，坚持兴办教育，弘扬革命传统，改善人居环境，繁荣地方文化，投身慈善事业，保障改善民生，带动区域经济，受到社会的高度赞扬。公司经过多年的积累和发展，建立了比较完善的法人治理结构、科学的管理体系、高效的经营机制、完备的质量管理体系和售后服务体系。公司屡获省、市、区各级政府部门及主管部门的表彰奖励，曾获“甘肃省非公有制经济百强企业”、“甘肃省信贷诚信企业”、“甘肃省诚信纳税先进单位”、“甘肃省先进私营企业”、“全省再就业先进企业”、“白银市劳动关系和谐企业”、“白银市非公有制20强企业”、“平川区发展非公有制经济先进企业”、“甘肃省五一劳动奖状”、“全国五一劳动奖状”、“全国重合同守信用先进单位”。

忠恒集团始终把“人为尊，德为本，诚则信，精则赢，惠及一域”的十六字方针作为公司的企业精神；把“造福社会，回馈于民”作为公司的企业使命；把打造“百年忠恒”品牌作为公司的企业愿景，努力把忠恒集团建设成为全省乃至全国一流的企业集团，为区域经济和非公有制企业的持续、快速、健康发展发挥模范带头作用。

（原载于《中国教育报》，2014年5月17日，第4版；作者：陶继新、房忠。）

一所名校的文明气质与精神追求

——践行“适合教育”的许昌实验小学

［**杜伟强校长简介**］

杜伟强，男，汉族，1967 年 12 月出生，中共党员，本科学历，中学高级教师，国家级骨干教师，全国优秀小学校长，河南省劳动模范，享受国务院政府特殊津贴，2003 年 9 月担任许昌实验小学校长至今。兼任中国教育学会小学教育专业委员会副秘书长、全国小学德育专业委员会常务理事、河南省教育学会小学教育实验专业委员会常务副理事长、许昌市教育学会小学教育专业委员会理事长。

2007 年 11 月作为许昌市教育经贸考察团成员赴美考察交流，2011 年 11 月作为教育部优秀小学校长第三期高级研究班成员赴德进行教育培训与交流。

编者按：河南魏都许昌，巍巍文峰塔畔，有一所风景如画的校园，这里一年四季鲜花盛开，累累硕果飘香，小桥流水相映成趣，荫荫绿树成行；这是一所“充满绿色、洋溢书香、包含人文、富含智能”的校园。她以源源不断的精神甘泉悄然滋养着成长在这里的所有师生，这就是——许昌实验小学。学校秉承“创造适合学生发展的教育”理念，抢抓机遇，不断壮大，全面开展教育创新，深入推进教师专业发展，不断提升教师幸福指数，促进学生健康成长、成才。如今的许昌实验小学，已经成为拥有五个校区和一个综合教育实践基地的教育集团，成为了师生快乐成长、幸福生活的乐园。学校先后受到中央文明委、财政部、国家人力资源和社会保障部、教育部、全国妇联、团中央等部委的表彰，连续三届被评为“省级文明单位”，并被省教育厅命名为“河南教育名片”，被许昌市政府通令嘉奖。学校办学经验先后被收入《中国教育大辞典》等书中，受到国家、省市等多家媒体的关注。2014 年 3 月 21 日，山东教育社原总编辑陶继新先生与该校校长杜伟强就“适合教育”等话题，进行了一场对话。

适合教育，构建推动学校发展的管理文化

【杜伟强】我认为，学校管理从根本上来说就是学校文化的管理。多年来，我们学校遵循“创造适合学生发展的教育”的办学理念，确立了创建“绿色、书香、人文、智能校园”的办学目标和“培养气质儒雅、身心健康、学有兴趣、负有责任的社会主义小公民”的育人目标，持续走好内涵发展之路，让每个孩子屹立在学校中央，促使每个孩子生动、活泼、主动地发展。

【陶继新】每一个孩子都有其独特的个性，用大一统的教育方式，显然不能很好地进行适合不同个体的教育。《中庸》说得好：“天命之谓性，率性之谓道，修道之谓教。”意思是说，人的自然禀赋叫做“性”，顺着本性行事叫做“道”，按照“道”的原则修养叫做“教”。看来，“创造适合学生发展的教育”正是遵循了生命成长规律，遵循了教育规律。

【杜伟强】如何让我们的教育适合每一位学生的发展是我们思考的重要话题。为了促进“适合教育”理念的具体实施，我们坚持“五走进”管理策略：学校管理要走进教师，教师是办学的主体，充分调动全体教职工工作的积极性和创造性，不断增强他们立志从教的使命感和职业自豪感。学生管理要走进学生，学生是学习的主人，尊重、保护、发展他们的各项权利。教改工作要走进课堂，切实发挥课堂主渠道的育人作用，培养学生自主、合作、探究的学科素养，不断提高课堂教学效率。教育科研要走进课程，严格执行国家课程标准，择优使用地方课程，加强校本课程研究，不断提高教育科研水平，全面实施素质教育。“三结合”教育要走进社区，促进家庭、学校、社会三者有机结合，发挥学校教育的主导作用，努力让学校成为社区的文化核心。

【陶继新】“五走进”做得好！教师工作是不是积极主动，决定着学校教育质量的高下。大凡有良知与责任感的教师，都会为了学生的成长而不遗余力地努力，且多能取得可喜的成绩。学生不是学习的奴隶，而是学习的主人，

而要想成为主人，就要尊重他们，让他们心灵愉悦且主动地去学习。课堂是教学的主阵地，但绝不是教师唱独角戏的地方，而是师生共同演绎精彩生命的动力场。要想提高课堂教学效率，剥离了学生的积极性，是永远不可能的。课程是彰显一所学校特色的重要载体，也是开阔学生视野、促进学生全面发展的必需营养。而科研，就要在研究国家课程与地方课程的同时，结合本校实际，更好地开发校本课程，让课程呈现出“横看成岭侧成峰”的态势。学校不是独立于社会之外的一个孤岛，而是与家庭、社会紧紧维系在一起的文化圣地。既然如此，其可以“化”人的文化，也应当延伸到家庭与社会。

【杜伟强】许昌实验小学于1959年建校，“适合教育”思想的提出是我们全体教工在深入学习古今中外教育教学理论和办学实践的基础上，在积极践行素质教育理念和课程改革精神的过程中，立足于我校实际情况而形成的一种办学思路和模式，是几代师生集体智慧的结晶。如何把教育思想很好地付诸教育实践、最终让孩子们受益，我们感觉困难重重。可喜的是，我们已经出发，我们走在路上。

【陶继新】要想做出一番事业，不可能一帆风顺。遭遇困难的时候，是畏首畏尾、止步不前，还是毫不畏惧、勇往直前，是对校长与老师们的严峻考验。显然，您与老师们选择了后者，不但出发在路上，而且意气风发，披荆斩棘，在破解一个又一个难题的同时，也取得了一个又一个令人瞩目的成绩。因为你们心里有一个坚定的信念：让孩子终生受益。为此，尽管“路漫漫其修远兮”，你们依然是“上下而求索”。

【杜伟强】许昌实验小学是一所“大校”，一些常规的管理实践想请您赐教。目前学校包括“五校一地”，即一个本部、三所分校、一个独立校区、一个教育实践基地。我们把“心想事业，情系师生”作为班子座右铭，坚守“小学大道”、“办小学需要大智慧”的气质，积极探索网状结构管理模式，关注管理成本核算，提高管理效益。具体地说，即淡化层级关系，注重师生需求，发挥融合、服务、引领作用；实施“一职多责、首位负责、年级承包、问责制”，落实“每天学习、巡视，每周评议、公示，每月报告、反思，期期考核、反馈”机制。班子成员思维方式、工作方式、工作态度的转变，有效地聚合了学校发展的正能量，促使学校在更高层面上调适发展。

【陶继新】管理“五校一地”的学校，真的需要智慧。您所说的“小学大道”很有意蕴。这个道，就是办好你们这类学校的生命规则。比如您所说的淡化层级关系就是显见了智慧。像你们这么大的小学，年级承包当是一个很好的办法。在某种程度上说，一个年级就是一个小学校，年级主任就是一个“校长”。这样，哪个年级办得好与不好，年级主任肩负着主要的责任。而且，您的聪明还在于，年级与年级之间，放权于主任，让他们放手去干。于是，就有了八仙过海，各显神通之妙。有权就有责，“问责制”对于有权者不但是一个制约，也是一种督促。只有奖罚分明，才能让优者更优，问题少出。“每天学习、巡视，每周评议、公示，每月报告、反思，期期考核、反馈”的机制，让学校管理有了更大范围的覆盖，也有了更大范围的评价，还有了更大范围的公开与透明。这样，不但管理者了然于心，全体教师也明明白白。当然，也就为管理者及老师们创造了一个公开、透明、公正的发展环境；学校发展，也就有了水到渠成的必然。

止于至善，践行“做真人，办实事”的校训

【杜伟强】我们相信每个孩子都是一个鲜活的生命个体，每个人都重要，每个人都不同，每个人都能带来变化。学校的变化、教育的变化、国家民族的变化、整个世界的变化都是随着每一个生命个体的变化而变化的。学校就是指导师生如何做人、做事、做学问。人生一世，做人做事，做人至真，成事唯真，这也是我们的校训“做真人、办实事”的具体体现。

【陶继新】陶行知说：“千教万教，教人求真；千学万学，学做真人。”您所说的“做人至真，成事唯真”，也聚集到一个“真”字上。这很有道理。而

真不但不是假，而且还有“道法自然”的特点，诚如《大学》所言：“所谓诚其意者，勿自欺也，如恶恶臭，如好好色。”诚与真有相同的内涵。孩子本来就是率真的，也是有其诚意的，而后来有了变化，是社会不良习性浸染的使然。所以，教育就要追求真，就要“明明德”，以至抵达“至善”的境界。

【杜伟强】“做真人，办实事”是我们的校训，形成于上世纪90年代初，我们的共识是：从师者应做真实之人，安贫乐道，淡泊名利，力求回归教育之真；从师者应做真诚之人，精诚所至，金石为开，让教育焕发人性与智慧的光华；从师者应做追求真理之人，追求卓越，薪火相传，站在教育之上看教育。教育就是缓慢而优雅的艺术，急不得、慢不得、停不得。教育就是让学校成为师生共享的精神家园，让每位孩子屹立于校园中央，防止优秀者被优秀绑架，杜绝后进者被生活遗忘甚至抛弃。否则就不是教育，就不是学校。

【陶继新】《中庸》有言：“诚者，天之道也；诚之者，人之道。”还说：“诚者，物之终始，不诚无物。故君子诚之为贵。”看来，我们的古人就特别重视做真诚之人的教育。同时，育人不是一蹴而就的事情，而是一个长期持久的工程。所有的速成品，都是不受欢迎的。还是孔子说得好：“无欲速，无见小利；欲速则不达，见小利则大事不成。”这告诉我们，教育要有耐心，要有长远目标，要尊重教育的规律。这并不是说要我们由此放慢前行的脚步，因为我们的孩子只有一个童年，我们也“慢不得，停不得”。所以，教育者还要有一种“只争朝夕”的精神，因为有一种“为民族育英才”的强烈使命感在催促着你们持续前行。

【杜伟强】是啊，我们每一位教职工用行动践行着自己的承诺，我特别感慨于学校临时工的真情流露：“虽是临时工，愿做主人翁”、“学校把我当成自己人，我把学校当成自己家”。学校好似一副中国象棋，看似有将、帅、车、马、炮、象、士、卒，有层级之分，实则是角色职位、社会分工，子子都能翻江倒海，步步皆能风生水起，皆在自我掌控。或氤氲密布，或云淡风轻。世间炎凉、人生百态、酸甜苦辣咸、喜怒哀乐悲，尽在其中。“宁可十年不将军，不可一日不拱卒。”学校又似一副围棋，阡陌纵横，黑白交织，你中有我，我中有你，一一相依，举棋不悔，执着坚守。计一子之得而得全局，不计一子之失而得天下。

【陶继新】你们的临时工之所以说出如此经典的话语，关键是学校将他们当成了自家人，他们在你们学校里有了做人的尊严，以至有了做主人的自豪感。这一点令我特别感动。我是从农村走出来的，特别关注那些弱势群体的生命状态。一个只知将眼睛往上看，对下不屑一顾的人，不管其地位多高，权势多大，钱财多富，都不是真正意义上的人。我非常欣赏《周易·系辞下》上的一句话：“上交不谄，下交不渎。”意思是说，对上（地位比自己高的人）交往不阿谀奉承，对下（地位比自己低的人）交往不轻视怠慢。孔子认为，如果真能做到了，就可以算得上“知几”了，而且还说：“知几其神乎”。我不敢妄称自己是“知几”之人，但却做到了“上交不谄，下交不渎”。因为在我看来，所有的人在人格上都是平等的，只有工作不同，没有贵贱之别。所以，对有人看来“低贱”的人，我都视作与我同等之人，甚至会高看一眼。因此，我觉得与您有一种相见恨晚的感觉。前些天在你们学校采访的时候，您谈到这个学校临时工的表现时，我的眼里已经贮满了感动的泪水。人都是有尊严的，你尊重他，他也尊重你。古人之所说“士为知己者死”，“岂虚言哉”？再说，即使所谓的“卒”，“过河”之后，照样可以“将军”，所以才有了“过河的卒子当车使”之说。你们的临时工也许在一般人看来是“卒子”，可是，他们在你们学校里可以“过河”，所以，同样有了突出的工作业绩与积极的心灵状态。

关注主体，培育持续发展的优质教师队伍

【杜伟强】教师是办学的主体，是学校发展的决定性力量，素质教育是高素质教师实施的教育。有专家说，教师第一，学生第二。我似乎也同意这样

的观点。一直以来，学校高度重视教师的专业发展，积极打造适合学生发展的教师队伍。一是培育高尚教师文化，用共同的价值认同凝神聚力，积极唤醒教师的职业自尊。二是创新教师培训方式促进教师专业成长。按照“专家引领、同伴互助、自主发展”的教师培训模式，联袂北师大等高校，指导我校教师发展工作；建立“名师工作室”，组建我校教师研究共同体，充分发挥骨干教师的学科引领作用；通过校本教研、课题带动、磨课、赛课、以师带徒等活动，有力地促进了我校青年教师的专业发展。

【陶继新】名校之所以成为名校，一个重要的指标，就是要有一支优质的教师队伍。衡量教师的优劣，首先，要看师德。一个有思想境界的教师，不管是在课堂上，还是在课堂外，只要与学生在一起，都会将其人格品质外化出来，并“于无声处”影响着学生。其次，是业务水平要高。教师的专业性比较强，如果对所教学科没有深入的研究，是绝对教不好学生的。而一个业务精湛的教师，往往会以其丰富的知识与特有的智慧吸引学生，让他们感到课堂学习就是一种精神享受。其三，就是要为学生的成长创设一种自由民主和谐的氛围，因为只有在心灵自由的状态下，学生的学习才能真正实现高效。其四，教师应当是一个持续发展的群体，发展可以不断地丰盈他们的智慧，还会让他们拥有一种昂扬向上的精神姿态，并由此催发学生也形成积极进取的精神追求。

【杜伟强】是的。没有完美的个人，只有完美的团队。我每天都在为老师们的敬业精神感动着。多少年后，现在的我们可能都不在了，而为学生倾心服务的好传统还在。

【陶继新】《周易》有言：“二人同心，其利断金；同心之言，其臭如兰。”当教师团队形成精神凝聚力后，不但有了内在的和谐，也有了彼此之间的精神互助。你们教师工作量还是比较大的，可是，他们的精神状态却特别的好；因为他们从这个奋进的团队中，感受到了生命的意义。

开放创新，创建适合学生发展的课程体系

【杜伟强】教育实践告诉我们：人是目的，对得起孩子；教育是过日子，对得起生活；爱是责任，对得起这份职业。不过，学校只有这些是不够的，学校教育有它的本分，即教书育人。我们理解课程是学校最重要的产品，课堂是最重要的生命场所，如何满足、完善可供学生需要的课程，紧紧揪住课堂这个牛鼻子不放，才是学校之所以为学校的关键。不知对否？

【陶继新】好的课程，不但是彰显学校特色的关键，也是学生精神成长的必需。所以，构建具有精神品质且又符合学校实际的课程，就成了有思想与智慧的校长的要务之一。你们的课程丰富多彩，满足了不同学生的不同需求，让他们乐在其中，就有了既好又快的成长。

【杜伟强】种瓜得瓜，种豆得豆。为了创造适合学生发展的课程体系，学校在开齐开足国家规定课程的同时，择优使用地方课程，积极开发特色校本课程，形成了“三类课程，一个空间”的开放课程体系。这三类课程是学科基础课程、校本（班本）特色化课程、综合实践课程，一个空间就是学生广阔的生活空间，以此来满足学生的不同需要。由于学校班额过大、教师素质、校长能力等原因，实施起来出现不少问题，这也是学校发展的一个瓶颈。

【陶继新】学生成长，不但需要学习文本知识，也需要增长实践知识。你们的三类课程，特别是校本课程，则为丰富学生的实践生活提供了可能。人要想真正成长起来，是绝对离不开实践这一生命链条的。否则，虽有知识却有可能出现无用武之地的尴尬，更不可能实现生命的突围。因为所有的大家，除了掌握丰厚的文本知识之外，还都形成了属于自己的智慧，而智慧从来是离不开实践的。只有高品位的知识与高品质的实践的融合，才能让智慧显现其耀眼的光华。

以生为本，打造学生自主学习的高效课堂

【杜伟强】课程—课堂—学科与课堂文化—教育信仰，是我们思考学校教育的一个过程。文化流淌于课堂之中，隐含于师生之间，是滋养课堂的重要成分，对课堂教学面貌和实效产生着根深蒂固的潜在而深远的影响。课堂是学校最重要的地方，以学生为中心，以课堂为圆点，以智慧、勤奋为半径画圆，老师则是那画圆的人。

正是基于这样的认识和学校课堂中存在的一些效率不高的现实，我们在2009年提出了“高效教学”，并以构建“主体多元合作探究”教学模式为突破口，改变传统低效的教学方式和学习方式，实现高效教学。模式的核心理念是主体多元、合作探究；核心目标是主动学习、学会学习；学习方式主要是自主、合作、探究。

经过了教师观念转变的“阵痛”，教学模式的“临帖”过程，到现在教学模式的“破帖”，教师的观念在变化，教学方式在变化，学生的学习方式在变化。学生正在成为课堂的主人，积极、主动、活泼、灵性。教师人人谈模式，人人用模式，“教学模式”四个字成了老师们言谈话语中出现频率最高的词汇。随着教学模式的推进，师生是教学改革的受益者。

【陶继新】在追求“高效教学”的时候，几乎无一例外地进行了教学模式的构建。当然，这种模式不只是学习与嫁接他人经验，更要符合本校教师之教与学生之学的实际。你们以“主体多元合作探究”为突破口，显然是抓住了高效教学的关键。教师课堂教学，不只要满足于教会学生，更应关注的是学生会学。教会学生与学生会学不在一个层次上，前者学生的学习多是被动的，后者学生的学习则是主动的。学习的效率与效益，当然也就有了天壤之别。学生学会学习很重要，而如果能够合作学习，则又跃升到一个更高的层次。在合作学习中，学生之间不只有生教生的景观，不只有质疑问难与排疑

解难，还有相互的帮助，以及由此形成的合作意识、团队精神、集体荣誉感等。这些非智力性的思维品质，对于学生终生的发展，有着超越当下课堂学习之上的持久效益。

【杜伟强】在教育价值观上，“主体多元·合作探究”的教学模式强调“以生为本”，把教学重点从主要依靠“教师的教”，转变为主要依靠“学生的学”，教师的作用和价值，体现在最大限度地调动学生的内在积极性上。在教学目标上，着力培养学生合作学习、主动学习、学会学习，把依靠教师转变为依靠合作探究来实现自我成长。在师生关系上，“主体多元·合作探究”的教学模式提倡“师生是平等而不对等的合作者”。教师是学生学习的合作者、组织者、指导者、促进者，学生是学习的主体。在教学过程中，以激发学生的兴趣和主动性，以培养学生的自信心为目的，为学生提供参与学习和展示自我的机会，鼓励学生合作探究。同时，提出了课堂教学的“三主原则”、“三个精心”、“四鼓励精神”和“五结合方法”。具体说，“三主原则”即以学生为主体、以教师为主导、以合作探究为主线。“三个精心”即精心钻研课标、教材、精心设计教法、精心组织教学。“四鼓励精神”即鼓励学生质疑、鼓励学生求异、鼓励学生辩论、鼓励学生有创意。“五结合方法”，即引导读、启发思、组织议、点拨讲、指导练。

【陶继新】由以教师教为主转变为以学生学为主，首先要破解一个教学观念的问题。有的教师认为，我教了那么多年学，就一直是我在讲啊！如果离开了我的讲，学生是不可能学好的。其实，学生有着很大的自学潜能，只不过有的教师没有发现且没有为他们提供这种平台而已。如果改变观念，相信学生，辅以适当的引导，学生主动学习的积极性就会调动起来，并会还给教师一个巨大的惊喜。其实，学生不但可以自主学习，而且还可以当“先生”。有的学生甚至在“教学”的时候，有超过教师的精彩表现。这会大大增强学生的自信心，也会让更多学生“学而时习之”。同时，学生的创造精神与质疑能力也会不断的增强，这些，恰恰是形成创新思维品质必需的“课程”。不过，却不能由此认为学生自己会学习了，教师就可以不管不问了，那种放羊式的教学，尽管也可以让学生畅所欲言，可是，却很难让学生有更高层次的发展。因为学生的知识与阅历从整体上有其不足之处，表面的热闹，往往很难走进深入探究的境地，更难获取高品质的智慧。所以，在课堂教学改革中，教师永远是不能缺位的。他们不必多讲，但所讲却要有点石成金之妙；他们未必多管，却会在不动声色中引导学生学会了自我管理。这犹如拍摄电影，导演未必上场，可作用却是绝对不可小看的。只有教师不在场的“在场”，学生又积极主动之后，才能形成真正意义上的高效课堂。

【杜伟强】行百步者半九十。关于课堂教学模式的推进有一些想法说出来请您赐教。其一，一直以来，传统课堂教学占着统治地位，影响极其深远。它是一种以知识为本位的教学，情感、态度、智力、能力等其他方面的价值都是附属的，这种教学在强化知识的同时，从根本上失去了对人的生命存在及其发展的整体关怀，学生成为盛装知识的容器，而不是具体的有个性的人——生命主体。“主体多元·合作探究”课堂教学模式的提出试图从根本上扭转这一弊端，进而把学科的科学性、文化性、教育性三者有机地融为一体，实现真正的学科素质教育。其二，进一步加强教学管理，注重教学目标高质量的达成。教学目标是教学活动实施的方向和预期达成的结果，是一切教学活动的出发点和最终归宿。其三，进一步统一思想，打一场课堂教学改革的持久战，最终实现“教学有法，教无定法”。

【陶继新】孔子说：“君子不器。”是啊，人是有生命有思想者，而不是容纳知识的器皿。这并不是说知识不重要了，而是说如何去掌握知识与运用知识，并进行一定的创造。所以，教师不应当是教教材，而应当是用教材，甚至编写教材。学生呢，不是死学教材，而是活学活用，并将生活等也作为学习的“教材”。这样，作为“三才”之一的人，才有了他本然的能量。您所说的教学目标，既包括教学知识的目标，也包括教师发展与学生成长的目标。而且，目标定位一定要准，不然，就有可能出现南辕北辙的错位。课堂教学改革不是一时的应景之作，而是如您所说的是一场“持久战”；不是说有了模式，依照模式而教就一了百了了，而是还要不断地改革，既创建模式，又超越模式，以至走向“教学有法，教无定法”的更高层次。

立德树人，营造教学育人和谐的德育文化

【杜伟强】我还想说一下学校德育。紧紧抓住课堂德育，这是学校教育的主渠道，是学生价值观形成的重要地方。首先，要把学生思想品德教育、行为习惯培养同课堂教学有机地结合起来，使教学和育人达到高度的和谐统一；其次，在众多的教育内容中，紧紧抓住三个重点：一是从增强爱国情感做起，弘扬和培育以爱国主义为核心的伟大民族精神，提出了“唱响国歌、写好汉字、说好普通话、做好中国人”的响亮口号；二是从规范行为习惯做起，培养少先队员知荣明耻的良好道德品质和文明行为，倡导少先队员实践“哪里有实验小学的队员，哪里就有新风尚”的承诺；三是从提高基本素质做起，通过举办丰富多彩的活动，发展队员个性，展现队员特长。

【陶继新】课堂德育抓得好！不管哪个学科，不管什么老师，都承担着德育的任务。只不过学科教学中的德育，多不是显现的，有着“隐蔽”的特点。有心的教师，就是让学生在不经意间接受到了良好的教育。而这种德育，却多能产生很好的效果。当然，德育几乎是无处不在的，“三个重点”则让德育有了扎根于校园的可能。比如良好行为习惯的养成教育，就为孩子们的未来成长奠定了很好的基础。因为好的习惯一旦养成，就有了相对的稳定性，有了持续发展的后劲。

【杜伟强】教育家顾明远先生为我校题词“给每一个孩子提供最适合的教育，促进他们生动活泼、主动的发展”，这是在 2009 年秋季我们五十年校庆时题写的，几乎与一年后中共中央国务院颁布的《国家 2010—2020 中长期教育改革与发展纲要》中的表述一样，这是我们“适合教育”办学理念的重要

政策依据，更坚定了我们为每一位学生提供“适合教育”的信心。

【陶继新】顾明远先生是这样题词的，你们也是这样做的，而且做得非常好，当然也就有了相对理想的成果。当学生有了主动发展的愿望后，不但会有知识学习的收获，也会有精神提升的收获。小学时代积极的生命状态，不但会让他们乐在当下，还有可能让他们幸福于未来。

【杜伟强】是的，学生是学校的中心，学校是学生的乐园。学校的一切设施对于学生都是开放的，一切设施都是基于孩子的视角而设计的。您到过我校，我们因我校的绿色、书香、人文、智能“四园”而自豪。就绿色校园来讲，目前学校种植有77种植物，24种可以结果，常年鲜花不断，四季硕果飘香。累累硕果挂满枝头，无一人采摘。

孩子生活在这里是安全的、快乐的、幸福的。学校民主、年级自主、班级自动、师生自由的氛围正在形成。

【陶继新】没到你们学校之前，我并没有想到校园会如此之美，你们的学校是孩子喜欢的乐园，而且，外在的绿色与心灵的绿色是融为一体的。你们不但构建了一个学生心理的安全场，而且也构建了一个师生共同成长的精神家园。所以，孩子们在学校里是快乐的，幸福的。

心不后悔，带领大家创建精神成长的家园

【杜伟强】校长十年，心不后悔。我的体会是校长首先是领导者，是学校的魂，带领全体教师做正确的事。校长是教育者，努力使学校形成学术氛围，带领大家专业做事，靠专业赢得尊严。校长是管理者，学习贯彻各项方针政策，有效策动人、财、物、时间、信息等学校各要素的整合与调控，带领大家正确做事。体会二，学习、学习、再学习，实践、实践、再实践，做一位独立的思考者，一个善于包容的实践者。体会三，坚持，坚守。天无私覆，地无私载。空谈误国，实干兴邦。让平常、平凡、平静中孕育出不平常、不

平凡、不平静。这样能使意志得到锻炼，认识得到提高，思想更加深刻，行动更加理性，境界得到升华。批判与重建共生，分享与共担相伴。相信心善则美、则端、则强、则畅。

我与老师们共同期盼：教育回归本原，变得干净朴素；学校成为家园，变得美丽宁静；师生教学为乐，享受尊严幸福。

【陶继新】之所以“心不后悔”，是因为您这十年，将身子扑在了工作上，将心放在了师生上，从而打造了学校的品牌，提升了师生的生命品质。同时，您自己也发展起来了，您不但有了丰富的实践经验，也有了较高的理论水平与思想境界。所以，在你们学校里，您是幸福的、精彩的，学校里的教师与学生、校园里的每个生命同样也是幸福的、精彩的。

（原载于《教育时报》，2014 年 4 月 23 日，第 1、2 版；作者：陶继新、杜伟强。）

大道至简，让教育回归最自然的状态

——重庆铁路中学的“另类”追求与大胆探索

[**黄兴力校长简介**]

黄兴力，中学生物特级教师，重庆未来教育家培养对象。1966 年生，1986 年大学毕业后任教于重庆铁路中学，曾任副教导主任、副校长，2001 年调任四川省内江市铁路中学校长，2003 年调任重庆铁路中学校长，现为该校校长兼党委书记。曾获全国先进工作者、曾担任北京奥运会火炬手、获全国科研型骨干校长、全国中小学健康教育十佳校长、重庆市骨干校长等称号。出版著述《星光教育：创造多元的发展空间》、《一所向往文化的学校》，在《人民教育》、《基础教育》、《今日教育》等刊物发表具有深度思考的教育文章。曾获重庆市普教优秀成果一等奖、重庆市政府教学成果二等奖。担任中国陶行知研究会中学专业委员会副理事长、重庆市教育评估院基础教育工委会副秘书长。

编者按：这究竟是一所什么样的学校？这里有家长向智能手机宣战、向科技的进步宣战，敢为天下先——自愿奉献出全年的薪酬，为全校每个学生捐赠一部非智能手机，只为还孩子们一个绿色健康的青春；这里有家长站在学校教学楼房顶上逼问校长：“你们要是不接受我娃儿转学进来，我今天就从这里跳下去！”——校长临危受命却还给这个家庭一个春天！

这究竟是一所什么样的学校？这里的学生“无法无天”、“肆无忌惮”——直言不讳质问校长，敢于说“不”，还把主席台上的校领导挤下台去；这里有学生破茧成蝶、重获新生——有些曾被名校名师抛弃、曾令父母绝望到束手无策的学生，却在这所学校的“调教”下，发现了自己的特长、激发出自身的潜能，站到了领奖台上；这里有学生痛哭流涕、悲伤难抑——因为他即将毕业，即将离开心爱的校园、老师和同学！

这究竟是一所什么样的学校？这里的校长年近半百却“童心荡漾”、“萌态可掬”——他在学校艺术节开幕式上头戴彩帽，他在QQ、微博、微信上被学生称作“校长蜀黍”、“力蜀黍”、“黄童鞋”；这里的老师“疯狂至极”、“不伦不类”——男老师居然穿艳丽飘摆的长裙，在操场上大跳热舞、草裙舞！

陶继新先生就“回归教育本真”的话题对话全国劳动模范、特级教师、重庆市首届未来教育家培养对象　重庆铁路中学校长黄兴力，在对话中黄校长淋漓尽致地进行了注重原本、尊重科学、看重真实的表达。陶继新先生则以专家特有的敏锐眼光，发现了“新大陆”，并用精彩、新颖、独特的语言阐述论证出一套治校方略，为读者解读重庆铁路中学和它执着的教育梦。

率真童心——由主持词想到的

【黄兴力】陶老师，我做校长已经十多年了。在重庆铁路中学当了四年副校长，在四川内江铁路中学当了两年半校长，2003 年回到重庆铁中当校长，现在是校长兼党委书记。我越来越强烈地意识到我们应该把心沉下去，去办一种朴实无华的教育。

【陶继新】陶行知说："千教万教，教人求真；千学万学，学做真人。"朴实无华，是与"真"紧紧联系在一起的。当今某些追求浮夸与浮华的教育现象，则是与"真"教育背道而驰的。

【黄兴力】校长的责任很重大，我希望走出铁中的孩子，是很率真的。他们能听从内心的召唤，说真话，做真人，做一个纯粹的幸福快乐的人。

【陶继新】孩子本然就是率真的，可是，由于受到社会上功利浮躁之心的浸染，其率真之气呈现出每况愈下的态势。当孩子没有了孩子的生命形态时，这不但违背了其生命的规律，而且也说明教育出现了很大的问题。

【黄兴力】在前天，学校举行文化节闭幕式暨迎新年演出。我看了学生的主持词，觉得有问题。"新春贺喜，让新春的风吹进你的屋子，让新春的雪飞进你的屋子。"我不喜欢这样的主持词，空洞不接地气，没有新意，没有结合本校实际。铁中校园有雪吗？这样的主持词放在中国任何有雪的地方都可以用。我喜欢学生说他们自己的话，写反映他们自己心声的东西。发自内心的声音才能感动全场。学生这样写，就能显示出高端大气上档次吗？我认为，如果是学生写的主持词，那就说明我们的学生中毒太深了。文如其人，其实这是对学生的引导。假大空迟早是要被唾弃的。我喜欢孩子就像孩子，他们应该有其年龄段的自然的特性。人应该是鲜活的生命体。

【陶继新】学生的主持词出现问题，有其深层次的原因：一是与当今作文教学上追求语句的华丽有关，二是与当今社会上的假大空现象也有着某种内在的维系。其实，老子早就说了："人法地，地法天，天法道，道法自然。"你的语言可以华彩迭章，也可以质朴无华，但那是属于你自己的语系，是自然流淌出来的，而不是硬性挤出来的。看来，写作也是做人，写作中也有教育。何止于写作，做任何事情，都要追求真实自然，只有这样，教育才算回归到了它的本位，才算靠近了"知良知"的境界。

【黄兴力】唯有发自内心的语言才是自然生动的，是最美的。我们所追求的真教育就要从教孩子们说真话开始。我们在孩子们面前，切莫装腔作势。我时常在想为什么校长、教师就不可以更自然些？为什么非要装成师道尊严的样子？他们也有自己的幽默，有人的味道，有阳光的味道。

前段时间，学校开运动会，很多班级主动申请特色表演。孩子们戴上了绚丽缤纷的彩帽，给校园增添了欢快的气氛。在前天的大会上，我上台致辞，临时戴上孩子们戴的彩帽，萌翻了全场 4000 名孩子。昨晚还有孩子在我 QQ 上留言："我们的校长叔叔太棒了！"中国的教育就是太一板一眼了，我们需要幽默感，需要能与孩子同欢乐的校长和老师。一位记者朋友曾给我提及多年前，他去某郊县重点中学采访初三毕业学生自杀事件。孩子父亲说："早知道读书把我娃儿都读死了，就绝不让她读书，哪怕当个文盲！"教育如果无法让孩子感受生活的美，还有什么意义呢？我希望我和我的孩子们去追求有质感的生活。

【陶继新】您上面谈的问题，除了"真"之外，还有另一个问题，即学校不但要有严肃，还要有活泼。教师与校长不但要庄重，还要幽默。严肃与庄重当然需要，活泼与幽默同样重要。在活泼与幽默中，拉近了老师与学生、校长与师生之间的心理距离。大家共处于一个同行同心同乐的乐园之中，让学校有了生气、活力、平等、和谐、自然与快乐。从某种意义上说，不管你处于什么位置，不管你年龄多大，如果失去了童心，失去了与群体的心理"结盟"，也就失去了一个人最有价值的东西，也没有了真正的权威与人格。

【黄兴力】校长和老师们就是要走近孩子，走进孩子的心灵，和他们呼吸在一起，和他们生动地一起活着，一起成长。有的人说我看起来挺年轻，挺潮、挺时尚，以前玩微博，现在有29万的微博粉丝，玩微信、微视。因为我始终和孩子们在一起，老师因孩子们而青春，校园因师生们而春意盎然。全国知名教育专家卢志文校长看到我说："你是从内心散发出朝气和年轻。"虽然，我的工作量很大，平均一天睡眠的时间只有6小时，但因为干了我最喜欢的事业，做人行事听从内心的召唤，复杂事情简单做，像孩子们一样用清亮的眼睛看待我们的世界，就觉得永远有活力，有激情。

有一年高考前夕，我校的一次轻松愉快的高考减压活动居然上了《重庆时报》的头版，并且一不小心就跳上了央视《新闻周刊》的大舞台，得到了白岩松的赞赏；甚至台湾地区及美国、加拿大和日本等外国网友也通过网络进行了热评。这次活动的缘起其实是为了给毕业年级的孩子们减压。临近高考中考，有的学生出现"高原反应"，有的学生因过于紧张而出现过敏和焦躁反应，学校此时开设心理讲座收效不会很大。学生们需要通过活动进行适当的放松，需要在尽情宣泄中得到心理的减压与调适。怎么办？那就搞一个"热波"吧，组织一台户外摇滚音乐会，让学生们疯狂起来。当然，"热波"必须有师生的互动节目，学校男老师穿上长裙的热舞活动便由此诞生了。男老师长裙的艳丽，发福腰肢扭摆的笨拙，表情和舞蹈的奇异搞怪，女老师牛仔装的狂野潇洒，甩开嗓子吼的彪悍率真，又一次展示了老师们生命的活力与张力。迎考学生里三层外三层地把表演的圈子围了个水泄不通，笑声、喝彩声、欢呼声汇成一片，就像从圆心发出来的一波又一波快乐的巨浪。一位动作技能特棒的年轻男老师，就因为慢了一步，无法冲进厚厚的人墙，失去了表演的机会，大叫"含恨终身"。

在外界看来，如此"搞笑"似乎多少有些不可思议，但对于学校老师来说，搞笑是一件合乎情理的平常之事。因为在老师们心中，不是师道尊严不可侵，不是十年磨一剑，只待高考成，而是铁中没有差生（差教师），只有差异。多年来学校的这些教育思想在办学行为中的丝丝浸润，滋养了一个心态阳光健康的教师群体。

【陶继新】在缺乏以人为本的教育大环境下，在以各种冰冷的数据指标严格标尺教师和学生的今天，学校还能看到如此欢乐的场面，还能拥有这样一群活得自然活得简单的教师，值得欣慰。他们懂得自我调侃，懂得戴着镣铐跳舞，快乐着孩子的快乐，幸福着孩子的幸福。老子说：“复归于婴儿。”为什么呢？婴儿是最单纯的，没有功利之心，想哭就哭，想笑就笑，不想伤害别人，也不会伤害别人。其实，真正意义上的大师，不但有超越常人的智慧，还多有一颗童心。一般意义上的名校长，多是有治校的方略，可是，如果失去了童心，那些方略则有可能成为整人的心术。您和老师们的可贵可爱之处，则是没有丢掉这个童心。

欣赏您所说的“复杂事情简单做”，大道至简，这是一个不变的生命规则。周易有言：“易简而天下之理得矣；天下之理得，而行位乎其中矣。”这当是一种高层次的智慧。没有智慧的人，会整天忙得团团转，还解决不了关键性的问题；有智慧的人是举重若轻，即使遇到相当棘手的问题，也会从容地解决，甚至会生成一种享受破解困难的心灵愉悦感。

【黄兴力】嗯，教育者应该永葆童心。在和学生们网络交流的时候，他们就叫我黄童鞋、黄同学，我很高兴。因为我除了是他们的人生导师外，还是他们生命中重要的朋友。因此，有人在生日的时候，除了感谢自己的亲人外，还要感谢自己中学时代的校长。我觉得，在他们人生里程碑上镌刻有校长的名字是对我办学的最高奖赏。教师的权威绝对不是通过压制与控制而来，而是通过我们对孩子的尊重与珍爱，从权力走向魅力的。孩子们对老师的真正折服，是对其人格和学识的景仰，有魅力的老师会形成一个巨大的正能量磁场，在一个同心同行的乐园中，师生一起享受成长的幸福。亲其师，信其道。正如陶老师在给我们讲学时所说：“高效教学的方略和品质，大道至简。”我们的教育重在对师生内心的激发与唤醒，任何表面的方法和技巧都是走不远的。

【陶继新】教师的权威不是声色俱厉，而是人格的高尚与智慧的丰盈；同理，校长的话语权不在其有多么大的权力，而在于其与师生心魅相系的人格风范。我一直认为，教师与学生是不可欺的，他们个个有着一双识别真伪的“火眼金睛”。那些言行不一者，那些对师生不真诚的校长，师生个个心知肚明。所以，看一个人的优劣，不但要听其口头语言，看其书面语言，更要观其行为语言。孔子为什么主张“君子欲讷于言而敏于行”？就是高度重视了行为语言的意义与价值。校长的行为语言更为重要，因为它不仅彰显其个体的人格高下，而且还会在学校里形成一种辐射力量。还是《大学》说得好：“君子有诸己，而后求诸人。无诸己，而后非诸人。所藏乎身不恕，而能喻诸人者，未之有也。”

自由梦想——由创意表演想到的

【黄兴力】在前天的校长致辞中，我戴着彩帽给孩子们讲述学说真话，学做真人。我校的校风就是“立德、立功、立言”。而立言，就是要让孩子们有自己独立的思考，有个性，敢于和善于表达自己的观点，找寻到真正的自我。

我还讲到最近全校孩子们搞的一项活动——“点亮梦想”。我要求全校从初一到高三每个班的孩子都要填写：一生的梦想是什么？以后想从事的职业是什么？今后想考的大学是什么？（因为我校是升学预备型学校）每个班做成一个展板，展示在教室外。孩子们如实填写了。有极个别学生填了反人类的内容，如“我要搞东京大屠杀，以牙还牙”等，老师们发现后必须找学生删除和更改，除这些外，其他上墙的内容绝对是原汁原味的。当然，他们因为年龄层不同特点各异，高年级同学总会嘲笑低年级同学的不切实际和幼稚。有的老师也提意见，为什么不开班会统一进行理想职业生涯教育，就这样让学生“乱”填一气。因为有的学生写一生的梦想就是和心爱的人过平静安稳的生活、骑车从重庆走向全中国再走向全世界、让外公能够活得更长久等等，有的大人们看了认为不崇高。我说，我们的教育需要落地，需要说人话。我们追求的幸福是我们能够切身感受到的人对生命的美好享受。孩子们对未来的期盼是随着他们的成长而不断在修正，最终在成人的时候，他们能够更加清醒地认识自己，真正知道自己的追求是什么，该干什么，不该干什么。每个人都有多元智能，为什么我们不扬长避短？当真正内视自己的时候，我们会恰当选择适合自己走的能发挥自己特长的人生道路。教育，就不能假大空，喊口号，要切身为孩子们的未来着想，真正奠定他们未来幸福的基石。“基础教育”这几个字，我有了更深的领悟。

在学校的门口，张贴有可爱的笑脸娃娃，这是我们在校内拍摄的孩子们的笑脸照，我们并不知道孩子的学业状况怎样，但他们灿烂的笑容深深打动了大家，那笑脸就是投射于师生心底的阳光，让整个人都明亮起来。

【陶继新】学生能写出原汁原味的“梦想”，说明学校给予了他们一个心灵自由的空间。没有心灵的自由，不管学习成绩多么好，学生的发展都不会是良性的。而且，每一个孩子都是“这一个”，都有其独一无二的特点，有不同的梦想，当是天经地义的事情，无需大惊小怪。当然，学生的思想与智慧还处于发展中，即使当下写了梦想，未来也有可能改变梦想。所以，还要看其未来发展的情况。这里所写的梦想，只要对他们的发展有利，就要予以鼓励。同时，人是需要生命提醒的，不要说孩子，就是大人，有的时候也会有不正确的想法，也会做错事，所以，适时进行生命提醒，当是作为孩子生命导师的老师一个义不容辞的责任，指引他们少走弯路，少走错路，不走邪路，而是走上一条健康发展的路。

【黄兴力】全校每个孩子的梦想都公开张贴在教室外面的走廊墙壁上。虽然有的孩子的想法不切合实际，但这完全没关系。正如陶老师提到的“给孩子一个心灵自由的空间”。知识有生成的过程，教育也应该有一个浸润的过程，孩子在学校是在动态地成长。

您提到了“自由”二字，这恰好是我校办学思想的一个关键词。2003 年我到重庆铁路中学当校长初期，曾让老师们用白纸画出他理想中的学校是什么模样，有人给学校进行建筑规划设计，有人画了房子和居住其内的人，有人就只画了一张笑脸。什么是我们理想的学校？应该是有笑脸的学校，微笑的学校，阳光打在师生脸上的学校才是理想的学校。而发自内心的微笑，是因为心灵的舒展，也就是师生心灵的自由。恰好我校的地形就像一只展翅飞翔的鸟，学校追求的理想办学境界就是师生拥有像鸟儿翅膀一样自由舒展的心灵。我们给学校确立了一个吉祥物，就是由学校独特地形抽象概念化而来的“自由鸟”。我们的校徽就是自由鸟校徽。学校的校训就是“天高任鸟飞”。在铁中，我们要助长师生飞翔的能力，开拓师生飞翔的空间。

学校的校徽还是由我校毕业生自己设计的。我校校园文化的一系列 VI 识别系统，全部是师生们自己设计，没有请外面的文化公司来包装。自行设计，是一个学校办学理念和学校文化逐渐形成的过程，我们很珍惜在教育路上每一次的走与停。

【陶继新】微笑是心灵自由的自然呈示，是衡量一所学校品质高下的试金石。如果一味地追求升学率，斩断了学生心灵舒展的翅膀，尽管当下也可能取得好的成绩，可是，却在无形中为未来埋下了心里的隐患。一个负责任的校长，不但要让学生取得好的学科成绩，更要为学生构建心灵健康的殿堂。其实，如果心灵健康了，学习成绩也多会好起来的。因为心灵自由状态下的学习一定是高效的，不但有高效率，而且更有高效益。每一个学生都有巨大的发展潜能，学校教育不是压抑这种潜能，而是有效地开发这种潜能。心灵的自由，则可以更好地开发这种潜能，为学生提供“天高任鸟飞”的天地。

校徽是学校文化的重要组成部分，一般不可能让学生设计，认为他们不可能有这么高的水平。你们的校徽却由本校毕业生自己设计，而且设计得特别好。这说明你们充分相信学生内蕴着巨大的潜能，并在关键的环节让他们展示了这种潜能。当学校的很多重要任务交由学生来完成且取得成功后，就会在学生的心里积淀下一笔更加自信的心理财富，对其一生的成长都会产生积极的影响。

【黄兴力】孩子的潜能真的是巨大的。2013年，中英文化交流“梦想团队”落户我校，团队采取企业的运作方式，有“CEO”，也有分工不同的“部门经理”。我校有五位孩子在竞聘管理团队中脱颖而出。身为学生会主席的曹鹭同学自告奋勇当上“CEO”，他先在同学中进行了一番摸底调查，又与4位“部门经理”一起商量，最后决定在学校搞一次集文艺演出、英文交流、体育运动、休闲娱乐于一体的综合性活动。

大家各有分工，有的组织活动，有的联系场地和评委老师，跑市场的“经理”任务最艰巨。“每次我们搞不定时，曹鹭出马就能谈下来。”团队伙伴都很佩服这位“CEO”。

“其实，我也没有什么诀窍，只是跟人谈赞助的时候，站在对方的立场，考虑他们的需求。如果别人提出合理的建议，我会虚心接受，再做适当的调整。”曹鹭说，这样的方法在不少企业都很奏效，“还有一点就是打‘亲情牌’，之前有家企业原本对我们这次活动兴趣不高，我去找他们谈判时，听出一位负责人是江津口音，就跟这位老乡套近乎。于是，在这位老乡的协调下，谈判变得越来越顺利。”

一个多月的时间，曹鹭带着团队成员从眼镜公司、英语培训学校、艺术培训学校等单位，一共拉到了9500元现金赞助和价值万余元的物资赞助。

五位孩子组织了有两千名学生参加的“梦想与团队”活动，活动搞得有声有色。学校头一次不花一分钱就举办了一场如此大型的活动，活动后，五位孩子还给学校捐赠了价值一万元的体育器材。

陶老师，孩子们的能力我们真的不能小觑。实际上这五位孩子绝不是全年级学业成绩前五名的孩子，甚至有的成绩处于中下水平，但是他们有组织管理能力和商业头脑。孩子们缺的就是舞台。学校应该是每个孩子的舞台，关注每一个孩子是我们的职业道德底线。在铁中，体育节、艺术节不仅仅是特长生的竞技台，文化课堂也不仅仅是学习优等生的展示平台，整个校园应是每个孩子用生命尽情舞动的秀场！“没有差生，只有差异”是我们铁中人的信条。

近年我校招聘新教师，异常火爆。不管是在北京、上海还是重庆考点，近年来我校招收的清华大学博士，北京大学、英国利兹大学、香港理工大学、浙江大学、复旦大学、重庆大学等综合性大学的硕士，北京师大、华东师大等一流师范大学的毕业生，很多都是因为非常赞同学校的“没有差生，只有差异”的教育思想，才逐渐关注铁中，喜欢上铁中的教育氛围，然后应聘铁中的。

【陶继新】学校教育对于学生来说，只是学习文本知识的话，他们的知识会逐渐丰富起来。可是，如果没有实践经验的积累，文本知识往往产生不了应有的作用。而一般学校，恰恰在实践活动方面没有为学生提供必需的舞台。学生可以学好文本知识，同样可以在实践活动上一展风采。曹鹭等五位同学则显见了其超乎寻常的能力与智慧。看来，不是学生不行，只要校长与教师相信学生，为他们提供生活实践的平台，他们就会创造出令人们惊奇的成绩来。学生未来是要走向工作岗位的，是要在社会实践中生存与发展的。如果在中学时代不进行这方面的训练与培养，到大学继续“重复昨天的故事”的话，就有可能在初入社会的时候出现问题。

这五位同学在拉赞助等活动中，一定遇到过各种各样的困难与问题，只不过他们一一解决了。这也说明一个问题，困难不可怕，只要用心，就一定会解决的。其中也有可能会有失败，而失败也是人生的一种精神财富。不经历，不去做，就不知道为什么失败，不知道如何走向成功。

人的智力呈现方式是多元的，这五位同学未必是学习特别好的学生，可是，在这方面他们却有了更好的表现。所以，我非常欣赏你们的“没有差生，只有差异”的理念。在这种理念下的教育，会让不同智能的学生，都可以找到自己的最佳发展区，都可以体验取得成功的喜悦。看来，孔子所说的“因材施教”，不只是一种古老的“语录”，也是至今依然闪烁着光彩的真理。

【黄兴力】“没有差生，只有差异”的教育理念，体现出了生命化与多元化。办学，真的不是在表象，而是我们要让自己的教育理想和理念真正落地。不是把学校装修得豪华，就是好学校。我不喜欢把大理石花岗石往墙上贴，不喜欢空洞的标语爬满墙，在并不那么华丽的墙上有孩子们的照片，有孩子们的作品展示，有孩子们亲手书写的绘制的招贴画，那才是有体温的，这种直抵人心的温暖胜过冰冷的大理石和花岗石。

最近我突然意识到沿袭很多年的一个传统是有问题的。

前段时间，孩子们争着要在运动会开幕仪式上进行富有创意的表演，表演的班级太多，学校只好硬性规定只能有 3 分钟的表演时间。高三一个班的孩子在一位年轻男老师的带领下欢快起舞，3 分钟的时间到了，音乐停止了，班主任和孩子们居然不下场，硬是自己伴唱把节目演完。虽然他们违反了游戏规则，但我特别欣赏他们那股劲，那种展现自我的精神。

这个事例是对教育中的条条框框的“反动”，他们的梦想只是表演一个完整的节目，这个要求并不高，对孩子合理的要求我们应该给予极大的尊重。当然，这个事情应该会有极大的争议，焦点会在没有规矩就不成方圆，但我们应该鼓励和激励这种实现自己梦想和愿望的勇气。而这种表演，都是被安排在主席台前。学校干部们坐在台下，非常近距离地观看，而大多数学生因为离得远，而且在平坝表演，表演者被遮挡，相当一部分学生根本看不见，就往前面涌，引起会场的秩序混乱。虽然每一个孩子都兴高采烈，兴奋不已。但我突然高兴不起来，因为，我们没有站在孩子们的视角去设计这场特色表演展示。以后，能不能专门举办每个班每个孩子都能上场表演的特色展示？以后能不能把管理干部赶下主席台，不设贵宾席？就把他们放在孩子们中间，让他们和孩子们欢乐在一起，甚至和孩子们一起表演节目，而主席台就留着给孩子们展示节目用，让全校每个孩子都能欣赏到别人的表演。

我在大会上给孩子们致了歉，宣布以后学校管理干部不再在高高的主席台上俯视孩子们的演出，把最好的观看位置留给孩子们。由于很多节目没有表演完毕和很多学生因为遮挡原因没看清楚，我提议让电教中心会后把孩子们的每一个节目都完整地录制下来，让大家好好欣赏并让表演的班级留作纪念。

【陶继新】很赞同您的观点，学校之美，不在外表的华丽，而在是不是让学生感受到那份来自校长与教师的温情。当学生走出校门，走向社会很多年之后，学校留在他们记忆里的，往往不是学校的建筑多么美，课堂上学到了多少知识，而是他们在这所学校里有哪些精彩的展示。几乎每一个人都有展示的欲望，可是，很多学校只是给了校长或几个领导展示的舞台，而没有给孩子们腾出更多的地方展示他们的风采。那个年轻教师带领学生违反游戏规则的狂舞，则形象化地说明了这样的展示对他们是何等的重要！

那场展示非常精彩，也留下了遗憾，而可贵的是，您从中总结了教训，从孩子的视角考虑了产生问题的原因，并思考了今后如何解决这些问题。其实，凡事想到孩子就错不了。学生是学校的主体，当全校学生感到快乐的时候，得到更好发展的时候，学校不也就发展了吗？所谓人本管理，更多应当是基于学生生命成长的管理，给孩子梦想一个空间，这既需要校长的管理智慧，更需要校长与教师的学生情怀。

【黄兴力】记得有一次，初一开过师生家长见面会的当晚，我就接到电话："我想请校长听听我对这次见面会的意见：第一，你校的个别教师上台讲话很紧张，甚至有语无伦次的现象，恐怕是没有充分备课的缘故吧。作为家长，我们怎能放心把孩子交到这种老师手里？第二，我参观了学校的每一个角落，很漂亮也很有文化氛围，但是我发现一个厕所门上有学生乱画的痕迹，学校为什么没有在暑假及时清理？第三，没有请家长代表上台发言，很遗憾……""请问，您是哪位学生的家长？""对不起，我不想因为我给您提了建议，让学校对我的孩子进行特殊关照。"虽然只是一个短暂的见面会，但是家长的心思却是缜密的，在这几条貌似"鸡毛蒜皮"的小建议中，其实饱含了一个家长对学校极大的期待！

【陶继新】的确是这样。家长资源就是我们教育的重大契机，也是学校发展丰富多彩、取之不尽、用之不竭的动力源泉。一所学校有多少学生就有多少家长资源，如果学校能够在尊重规律、依靠科学的共识下，以开放的胸怀迎接家长广泛地走进学校、参与到学校教育中来，让其发挥独特的、不可或缺的价值和作用，那么我们的学校一定会得到广大家长的积极认同，学校发展也会迎来生机勃勃的春天。

【黄兴力】是的，春天！家校同心的力量可以使学校迎来发展的春天，而对于一个家庭来说，我们培养好一个孩子又何尝不是给这个家庭带来春的希望和温暖呢？

2009年新高一报到那天，我突然接到一个电话："黄校长，我现在已经站在铁中的房顶上，你给我一个回答，同不同意我儿子转到学校来？我儿子就想到这里读书，当妈妈的一定要满足孩子的愿望。今天你不答应，我就立刻从楼上跳下去，死在这个学校里！"这位家长的孩子原本在市里另一所重点中学读书。可是，孩子入学以后，不能适应那里的学习生活，逐渐产生了厌学情绪。老师起先还对孩子进行批评教育，后来也懒得管这个"不上进"的小孩了。听同学说铁中好，这个孩子便非要家长把他转到铁中来。但是他的学籍和户口并不隶属我校招生范围，因此，教导处不同意接收，于是便出现了刚刚的一幕。我耐心开导家长一定保持冷静，并请她下来到我办公室沟通。她和儿子一进办公室便扑通一声跪在地上。面对家长和孩子的极端之举，我震惊了！一个只上过两年小学的母亲把改变家庭命运的期望寄托在孩子身上，又把孩子的未来寄托在我们学校。虽然我不赞成家长这种非理性的做法，但我深深感到自己肩上的责任重大："一个孩子，就是一个家庭的希望；一代孩子，就是一个国家和民族的未来和希望！人人都曾有过梦想，幼时自己当然也有过'男儿带吴钩'的豪气。现在，虽然作为一名普通的中学校长，我无以兼济乾坤，但为一个家庭、为一方百姓守护一个希望，我还是能做到的。"所以那次我破例收下了那个孩子，并把他安排在一个工作非常细致认真的班主任班里。家长用90度的深深鞠躬感谢学校和老师。

近日，在我校还有一个叫李锦鉴的学生因为参加了湖南电视台的《变形记》节目，引起了社会和媒体的极大关注。他的微博粉丝从20个一夜猛增到5万个。两年前，李锦鉴也在重庆一所名气很大的重点中学读书。可是由于刚刚进入初中不能尽快适应，成绩很不理想。老师经常批评他还把他排到了教室的最后一排。渐渐地，李锦鉴越来越讨厌学校，并且沉迷上了网络暴力游戏。不久，李锦鉴就成了一个彻头彻尾的“坏”学生：上课除了听讲，什么都干；哪个老师胆敢指责他，他便大打出手；在家里爸爸妈妈只要批评他一句，他也“大义灭亲”。学校当然不再想要这样的学生，几十遍地给家长做工作劝其转学。束手无策的爸妈用白花花的钞票说服了儿子去参加《变形计》节目。拍完《变形计》，李锦鉴的内心有一些触动，但是改变不大。暑假后，家长把他转入铁路中学重新读初一。进入新学校，他有过和老师们的多次“较量”，但班主任沈树荣和其他科任教师始终没有放弃他，与他“斗智斗勇”。渐渐地，他安静了、懂事了、进步了、成熟了。班主任发现他有音乐天赋，就请专业老师给他辅导声乐、钢琴和吉他。后来他参加校园十佳歌手比赛一度进入决赛，虽然最终没有入围校园十佳歌手，但是已经展现出了很强的歌唱潜质。再后来，我到教室找他谈心时，发现他已经变成了一个有思想、有目标、自信阳光的少年了，与之前的顽劣形象完全判若两人。

我曾收过被名校强行退学，家长强烈要求进校读书的孩子，这位孩子在老师的发现和培养下，参加了校园舞蹈训练，还参加了全国体育大会的展示，慢慢变成了一个阳光自信的少年，学习成绩也逐渐追赶上来。孩子转变之后，这位家长给我发来一条短信：“谢谢校长，您和铁中给孩子带来了春天，也给我们全家人带来了一个春天！”我对我校老师们说：“好的教育能够改变一个人，改变一个家庭，好的教育给了家庭一个春天，给了社会一个春天，给了我们的未来一个春天，而春天，就在我们教育工作者的手中绽放！”

【陶继新】长期以来中国教育的发展过于注重实用主义和工具主义，失去了教育本真，异化了教育价值。但是无论如何一所真正意义上的富有生命力的学校，不应该缺少教育的大爱与责任，分数永远都不应该成为教育的全部与唯一，人文底色、科学素养、艺术气质、生命意识、良好习惯、价值观、心态等更远胜于冰冷的分数。人的潜能是巨大的，对于教育来说，万万不可轻视任何学生。教师职业道德的底线也应该是对每一位孩子的“珍爱”！而随着社会的发展进步，人们认识水平的提高，广大家长心目中的“春天”也绝不仅仅是孩子取得优异的考试成绩、较高的考试分数，家长们更在乎的是学校是否对自己孩子的成长尽心负责。铁中的孩子很幸运，铁中的家长也很幸运，因为他们期盼的春天在你们这些春天守望者的倾心灌注下绽放了！当然，铁中也是幸运的，你们在践行春风化雨的教育的过程中，也体会到了作为耕耘者的价值感和幸福感。为他人守护一个春天，你便也在春天里！

真诚至简——由学生质问想到的

【黄兴力】在铁中，人人都是学校的管理者。学校在设施上有安全隐患，有学生带我去看，并质问我：“校长，你认为这里安全吗?”还有的学生看到学校哪个地方有什么问题，直接拍照，然后发到我手机里。一次，我校一教导主任看见一位孩子在教学楼走廊上放声大哭，走过去询问，才知晓他即将转学，那孩子说他舍不得老师、舍不得同学、舍不得班级、舍不得学校。那孩子实际上是一个学困生，家长非常清楚那孩子的最大特长在于动手操作，要把孩子转入职高。当那孩子的原班级即将毕业，师生在拍毕业照的时候，那孩子回校和同学们一起拍照，还专门写了一首题为《我是铁中人》的小诗作为毕业礼献给母校。

因为，孩子们深切感受到“没有差生、只有差异”的师爱，才以更大的激情去拥抱老师和学校。老师爱学生，这是应有的职业精神，而学生更爱老师则是教育的艺术，教育的更高境界。我始终在提我们要办朴实无华的教育，办一所简约大气上档次的学校。这所学校是绿色的，绿色代表了菁菁校园的郁郁葱葱与朝气蓬勃，代表了鲜活的生命，代表了人与自然的和谐，代表了心理与生理的和谐，代表了校园成员之间关系的和谐。如果用一个字代表铁中，那就是“绿”字。因此，我校校园文化 VI 设计中“重庆铁路中学”的校名是绿色的，我校的标准色也是绿色的。

【陶继新】学生敢于质问校长，这在一般学校是不可思议的事情，这不但彰显了他们的主人公意识，也说明他们心中的校长是可以发难的。因为从深层次上说，你们都是为了一个共同的目标，那就是让铁中办得越来越好。可见，您在学生中已经构建了一种信任体系，而且还有了友情的基础。那个大哭的学生，太感人了！学校给他留下的何止于这次大哭？还有终生的铭记！因为学校有太多值得他怀念的美好，那是沉淀在心底的“金子”。如果没有平时教师对他的爱，没有同学对他的友情，他是不可能对这所学校产生如此深厚感情的！

你们学校的标准色为绿色，真的是名副其实。第一次走进你们的学校，就被郁郁葱葱的绿色吸引住了。在全国我到过几百所学校，能像你们这所学校有如此多的绿色者，真的是“几希矣”。生活在这种绿色环境中的教师与学生，会因为这种生命常态中的绿色产生一种心灵愉悦的感觉。更重要的是你们学校的人文教育的绿色。因为有了“没有差生，只有差异”的理念，学生也就有了心理的安全感。而且，你们的理念是落地的，不但在活动中有绿色，课堂上也有绿色，而且走进了师生的心理世界。自由的心灵有着巨大的生命能量，它让师生形成了一片精神与心理上的绿洲，在铁中更好地发展。

【黄兴力】昨天我正好在区里给新上任的校长们进行了一次培训。我完全改变了以往做讲座的套路，幻灯片只有题目《大道至简知易行难》，其他就是图片了。为什么我们非要用一个固定的模子去套住他们？我希望新校长们思想更开放一些，思维更活跃一些。通过看图，大家一起对问题进行探讨，一起闪耀智慧的灵光，分享彼此的思想，唤醒和激发在场每个人内心深处的奇思妙想，一起做思维的体操。没有中途休息的三个小时，居然不知不觉就溜走了。看来，我们的课堂教学也应该思考怎样让师生乐此不疲。我以前当教师路走得很顺畅，因为我母亲是一位优秀的小学教师和副校长，她把她当教师的诀窍全部告诉了我，所以，我能够很快成功。工作四年，参加重庆市首届青年教师赛课，获得生物学科第一名。后来，曾获得全国、省市级教学大赛奖。工作九年后，成为一所省级重点中学，一所大型学校的副主任教导，一年后，又走上了副校长的岗位。虽然，当赛课获奖和当学校管理干部并不能说明你有多优秀，但，确实走得较顺，获得了大家一致的认可。后来，我在四川一所中学当校长，同时教了一个普通班的生物，那个时候我才真正知道什么是教育的成功。

【陶继新】“大道至简”是一个生命规则，做教育也是这样，写文章亦是如此。可是，要想“简”，必须经历一个由繁到简的过程，一个由难到易的过程。您作报告与讲课都受到欢迎，可是，这种成功的背后，是您的巨大付出。比如现在写文章，我总是感到快乐与惬意。为什么？因为我写了三十多年，发表了700多万字的文章，著作有三十多本。不是自己了不起，其实，真正了解我的人知道，我不是聪明之人，但绝对是勤奋之人。这让我想起孔子的话：“十室之邑，有忠信如丘者也，不如丘之好学也。”做任何事情，都要有付出，都要爱它，不然，就不会有好的收获。在采访您的过程中，我感到您就是为学校持之以恒付出的人，就是特别热爱教育的人。在这条路上，付出得越多，爱得越深，也就越可以享受当下的愉悦，也就可以体味“大道至简”的美妙。

【黄兴力】我写过这样一篇博文：

每到重大节日的时候，总会收到来自全国各地的问候电话或祝福短信，最暖心扉的莫过于来自毕业多年的学生们的。因为，师生之间只有真诚的祝愿，毫无一丝一毫的利益驱动和世俗杂念。

记得我以前向别人提及，干了二十年多的教育工作，真正让我最有成就感的，不是赛课获奖，也不是学生考试获得高分，更不是当了什么先进和校长，而是我寻觅之中的豁然开朗：教育因真诚而富有诗意！2003 年 6 月 6 日，是我调离原来那所学校的日子。我和高二的学生们上着最后一节课，谁也不敢多看谁一眼。窗外下着细雨，绵绵的，潮湿着每一个人的心，别离的愁绪从心房中溢出，化为泪光盈盈。最后，我是在他们泣声齐唱《祝你一路顺风》的歌声中逃进雨幕的。正是因为和孩子们真实而诚恳的相处才会有这种情感的自然流露，这是我在过去的教书生涯里从未体验过的浪漫激情。至今，这一幕还在我脑海里浮现。孩子们的歌声溶进我们脸上滑落的泪水，一滴滴浸入彼此的心扉。我相信，多年以后，一定会酿成醇醇的美酒，蕴藏心底，香甜一生。虽然我教的是学困生多的班级，但并没影响孩子们在我课上表现出青春年少的自信和激情。因为他们每一个人都感受到在老师心中他们都是好孩子，是老师正在开发挖掘的宝藏。因为我明白，只有充满希望的教育才能培育出明天的希望。真的，此时此刻我感到教育富有醉人的诗意。

过去当教师时，自认为还不错，但当了学校管理者再去做教师时，感觉不一样了，会更加理性。做教育的，真的懂教育吗？不尽然。至今我因为自身的教育观念和个人的综合素质问题，还不能说完全懂教育。但我现在知道，教育绝对需要真诚！

【陶继新】《中庸》有言：“诚者，天之道也；诚之者，人之道也。”还说：“诚者，物之终始，不诚无物。是故君子诚之为贵。”写文章要“情动而辞发”，这里的情，是真情，不然，就不可能让读者“披文以入情”。教育也是这样，必须有一个“诚”字在心中，不然，就会离“道”而去，就会屡屡失败。很感动于您与学生离别的那一幕，没有师生之间的真诚之情，是不可能泪洒课堂与雨中的。我一直认为，学生不只是孩子，还是最有灵性的人，教师是不是真爱他们，他们是最为了解的。不管教师如何伪装，都逃脱不了孩子们那一双双明亮的眼睛。当然，他们也是最真诚的，最纯净的，当你真爱他们的时候，他们的心里也会感动不已，也会真爱你。教育是什么？的确是一个大问题。可是，其中的要义之一，就是要真诚，要爱。剥离了这两点，所有的教育都会变得苍白无力。包括您这篇博文为什么能感动我？因为您是用真情抒写这份生命回忆的，它会成为您终生的铭记，它也会走进众多的读者心里。这个事情在实习生的身上见过太多，但真正的科任老师身上发生很少，让人很动容、动情。师生达到这样的感情交融的境界，既是老师走进了学生的心，也是学牛对老师的无限依恋和信赖。

【黄兴力】在昨天给区新上任的校级领导们讲课时，我讲了您的故事。教育需要真诚。我校很多老师读过您的书，与您零距离地接触，才能够真正感受到一位著名专家学者的气场，感受到您的真诚、儒雅、平和和坚定。这是单纯读书所不能体悟的。有外地的朋友对我说："铁中的老师太幸福了，零距离接近大师，聆听他们的传道，更能震撼心灵，产生互动和共鸣。"其实，我们更感受到了您对人的真诚与对教育的真诚。不管是哪种形式的上课，一定要进行心与心的交流，一定要"真与诚"，所谓的大道至简，我的理解就是一定要抓住教与学的魂，有魂了，所有的形式均会水到渠成，信手拈来。

【陶继新】天地太大，我们则太过渺小。所以，永远不能认为自己了不起。《周易》八八六十四卦中，没有任何不吉之象者就是谦卦。怎样才形成的谦卦呢？"有大者不可以盈，故受之以谦。"而谦不是表面上的谦恭而内在的自傲，而是表里如一的淡然与谦卑。这其中就有了真与诚。其实，世间没有多少愚蠢之人，你对人真诚，人也对你真诚；你对人虚假，人也对你虚假。所以，真诚不但彰显出一种人格，不但是利人的，也是对自己有利的事。那些不真诚的人，总会在一定的生命节点上付出代价。我总觉得自己有太多不足，所以，在与人交流的时候，在讲课的时候，尽可能地放低自己，再放低自己。这个时候，你就有了与你面对的人群的心灵接触，就有了吸纳生命能量的可能。

【黄兴力】对，海纳百川就是这个道理。当校长和教师，需要率真，打开心窗，让阳光直射心底，这样我们的心灵才明亮，我们的笑容才会如花，而这种积极的正能量在师生之间是能够相互感染的。为什么我们有时过得不幸福，如果你明亮了，也就简单了，纯净了，幸福指数也就随之升高了。有位记者说："你怎样，中国就怎样。"我套用这句话：你怎样，教育就怎样；教育怎样，我们的未来就怎样。

【陶继新】"打开心窗"说得好！不是特殊情况，不要太过掩饰，因为在掩饰的时候，是要动心思的，是不可能快乐的。简单与纯净是紧紧联系在一起的。人与人之间的交往尤其如此，少琢磨人，多琢磨事。这样，就会少了很多是非，就会少了很多烦恼，就会多了一些幸福。如何当老师和教育管理者？真诚以及管理的至简。

民主开放——由"向智能手机宣战"事件想到的

【黄兴力】如果有人问铁中的气质是什么？我会毫不犹豫地说是开放与民主。前几天北京的朋友打电话给我，我学校的一件事居然成为北京市招考国家公务员的申论题目。大意是"重庆铁路中学黄兴力校长遇到一事，该校一家长提出解决青少年手机依赖症的办法就是用传统手机替代小孩手上的智能手机，他要为全校每一个孩子捐赠一部非智能手机，大概要 40 多万。请提出你的见解"。确有其事，家长要向智能手机宣战，在国庆节假期提出自己的意愿后，我通过腾讯微博、微信征求大家的意见。假期结束后的第一天，家长真的把购买的第一批 40 多部手机放到我办公室。我们没有主动请任何一家媒体到校报道，因为我的腾讯微博当天就被转发了 8 万次，引起了社会对手机依赖症的关注。有 20 多家媒体到学校采访，包括中央电视台到校 4 天的深度采访。这本来就是我们教育面临的一个问题。有家长跟我反映孩子作业不会做，动不动就找"度娘"（百度），平时作业本上是钩，考试试卷上就是叉；还有教师说，上课时看到学生在认真看书，走进去一看，那孩子把书挖了一个洞，把手机嵌在书里，正在有滋有味地看下载的视频或小说；河南一中学不准学生带手机进校园，用手机探测器搜学生的身，查到后当众砸毁；江西一学生在校玩智能手机正起劲的时候，班主任突然把他的手机给没收了，他扑过去割断了老师的气管……手机依赖症已经成了全社会乃至全世界的问题。有句流行语不是说：“我们在一起，但心很遥远，因为你在玩手机。”出了问题，就应该面对，就应该有责任去寻找解决的办法，这是教育工作者的责任。所有的采访，我没有给任何人作任何的导向，他们站在各自的角度，谈各自对问题的看法以及提出减少青少年手机依赖症的措施。后来，重庆电视台《重庆发现》栏目破天荒把不是主持人的我请进演播大厅，让我接受电视访谈，而且是现场直播，所有的问题都来自当时的观众提问。那一次的现场直播，引起了社会上的极大反响和好评，因为，我校的做法是在征求学生家长和教师的意见后，没有完全采纳一刀切的做法，而是在初二随机地找了一个班做试验，这个班也是在与学生家长充分沟通、充分尊重他们的意见的情况下进行试点。不是每个孩子的自控力都很强，孩子在他们的年龄阶段出现的这些特点也是极其正常和自然的，手机依赖症的出现，不是智能手机的错，而是在于我们面对科技信息时代的扑面而来是否做好了应有的准备。教育讲科学，讲民主，教育者要以开放的心态去面对我们正在成长的孩子和日新月异的社会。教育者要以开放的心态，有勇气地探索，面对时代的问题不是退缩，而是迎上去。

【陶继新】你们学校这件事引起了极大的轰动！科技飞速发展给人们带来便利的同时，也带来了意想不到的问题。就说电视吧，小孩子几乎都喜欢看动画片，有些动画片做得有意义又有艺术。可是，当孩子迷恋上动画片之后，就很难自拔，以至不再喜欢读书。这不是电视的错，也不是动画片的错，而是我们如何让孩子正确对待这些问题。我们家庭的做法有点极端，大女儿家里没有电视，二女儿有电视却没有有线，我家电视是 1992 年买的，现在经常不能用。我们就是不要让孩子陷入其中而拔不出来，让孩子多读一些书。这尽管有点极端，可是，却产生很好的效果。比如我大女儿的女儿轩轩，现在喜欢上了读书，而且背诵了不少经典，《论语》、《道德经》、《大学》、《中庸》、

《孟子》、《离骚》、《诗经》及先秦散文、唐诗等已经背诵了很多，写作也感到特别轻松了，心态也特别好。所以，我很欣赏你们学生家长为孩子买传统手机的举动，他的良苦用心，真是令人赞叹！固然，人们可以有不同的看法，可是，如果不让孩子在最有学习潜能的时候更好地学习，失去的不只是对学习的热爱，还有淡然心境的丧失。作为教师与家长，对此必须有清醒的认识，也要有责任感。孩子只有一个青少年时代，如果贻误了“学机”，真的会“少年不努力，老大徒伤悲”的。

【黄兴力】课堂是最能够体现学校办学特色和思想的地方。随着对学校文化认识的不断深入，一些问题引起了我们对于课堂教学的新思考：什么样的课是一堂好课？其评价标准是什么？什么样的教学最有效？传统的教学以相同的方式对待每一个学生，不同的学生以相同的方式学习相同的学科，最后以统一的标准化测试甄别学生。这种对不同学生的相同教学看似公平，实则漠视学生的个别差异，是不能发展学生特有的优势智能的。所以，我们让老师们重新定位自己在课堂教学中的作用：教师不仅仅是知识的传授者，而且应当成为帮助者和引导者，帮助和指导每个学生找到适合自己的学习方法，使他们在各自已有基础上谋求更大发展。

【陶继新】课堂不应当是教师的一言堂，而应当是多言堂，是学堂。这并不是说不让教师讲了，而是要少讲，讲精，讲到学生的困惑处，要“不愤不启，不悱不发”。同时，还要尽可能地让学生多说话，给学生质疑问难的机会，给学生构建展示才华的舞台，让他们感到课堂是他们挥洒生命的地方，是一个很快乐的地方。所以，我在评课的时候，特别关注学生的状态，而不是教师的状态。当学生处于亢奋状态的时候，课堂教学基本上就成功了。因为所有的高效都是与学生的情绪联系在一起的，一个死气沉沉的课堂，不可能抵达高效的境界。

【黄兴力】好的课堂不单是教师的课堂，也不是少数几个学生的课堂，而是所有学生的课堂，是群星灿烂的智慧的星光课堂。我们探索出用“1＋5”

抓住星光课堂的魂。

“一”是一个理念：没有差生，只有差异。每个人有优势和弱势，有智能发展的不平衡。用单一的评价标准，绝对有优生和差生之分。如果以每一个学生的优势智能作为评价标准，则“没有差生，只有差异”。学生的差异性本来就是有价值的待开发的教育资源。对学生的评价，采用星光奖多元评价体系，把绝对标准、相对标准和个体标准很好地结合起来。一位极具音乐天赋的高一学生，要筹备在全国出版发行的第一张个人原创音乐专辑，学校特批他部分课程可以不上。在这种宽松的氛围中，学校涌现出许多明星学生。2013年高考前夕，有位毕业生看到河北一所中学学生打吊瓶进行高考复习。给我发来一句QQ留言“幸运啊，我中学读的是铁路中学”。

“五”是五个维度：生本、民主、互动、情趣、高效。

星光课堂的教学观是生本。以生为本，以生命成长为本，只有适合学生发展的课堂才是最好的课堂。星光课堂打破了传统课堂以教师为主导，学生静悄悄地关注固定化的静态知识的模式，让学生自学探索、合作讨论与交流、展示，教师在课堂上只做倾听、点拨、精讲。课堂上将第一思考时间、第一表达机会、第一体验过程、第一认知反思还给学生。课堂的呈现形式多元化：精彩设疑的问题课，激情奔放的情感课，教、学呼应的实效课，倾听为主的静思课，探究问题的研究课。

星光课堂的师生关系是民主的。课堂中避免学生课堂参与机会的分配失衡、教学目标和方法的单一等教育不公平现象。

星光课堂的教学形式是互动的。杜绝一言堂。学校每个教室都有师生交流台，学生们笑称“铁吧”，很多师生是微博控、微信控，通过网络交流，进行学情反馈和教师解答回复，微博也成了师生交流互动的时尚平台。

星光课堂是情趣课堂。教室内发出的笑声、惊叹声、质疑声、争论声都是师生洋溢的生命激情。

星光课堂是高效课堂。前面的四个维度都做得很好还不够，学生不仅要学会，还要会学，会用。

围绕星光课堂的每一个维度，我们正在试图建立一个实践体系。学校为了深入研究星光课堂的维度，专门派出教师远赴全国教育课改实验区学习。有十多位教师应邀到各省市、澳门、台湾的学校上示范课。我校每星期要接待来自国内外的教育考察团，铁中的“星光课堂”的教改经验正向更大范围推广。我们理想中的学校是高考和中考成绩只是其办学的副产品，而最亮丽的办学成就则是每一个学生心智的健康成长。

【陶继新】生本、民主、互动、情趣、高效的五个评价维度很有意义。这五个维度不是简单的逻辑上的并列关系，有些不是交叉关系，应当是一个系统工程。生本的要义，是以学生为本。但以学生为本也不只是将课堂还给孩子，而是从他们的生命发展角度考虑问题，设计教学，从而让不同层次的学生都有所发展。课堂上的民主非常重要，尽管教师说要师生平等，可是，从深层次上说，学生对教师多少还是有点敬畏之心，还是有些心理上的不平等。而要做到民主，教师就要让民主在其心里深层扎根。它有一个基本点，那就是要让学生感到课堂是安全的，不管表现怎样，不管有对有错，不管是表扬还是批评，学生感到教师都是为了他们的成长，都是爱他们的。所以，民主还不只是一种形式，更有深层次的内容。即使传统的课堂，也有互动，关键是互动的量与质如何。互动是多维的，有师生之间的互动，也有生生之间的互动；有小组之间的互动，也有整个班的互动。这里的互动，过滤掉了形式主义，有着丰富的内涵。如果互动只是一种形式，互动的质量不高，也许还不如优秀教师之讲。所以，什么是好的互动，如何互动，是一门科学，是需要认真研究的。课堂上学生有没有情趣，直接关乎学生的学习效率。我有一个经验且经常宣讲的观点，我将之命名为情感高效。什么叫情感高效呢？就是说如果你真想有一个高效课堂，课堂的情绪氛围一定要是愉悦的，一旦丧失了愉悦的氛围，紧张的情绪会弱化学生大脑的思维活跃度，课堂的高效就会变得遥不可及。我认为，有了以上四维，高效就是一种必然的结果。不过，我所说的高效，还不止于人们常说的高效率，还有高效益，还有持久的高效问题。这是一个大问题，目前不少谈高效教学的人忽略了这个问题，其结果则成了为了应试的模式化高效。

【黄兴力】在铁中，我们提倡的是多元化的教学特色，课堂改革和教学设计以发展学生为最终归宿点，教无定法，学校可以没有固定的教学模式，教师教法可以不单一，课堂结构可以不统一，课堂组织形式可以不一样。因为教育不是工厂生产产品，我们不能一味以模式来定义每一节课堂。我反对课堂的模式化。每一个课堂都应该是独特的，涌动着生命的活力。学校文化的外在形象和物质条件是容易改变的，而教师的教育思想、教学水平以及内在气质和素养的提升，则需要花大力气去塑造和培养。

【陶继新】当教学走至高层境界的时候，课堂上就会出现教无定法、学无定法的奇异景观。我认为这是教师应当追求的一种境界。当然，一般教师开始的时候遵循一定的教学模式进行教学，也不是不可以。关键是不能模式化，不能用模式框住自己，而是要不断地发展，逐渐发展到少用模式、不用模式，而“道”又自在其中的境界。新课改核心是尊重教育规律，尊重学生个性全面发展，而你们学校用多元课程、多元评价、多元交流的方式促进学生多元发展正是秉承了新课改的精髓。

【黄兴力】为了营造铁中“群星灿烂”的学术氛围，学校实行邀请听课制、项目研究和师徒捆绑发展制。

邀请听课制：教师每学期必须邀请“一定数量”的同事去听自己的课，至于什么时间去听、听什么内容以及课后如何听取他人的意见，均由教师自己安排。通过听课和相互交流，不断学习同行的教学经验，取其精华，消化为自己的教学智慧。为了请到一定数量的教师来听自己的课，教师就必须主动与他人交往与交流。在彼此课堂上的“走动”多了以后，教师之间的讨论与交流多了，课余的活动多了，相互关系也就更加融洽了。

项目研究：问题即课题，组织具有相同研究课题的志同道合的教师组建学习共同体，承担某一个研究项目，汲取群体的智慧。我校教师到外地去参观学习，可以自掏腰包，请其他学校的教师吃饭，讨要其他学校先进的管理资料或教学资料。通过教师或者教师群体设立独立的研究项目，积聚教师群体的智慧，帮助教师系统地开展学科教学。

师徒捆绑发展制：工作不满五年的年轻教师都有一位高级教师当师傅。年轻教师的激情朝气和敢于创新的精神能激活老教师对工作的热情，减少他们对职业的倦怠感。年轻教师在老教师的帮助下又能够快速成长。在业务方面的竞赛，如果师徒二人其中有一人获奖，另外一人也会获奖。

【陶继新】邀请听课制增强了教师之间的交流，让彼此的课堂成了共享的园地。人各有所长，也各有所短，而在邀请听课中，则可以敞开心扉，欣赏别人的优点，也坦诚地提出别人的问题；悦纳别人的欣赏，也真诚接受别人的批评。只有不断地经历这个过程，教学水平才能逐渐提高。同时，这也是对人格的一种锻造过程，不管是接受别人的意见，还是给别人提出问题，都有一个心态与人格问题。帮助别人，学习别人，宽容别人，接受批评等品质，就在这个过程中形成了。

您说得对，问题即课题。因为课题的生命力，不在于其来头的大小，而在于基于问题与实践的研究。而且，你们的教师在这种研究中，有了主动性与积极性，爱上了研究。这样，不但会很好地促进教学水平的提高，而且，还会因爱而快乐，而幸福。

从整体上说，年龄大的教师与年轻教师的心态不一样，心理发展需求也不一样。而你们的师徒捆绑发展制，让他们都有了发展的内在动力。其实，每一个教师都有巨大的发展潜能，可是，如果不激活这种潜能，这种潜能就有可能沉寂下去；激活这种潜能，则会还给人们一个又一个的惊喜。而在一次又一次的惊喜中，又有了更高的发展需求。“发展才是硬道理”，发展才会让教师的青春永驻。

【黄兴力】另外，学校在鼓励集体合作与交流的同时，提倡教师教学风格的多样化，追求多元的教学思维和策略。我们让每位教师寻找自身的智能优势，总结提炼富有个性的教育思想和方法，编辑成“群星灿烂”之教师篇一书，邀请专家为其指导和打造，固化教师的教育特色。当然，提倡教学的多元化，不是指教师教学工作的随心所欲和自由散漫。不管是东庐中学的“讲学稿”，还是杜郎口中学的“小组展示”，洋思中学的“兵教兵”，广东的“生本教育”等，我们都派教师去学，适合自己学生的教学方法就是最好的方法。课堂改革和教学设计以发展学生为最终归宿点，学校可以没有固定的教学模式，教师教法可以不单一，课堂结构可以不统一，课堂组织形式可以不一样。我们还尊重教师兴趣爱好和专业特长，引导教师开发了影视欣赏、化学与文化、数学与文化、心理自助、生命科学、礼仪与气质、信息技术、音乐舞蹈等40门丰富的选修课程，既展现了教师的教育智慧，也满足了不同类型学生的学习要求。学校逐渐形成了思想活跃、学术自由、思想民主的教师群体文化，呈现出“群星灿烂”的教学格局。

【陶继新】学习他人经验的目的，不是简单地复制，而是结合自己教学实际的超越。这些年我在全国采访了很多名师，发现他们都有向优秀教师学习、向书本学习、向生活学习的可贵之处，同时，他们也都形成了属于自己的风格。你们学校里的教师总体水平很高，他们也可以成为名师。而鼓励他们形成自己的教学风格，则是成为名师的必由之路。而当更多的教师成为名师的时候，就真的是“群星灿烂”了。

生命成长——由三座雕塑想到的

【黄兴力】陶老师，我有时候越来越感到困惑，因为理想和现实是有差距的。对于完中学校，社会一般市民就是只看学校考取了多少清华北大等重点大学的学生数，我们究竟要看孩子的成长还是成绩？你必须都得看，否则学校是无法生存的。办学是为了两个更好地“生存”，一个是孩子们，一个是我和我的老师们。如果急功近利只为了我们自己暂时能够活下去，而去损伤孩子们长久能够生存的能力，这是缺乏良心和不道德的。我时常提醒自己尽量看远点。在疯狂追求升学率的氛围中，一定得头脑清醒地戴着镣铐跳舞，我们不能让动作变形，不能失态，甚至变态。实际上，追求朴实无华的教育，让教育回归最自然的状态，这是为了我自己、教师和学生更好地生存，而且是长久地幸福地生存。我深信，每一个毕业生从学校带走的不仅仅是中考或高考分数，这些简单的阿拉伯数字在他们的人生旅途中会逐渐飘散，而留在他们血液里、种植在他们心田里的是做人行事的善良、智慧、坚毅与执着。毕业生最能够客观评价一所学校，也许他（她）在校时，会对学校提出很多的意见甚至抱怨，多年后，却越来越眷恋自己的母校，以母校为荣，并把自己的子女送回到母校就读，我想，这所学校应该不是差学校吧。现在越来越多的毕业生都非常关心铁中的教育发展，一直不断地与母校老师取得联系，把母校当成是倦鸟的港湾，还给学校提建议，甚至帮着校长招聘优秀的大学毕业生。

【陶继新】孔子说："无欲速，无见小利；欲速则不达，见小利则大事不成。"所以，真正有良知有责任感的校长，面对急功近利的人们，会有很多感慨，甚至会有无奈无助的感觉，可是，他们最终选择的是坚守。真正的坚守太不容易了，"戴着镣铐跳舞"是一个很形象的比喻。戴着镣铐非常尴尬，可是，不能不跳舞！其实，教育的终极目的，不是学习多少知识，多少技能，而是培植健康的人格。非常欣赏爱因斯坦说过的一段话："无论是教堂还是学校，在他们行使其真正的功能的限度内——都是为了使人变得崇高。"这与您上面说的善良、智慧、坚毅与执着有相通之处。为了追求升学率，而不管孩子身心是不是健康，人格是不是高尚，不只是急功近利，还有道德的缺失！你们的毕业生为什么毕业之后那么怀念学校？因为他们到了社会上后，就会深深地感到做人的重要性，就会知道你们学校为其人格的生成奠定了基础。所以，不管外面的风吹得多么紧，您还是要跳舞，尽管戴着镣铐。坚守与跳舞的人是很美的。

【黄兴力】陶老师，我想给您看看我校的三座雕塑，作为今天我向您讨教的结束。一个是成长雕塑，一个是红苹果雕塑，一个是动力火车雕塑。

成长雕塑，像一滴一滴的水滴洒落地上。教育是润物细无声的过程，是文化的浸润，教育是慢的艺术。这个雕塑又像种子撒落于土壤中。种子落地后，农民做的工作就是松土、施肥、浇水，给予种子氧气、水、营养等，种子萌芽后还要给予阳光。小麦种子不可能长成参天的银杏树。教育是农业合作式的活动。教育不能改变孩子的基因，我们只是对孩子生命潜能的激发和唤醒，教育即成长，教育是对每一个生命的珍爱与尊重。“没有差生，只有差异”，这是我们铁中人永远恪守的教育信条。学生智能是多元的，智能结构的组成和智能的发展水平是不一样的，他们相互之间存在着差异，这是我们必须承认的。但很多人一旦承认差异，就会承认差生。这仅仅是用一把尺子去衡量，如果我们用多把尺子去衡量，就没有差生了。承认差异，而不承认差生，其实是需要极大的勇气和教育的智慧。

红苹果雕塑，从青苹果到红苹果是一个成长的过程。孩子在学校里的成长不正是如此吗？苹果的味道是酸和甜的，这就是成长的味道。这是被解构的苹果，成长的过程要学会分享，做现代文明人要学会合作与共享。有三个苹果改变了世界，推动了社会发展，夏娃与亚当偷吃的苹果、砸在牛顿头上的苹果、乔布斯创立的苹果手机，第四个苹果何时能到来？铁中孩子毕业时的文化仪式上，曾经教过这一届学生的老师们在大操场上双双举起双手为孩子们搭建成功门，孩子从老师手下穿过，感受老师们的祝福，老师长时间举起双手，感谢孩子们陪着自己一起成长，在孩子们的青春气息中增添了生命的绿色。孩子们穿过成功门后就能获得老师送去的红苹果。

我校办公楼前的这个彩雕加入了铁路元素。因我校是铁道部剥离学校，学校办学理应继承和发扬铁路的优良传统和作风。动力火车的时速超过了蒸汽机，因为每节车厢都在朝同一个方向发力，而不是像后者全靠车头带。人走在一起不是团队，心走在一起才是团队。优秀的团队需要每一个成员朝着共同的目标努力进取，不能只靠少数人的示范与引领。重庆铁路中学是一所群星灿烂的学校，每一位师生都可以成为闪亮的明星，都能在某个方面成为NO. 1，今天是校园明星，明天就是社会和国家的行业明星。重庆铁路中学就是一列开往春天的动力火车！

陶老师，很多时候，我们要自问：是否把孩子当人？是否把孩子当成学习的机器？我们是否只关注孩子成才，而不关注孩子的心灵是否扭曲？我们的教育是否违背了人的成长规律，是否满足了孩子的正常需要？办学要办有“人”的学校，回归教育的原点，让教育回到最自然的朴实无华的状态，这是现代教育最核心的问题所在，也是我不懈的追求。

【陶继新】在你们学校看过这三个雕塑，其寓意是非常深刻的。成长雕塑在告诫师生：成长是有规律的，不能拔苗助长，也不能不适时地灌水与施肥。我当过农民，我感觉教育就像是种庄稼，急不得，又失不得。种不同的庄稼，都要关心它，因为不同的庄稼，会收获不同的果实。关键是如何让它生长得更好，有更好的收获。学校教育也是这样，要让不同学生都得到良性的发展。

您对红苹果雕塑的解说非常到位，成长的路上，有时会顺畅，有时会有波折，这才是人生，这才有意义。合作分享对于孩子来说太重要了，因为当下很多学生是独生子女，他们长期处在被宠爱的环境里，只知获取，不知给予。可是，当学生时代不会分享，不能给予，到社会上工作的时候也会如此。而一个不会给予别人、不会分享的人，别人也不会给予、分享于你。这种人生的哲理，就在这个红苹果雕塑中体现出来了。真的是用心良苦啊！

“动力火车”，非常生动而巧妙地体现了学校的办学理念，也体现了“群星灿烂”的团队精神，每一个师生同心同行，不懈地追求着教育的理想！

这三个雕塑，都昭示出一个道理，教育是有自身规则的，只有回归生命的本然状态，才能发展人，成就人。“没有差生，只有差异”，我们要办有人的学校。

（原载于《今日教育》，2014年第4期；作者：陶继新、黄兴力。）

精神成长的家园

——合肥八中课程改革与师生发展探索

［王建明校长简介］

王建明，男，合肥八中校长，1961年生，2000年担任合肥八中校长至今，2001年创办合肥168中学并兼任校长至2008年。参加过全省校长岗位培训、提高培训和研修班，2007年参加国家教育部在华师大举办的中学校长新课程培训班，2009年参加教育部在国家教育行政学院举办的校长培训班，2011年参加市教育部教育家培养工程。合肥师范学院硕士生校外导师。2005年被评为合肥市劳动模范，2007年被评为合肥市第二届“十佳校长”，2009年被评为“安徽省先进教育工作者”，2011年被评为全国青少年普法教育活动先进个人，同年获第二届全国教育改革创新杰出校长奖。

有明确的办学思想和办学目标，努力追求个性化办学理念。引领学校在“教师与学生共同发展，幸福成长”的理念下实现可持续发展。始终坚持一手抓常规管理，一手抓教师专业发展；始终把制度化建设作为学校文化建设的基础性工程，坚持以规范性管理作为教育教学管理的主要手段，以有效性和科学性作为教育教学管理的主要目标。主持国家课题子课题——合肥八中教师现状调查与专业化发展有效策略的研究（中央教科所和国家“十一五”重点课题：有效推进教师区域发展总课题组颁发的“一等奖”）。

主持省级课题——普通高中建立研究性学习良性运行系统的实验研究（安徽第四届教

育科研成果评比“一等奖”)。主持省级课题“中学德育工作体系(高中阶段)”的实验研究方案(中央教科所和《中国教育报》德育课题成果评比“一等奖”)。主持编写的教材《研究性学习实施指导》是安徽省第一部研究性学习教材。

编者按：虔诚地种下一粒子，让它和生命一同生长。安徽合肥八中埋下了课改的种子，已经走进成熟的季节。在这篇对话中，一幅清晰的图画展现在我们面前：他们通过课改为教师创造了自我提高的乐园，为学生提供了自我成长的学堂，先后实施社会实践活动、教师队伍培训、自编出版校本教材……该校已经迈进安徽省高中课程改革示范学校的行列。这一切的收获，让我们看到王建明校长由内到外，完成了思考与实践相结合的升华。对话中，释放出他一路走来的探索和喜悦，舞动的灵魂溢满创新的欢快，跨越的姿势定格了榜样的形象。

陶继新先生在对话中平静地进入读者的思维。一种智性的高度和“放射性”的独特，让我们领会到其理化的光芒在不时闪烁。他把自己内心的闪光点安放在启迪的位置上，用超越世俗尘嚣的审美心灵和透明的思想观照，深度翻新着寓意。在迂回行进中向我们昭示了什么？这是很值得读者好好品味的。

课程改革形成“这一个”特点

【王建明】合肥八中是一所有着优秀传统的学校，培养出许多优秀的人才，这一方面得益于全体教职工的奉献，另一方面，也得益于办学者与时俱进的办学理念。严谨务实的学校文化，促进了学校的发展。

【陶继新】文化的要义，就是以文“化”人，通过学校文化，改变师生的思想观念、话语方式、思维习惯以及行为走向等。你们严谨务实的学校文化，不是喊在口头上的，而是内化到了师生的心里，也就是起到了“化”人的作用，所以，也就有了“人”的发展，也就有了学校的飞跃。

【王建明】是这样的。我们学校非常注重对人的培养，关注每个学生的身心健康，坚持以课程为载体，以学生的全面发展为目标，开展学校的教育教学工作。我们的思想是：让学校方方面面的工作都成为学生成长的课堂，都是学生健康成长的课程，都为学生的个性发展助力。

【陶继新】优质课程是学生成长的必备载体，课堂则是学生成长的主阵地。而您所说的课程与课堂，并不等同于一般意义上的课程与课堂，它还有着大课程观与大课堂观的况味。它吸纳了别人的经验，更烙印着合肥八中的印记，更适合你们师生的发展，也更有生命的能量。

【王建明】国家一直倡导高中办学的特色化，我们也一直在思考合肥八中是否具有自己的办学特色，如何让合肥八中成为一所特色明显的学校？长期的应试教育使得高中的同质化倾向越来越严重，如何在社会普遍追求升学率的压力下，努力追求自己的价值取向，这是作为我们办学者一直面对的问题。我们一直在研究什么样的学生是适应未来社会的，是具有创新能力的，是快乐幸福的，我们的教育教学是不是为学生的发展提供了这样的平台？其实教育在更大程度上不在于把学生培养成为既定模式的人，而是应该努力为每一个个性鲜明的学生提供自我成长、自我教育的机会，这就是为什么这么多年来，凡是从八中毕业的学生，在社会的各个岗位上都是那么个性鲜明，那样富有张力。

【陶继新】儒家经典《中庸》开篇就说："天命之谓性，率性之谓道，修道之谓教。"大体意思是说，人的自然禀赋叫做"性"，顺着本性行事叫做"道"，按照"道"的原则修养叫作"教"。那么，人的自然禀赋是不是一样呢？回答是否定的。所以，就不能用同一模式对学生进行统一性的教育。否则，就扼杀了其天然的本性。当然，也就不可能循其本性进行有效的教育了。然而，"应试教育"所提供的课程以及由此形成的课堂范式，却是要培养同一规格的人。这样，不但消解了内蕴于不同学生之中具有个性的特质，也阻隔了他们依"道"而行通向不同前程的康庄大道。你们意识到了这个问题的严重性，并思考如何为不同学生的发展提供更加优质的教育资源，且付诸了有效的行动。非有素质教育的理念与担当精神，是不可能如此而为之的。

【王建明】第一轮课改开始的时候，学校的领导和老师都是茫然的，自己多年的教学习惯面临着被破除的局面。新的教学理念、教学手段是那样的陌生，课改工作的每一步都包含着教师的艰辛。于是，学校决心一步一步地改变教师的观念，从最基本的要求做起，引导教师关注学生，整合教学内容，改变课堂结构，努力在课堂、训练的有效性上下功夫。学校还努力开设研究性学习课程，出版了安徽省首部研究性学习的教材，让老师学会在学习方法上指导和帮助学生，把学习这个过去被动接受的过程变为主动探究的过程，学校的这一做法迅速被安徽省教科院作为典型推广到全省。

【陶继新】开始阶段教师茫然当在情理之中，因为他们已经习惯了固有的教学模式，很难自我冲脱出来。为此，就要像您说的那样，首先要改变教师的观念，要让他们知道，教师不能独霸课堂。满堂灌的结果，只能让学生形成接纳教师之讲的被动式"学会"，永远无法抵达主动式的"会学"与"善学"的境界。不会学与不善学的结果，必然会结出"师勤而功半，又从而怨之"的恶果。所以，要让课堂变成学堂，要让学生学会学习，就要让教师革自己的命，就要让课堂成为师生共同演绎的生命场。而研究性学习，则有了师生的互动，让学生从被动之学走向主动之学，并在教师的引领下，自己去对未知进行积极的探索，从而收获自己“播种”之后结下的果实。

【王建明】我们还努力地为学生提供更多的课程，其中以社会实践活动为重点的课程建设，成为我校第一轮课改的重要工作。我们组织学生走进社区，走向工厂、农村、军营和祖国的自然山水，让学生体验丰富多彩的社会生活，熟悉自己长大后将要投身其中的各行各业，激发学生的学习动力。我们关注学生的身心健康，成立了全省设施最为完备的心理咨询中心，对学生进行科学规范的心理教育，为学生提供团体辅导和个体的心理咨询。大力开展学生社团活动，为兴趣各异、特长明显的学生提供发展的机会。我们把培养学生具有国际视野作为第一轮课改的重要任务，组织学生与世界各地的学生交流、建立联系，鼓励学生走出国门，学校还专门创办了国际课程班，让学生感受不同国家的文化魅力。

【陶继新】书本知识如果不与社会实践对接的话，就有可能成为飘在天空的一片浮云，随风而逝。所以，真正意义上的教育大家，不但有着浓厚的理论素养，更有着丰富的社会实践活动。孔子之所以成为大教育家，不就是一边教书，一边行走在实践一线吗？他的学生之所以那么优秀，不正是在教育实践中获取了丰富的生命智慧吗？可是，目前相对单一的固化的文本教材，不能很好地为学生提供其生命成长的必备营养。你们积极开展社会实践活动，则让学生从学校走向了社会，让他们在社会实践中感受到了“课程”原本还可以如此丰富多彩且具有意义。构建国际课程并鼓励学生走出国门，不只是让他们走出国门学习国外固有的文化，也让他们在更大的时空里，积累国际社会的实践知识，品尝并收获“行万里路”的意义与价值。

【王建明】今天，我们越来越认识到课程对一所学校的重要意义。它是学校的办学灵魂，是学校的特色构成，是学校文化的核心内涵，学校的各项工作都应该以课程为出发点和归宿。高品位的高中必须打造出具有自己特色的、能满足不同学生身心发展需求的课程。为此，我们对学校的课程开发与建设进行了整体规划，即依据国家和地方的课程政策，结合自身的培养目标和办学条件，从社会环境、家长期望和学生需要出发，对学校课程的设计、实施、评价及相关因素与条件作出整体构建，以促进国家课程、地方课程和校本课程在学校层面的整合，实现学生、教师与学校的最佳发展。这便有了我们现在的课程架构：基础性课程、拓展性课程、研究性课程、实践活动课程，形成了具有自己特色的课程体系。

【陶继新】优质学校之所以优，一个重要的原因就是有自己的优质课程。因为真正的优质，从某种意义上是全方位之优；而优质课程，恰恰可以为学生发展提供整体的支持，它让学生视野更开阔，心灵更愉快，人格更健全。同时，这里所说的优质，又明显地打上了“这一个”的特点，它是属于合肥八中的，尽管也有借鉴，可更有独创性，更适于你们学生的成长。这种整体性与个性化的和谐，则让学校拥有了更加持久的动力。

【王建明】我们严格按照国家规定的课时开足开齐国家课程，并且尽可能多地为学生开设校本课程和实践活动课程。老师们无法用太多的时间去细细地摆弄自己的高考科目了，所以学校引导和鼓励老师整合现成的教材，进行校本化改造，必须根据我校学生的实际学情制定出详细的教学目标，并且进行最优化的教学设计。指导学生课前预习和课后复习成为了教学的一个重要环节，学会自学和自主训练，成为每个学生必须具备的基本功，而课堂则成为师生互动、答疑解惑的场所，逐步实现课堂翻转。

【陶继新】国家课程的校本化，是有效教学的很好路径。校本的要义，不但要研究透国家课程，更要研究透国家课程如何与本校教师之教和学生之学进行有效的对接。其实，有一些国家课程内容，教师可以不讲或者少讲，而让学生主动地去探索，从而让他们学会学习。有效教学也不只指课堂之上，您所说的课前预习和课后复习同样重要。学生自会预习与复习之后，课堂教学就会变得相对简易与轻松，课堂也就有了您所说的“翻转”巨变。

【王建明】越来越规范的办学行为和越来越多的综合素质教育活动的开展，开始“倒逼”文化课教学的改革，加班加点的空间越来越少，学会使用教材，改变重复练习，改变题海战术和无效劳动的呼声越来越高。有效课堂被自然地摆到了教师和学校的面前，有效教学成为我们课程改革的重要目标。

【陶继新】这种“倒逼”不但让加班加点的空间少了，也让课堂教学的时间相应地减少了。那么，在减少了课时的同时，又要提高教学的水平与学生的成绩，这就要在课堂教学上下功夫。而“有效”就极其重要了。以前的课堂教学，无效或低效是一种普遍现象，可是，老师们在原有的思维惯性下，依然“重复昨天的故事”。要打破这种思维惯性，要开创新的局面，就要研究如何让教学更加有效。这个问题的解决尽管有一定的难度，可是，并不是无法解开的“方程”。一些捷足先登的教学改革者，已经取得了一定的经验。而你们，也在这方面进行了积极的探索，并收获了可喜的成果。

【王建明】下一步我们将把对课堂的研究作为提高教学质量的主要工作来抓，并以此推动其他工作的开展。为了保证课堂教学的有效性，努力为学生减负，学校禁止教师为学生购买各类复习资料，组织老师根据教学进度、难度和学生的学习情况，自编校本作业；学校不参加社会上自发组织的各种形式的校际联考、统一考试、统一评比等活动，不用社会上任何现成的考试卷，组织和培训教师自主命题，有计划、有针对性地检测学生的学习情况和教师的教学情况。一系列措施使有效教学落到了实处，教师的专业水平也得到了大幅度的提高。

【陶继新】购买书店现成的复习资料与考试卷，教师省力，可效果多不太好。如果说教学要“因材施教”的话，复习资料与考试卷也应当因人而异。你们教师根据本校学生学习的情况，研究出了适合他们使用的复习资料与考试卷，这当是有效教学的一种延伸，甚至可以与有效教学纳入同一个序列。同时，这也会让教师在研究课堂教学的时候，同时研究复习资料与试卷的制作，在提高考核质量的同时，也对教师提高课堂教学效率提供了支撑。

关注教师的敬业精神和奉献精神

【王建明】我们把教师的专业成长作为课改的核心工作。学校专门成立了教师专业成长学校，有计划、有步骤地引领教师发展，与国内知名学校、著名教育专家建立长期的联系，让专家引领教师不断提高自己教育教学水平。学校注重教师的自我提高，自主研修，更注重在同伴中发现和使用“教育家”，一批长期在八中工作，有着丰富的教育教学实际经验的老教师，被推到了教师专业成长的讲台，他们从现实课堂出发，带领着年轻的同行们共同教学，共同探讨，共同前进。老教师更具魅力，青年教师迅速成长。

【陶继新】教师发展的快慢与优劣，决定着学生成长的快慢与优劣。从某种意义上说，没有教师的发展，就很难有学生的成长。你们高度重视教师的专业成长，既是为教师持续发展积蓄能量，也是为学生生命成长奠基。聘请高端专家为教师培训，为教师输送的就不只是知识，还有一般文本上学不到的智慧与思想。这些专家为教师们长年培训，自然会大大提升教师的思想与业务素养。而发现与培育自己的“教育家”，则更具有战略眼光。其实，每一个教师都有巨大的发展潜力，关键是如何启动其内在发展的动力，寻找到适宜自己快速成长的路径，并形成持续发展的品质。诚如是，你们学校就有可能出现属于自己甚至产生较大影响的“教育家”。

【王建明】在教师队伍成长的过程中，我们更注重教师的专业精神和专业态度的培养，我们认为这是办好一所学校的基础。教师文化是课程文化的重要组成部分，没有了教师，没有了具有明显学校特质的教师群体，也就没有特色学校。我们是全省最早实行全员聘任的单位，随着一些不能胜任工作的教师的下岗，随着以班主任为核心的双向聘任工作的推进，教师的内在潜力得到了激发，专业态度不断优化，他们以校为家，一心为了学生，在社会上形成了良好口碑。合肥八中的影响主要来自于教师的敬业精神和奉献精神，教师的良好口碑构成了学校品牌的主要内涵。

【陶继新】真正优秀的教师，不只是专业水平高，还一定是人格高尚者。纵观当今中国最知名的中小学教师，他们不但是知识的富有者，更是精神贵族。当年孔子在教学的时候，更多关注的是人格的形成，其教学总纲只有十二个字："志于道，据于德，依于仁，游于艺。"你看，前九个字都讲的是如何做人，最后三个字也不是与做人毫无关系。而儒家经典《大学》的开篇则说："大学之道，在明明德，在亲民，在止于至善。"这一儒家施教的教育方针，竟然连如何学习知识都没有提。是不是学不好知识了呢？绝对不是的，一个人格高尚的教师，一定是很有责任感与使命感的人，为了学生的成长，他们会不断地提升自己的文化品位与思想境界，并得到学生的心理认可，且让他们在自觉与不自觉中生成一种"向师性"，对教师的思想与言行"学而时习之"的。

【王建明】我们曾经有着一支优秀的教师队伍，"人说八中老师好"，是数十年间社会对八中老师敬业精神和工作态度的高度肯定。但今天的教师队伍建设又有了新的内容，围绕课程，建设学习型的教师团队，是当下教师专业成长的核心。一个教师的话语权，来源于他的学习和研究能力。我们成立了教师专业成长学校，将老师们分为不同的类型和对象，立足课堂开展校本研修，推动了教师的专业发展。

【陶继新】一所学校品质的高下，是由教师优秀与否决定的。而教师要想优秀，就要不断地发展。一般而言，开始的时候，这个教师与那个教师的差别并不大；可若干年后，却有了很大的差别。原因就是有的持续发展着，有的则在原地转圈，几乎没有发展。如果个体有发展的强烈愿望，当然可以发展；可是，这个比例并不太大。如果学校创设一个群体发展的环境，就有可能让更多的教师更好地发展起来。你们成立教师专业成长学校，就是为群体的发展搭建了舞台。这既是对学校发展负责，也是对教师负责，更是对学生负责。因为一个不断发展的教师，不但可以给学生更加优质的教育，其本人也因不断地发展而拥有了更加积极的心态，而这种心态，往往在无形中对学生产生积极的影响，让他们也阳光与积极起来。

【王建明】制度推进和同伴互助是我们开展教师校本培训的主要形式，大批教师迅速成长，同时也成了其他老师的榜样和超越的目标。这些身边的专家活跃在课堂、评课现场和集体备课时，提高了学术品位，增加了培训的实效，推动了学校的发展，充实了具有协作精神的教师文化。同时，专家的引领也是必不可少的。学校聘请了国内知名的专家，作为教师成长的导师，并形成了以专家郑杰、郑桂华、熊丙奇和娄维义为核心的四个学习团队，这些团队中的每一个教师在专家的引领下都成为了学校教学工作的标杆。

【陶继新】校内专家就在身边，教师随时可学；同时，这些专家也是从一般教师走来的。这向老师们传递一个信息：只要持续优质地发展，自己也可以成为专家。于是，自然也就生成一种内在动力，也在为自己能够成为专家而努力。这个努力的过程，既是教师发展的过程，也是教学水平不断提升的过程，还是学生接受优质教育不断跃升的过程。而外聘专家，会从更高的层次上给予老师们引领与指导，让他们去感受"更上一层楼"的激动和随之而来的更高层次的学习，以及思想境界与教学水平的提升。

【王建明】我们也是这样想的。我们始终认为，教师队伍的建设，离不开健全的规章制度，是否敢于照章办事，是考验学校管理者基本功的试金石。我们以"严谨、务实"为校风，当然需要营造出一个守规则、讲正气的上进氛围，而这也正是民主、和谐的校园文化形成的基础，两者并不矛盾。我们把对教师的日常考核作为教师评价的主要依据，把考核结果与绩效工资、职称聘任、表彰奖励等紧密相连，用制度文化推动教师文化的形成。

【陶继新】制度文化说得好！有些学校之所以发展得不好不快，其中一个重要的原因就是有制度没文化。制度文化的要义，就是师生拥有一种敬畏制度的心理，以至于将遵守制度视为一种美德，并形成一种习惯。形成这种制度文化后，制度就不再是勒在师生头上的紧箍咒，而是成了"从心所欲，不逾矩”的生命自然。所以，它非但不与民主、和谐的校园形成对立，反而有着一种内在的维系。所以，好的制度文化，既是学校文化的重要分支，也是促进教师发展与学生成长的有力保障。

【王建明】我们经常这样想，我们是生活在一个全社会都高度关注教育的国家，因此教育工作者的理性思考，能够影响到社会对教育价值和功能的判断，能够帮助社会树立起正确的教育观。一个人一辈子的成长与幸福比分数重要得多，这个道理很容易懂，但要落实到我们的办学中去，却不是一件容易的事。很多兄弟学校早已走在了前面，也给我们留下了许多宝贵的经验。作为一所省示范高中，为孩子们提供合适的课程、充满爱心的老师、幸福快乐的学习环境，既是责任，更是使命。我们已经得到了来自社会各方面的鼓励，今后我们会循着这条道路继续探索前行。

【陶继新】有了合适的课程、充满爱心的老师和幸福快乐的学习环境，才是真正的好学校。课程校校有，是不是适合学生，则另当别论；而要想真正适合，不但要费时力，也要费财力，可是，为了学生的发展，你们费得快乐，费得大方。有无爱心是衡量一个教师良知指数的最为重要的砝码。唯其有爱心，才能成为优秀的教师。古今中外的名师，除了文化底蕴浓厚外，就是其为爱心永驻者。所以，孔子说：“仁者爱人。”同时，学生随时可以触摸到教师的爱，并会以同样的心来爱教师。正因如此，爱学生的教师，也都得到了爱的回报。这种师生之间纯美之爱，也让教学有了高效率与高效益。有了合适的课程与爱学生的教师，学生也就有了幸福快乐的学习环境，也就有了持续发展的可能。

【王建明】我们合肥八中是一所与新中国共同成长的学校，虽然历史不长，但却有着辉煌的昨天。从这片不大的校园里，走出了千千万万的国家栋梁和各行各业的精英。今天，每当老同志们如数家珍地回顾过去的时候，都让我们在激动骄傲之际思考这样的问题：老一辈八中人到底遵循了什么样的办学规律？支撑着八中教育事业蓬勃发展的魂是什么？什么样的学校才是社会和家长最满意的学校？

【陶继新】合肥八中在历史上创造了辉煌，这已经成为一笔丰富的精神财富，在无声地鼓励着今天的八中人继续前行。作为校长的您，既在继承着八中的优秀传统，也在大胆地进行着创新。您思考“魂”的问题，就昭示了您的使命感，也说明了您是从深层次来思考学校发展走向的。事实上，现在的八中已经成为社会与家长满意的学校，而您与八中教师无愧于历史的重托，让学校有了持续发展的能量。

以学生的终身幸福和发展为本

【王建明】我的体会是，这种优良的传统已经作为学校文化渗透到了我们这些后来人的血液中，使得我们有了不断创新的勇气。我们一直坚定地认为，好学校一定是学生们的快乐家园，是他们能够追逐心中梦想的地方，好学校也一定是群贤毕至、汇聚优秀老师的场所，是他们与学生们共同发展的地方。管理者心中有“人”，办学就有了灵魂，按照人的发展规律办学，学校就有特色，教育就能有根。把全部的爱奉献给学生的学校，一定是深受家长和社会欢迎的学校。

【陶继新】学校不但是学生学习的地方，也应当是学生乐在其中的精神家园。学生的成长需要智慧的滋养，同时，也需要心灵的和谐。而没有快乐的学校，学生是不可能真正发展起来的。当然，这里所说的快乐，不是简单的玩，而是学中有玩，玩中有学，而且是高层次的玩，有着高尚品质的特点，有着可持续发展的力量。所以，管理者心中有“人”，不但是对学生的尊重、信任与爱，还要为他们的发展创设一个心理安全的场域，让他们在心灵愉悦的环境里，实现生命的飞跃。

【王建明】是的，我们国家特有的国情，使我们在这个问题的认识上走过一段弯路，我们也曾经在应试教育的道路上滑行了很久，那时候，升学率成了学校的唯一追求，与兄弟学校比高低、争生源是我们管理者每年必做的功课，学校毫无特色。加班加点，题海战术，是教师最基本的教学手段，竞争与压力是学生们每天都在经历的痛苦，为考试而教，为考试而学，职业倦怠和厌学情绪成为一种常态，曾经是那样一所受学生喜爱的学校，却变成了学生们望而生畏的场所。

【陶继新】其实，不止你们这一所学校，曾几何时，很多高中学校不都在为升学而拼命吗？甚至有人说高中学生是“起得比鸡早，睡得比狗晚，吃得比猪差”，由此足见当时“应试教育”是多么的可怕！可是，有的人对此并没有深刻的反思，甚至有的学校还在这条路上一意孤行地走着。您的可贵在于，您深刻地反思了学校“应试教育”的问题，且走出了这个怪圈，步入了素质教育的正途。八中，又展示了它特有的生命张力。

【王建明】其实，我们走出这个怪圈的过程并不轻松。我们是安徽省首轮高中课程改革示范校，正是这样一顶桂冠，推动了学校不断地变革，学校的管理者开始明白了教育的本质是什么，教育者的使命是什么，开始重新审视自己的办学行为，并逐步确立了正确的育人思想：教育应该以学生的终身幸福和发展为本，且应该是全体学生而非部分学生发展；是学生人格的全面发展，而不仅是智力的发展；是学生个性化而非同一模式的发展，是学生的可持续而不只是在学校中的发展。

【陶继新】说得太好了！要想让学生终身幸福，就不能只关注学生的成绩优劣，还要关注学校为他们提供了什么样的成长环境。学生的成长，绝对不能简单地与智力画等号，而应当是全面的发展，尤其是身心的和谐发展。而且，全面发展也不等于同一模式的发展，人各有异，发展趋向与快慢也不一样，要因人而异，要为不同的学生提供在原有的基础上都得到适宜于其更好发展的平台。这样，会提高学校教育的“成本”，可是，它会在学生未来的发展行程中，收获更大的“利息”。看来，好的教育，不但要关注学生当下的幸福，还要为其一生幸福积蓄精神资本。

【王建明】为了建立一个心理安全的场域，让学生在快乐中学习，我们尝试着为那些有着沉重的学习负担和精神压力的学生减压，建立起专业的心理辅导中心，配备了专业的心理辅导老师，正式出版了心理教育的校本教材。把心理教育排进了课表，列入全校的教学计划，开展各种类型的心理教育活动，营造出了和谐健康、阳光向上的学习氛围。

【陶继新】为学生心理减压，不但可以让学生心理阳光起来，而且对其学习也是大有益处的。因为学习效率永远都是与学习者的心理好坏紧紧联系在一起的。有心理负荷的学生，即使学习时间比较多，也不可能拥有高效率与好效果；相反，如果心理特别快乐与放松，尽管学习的时间不是特别多，却会因效率高而收获好的效果。可以说，在“应试教育”逼迫下的学习是一种恶性循环，而心灵愉悦状态下的学习则是一种良性运转。持续的良性运转，自然会让学生品尝到学习的收获与人生的幸福。

【王建明】其次，开展丰富多彩的学生活动，不仅能形成催人向上的校园文化，更重要的是让学生在其中培养了自己的兴趣，锻炼了自己的能力，爱好和特长有了施展的空间，培养了同学间良好的人际关系，提升了协作精神。通过开展这些活动，将立德树人的育人方针，落到了实处。每个年级都有数十个学生社团，他们有固定的活动时间和场所。经过一年又一年的沉淀，形成了一批深受学生喜爱的精品社团。特长生培养成为学校教学计划中的重要内容。学校按照他们各自的特长为他们规划人生，为他们进行专门的教学活动。一大批体育艺术科技特长生成长为专门的人才。他们中有的人凭着获得的国际科技创新金奖，被国内和国外大学录取；有的凭着精湛的球技，披上国家少年足球队的战袍参加国际比赛；学校的民乐队和合唱团成为了学校的形象大使。

【陶继新】社团为不同类型的学生提供了施展才华的舞台，特别是那些平时学习成绩一般的学生，却有可能在社团活动中一展风采，赢得人们的称赞。人人都希望得到别人的认可与鼓励，并在这个过程中形成自信的品质。而有了自信，就有可能让人生幸福起来。您上面谈到了这些因社团脱颖而出的学生，也在一定程度上提升了学校的知名度与美誉度，以至形成一种学校精神，在潜移默化地对更多的学生产生积极的影响。而且，在社团活动中，还锻炼了他们主动参与活动的积极性，自主解决问题的能力，以及合作共赢的精神，这些，对于他们一生的发展，都起着举足轻重的作用。

【王建明】我们以生涯规划教育为引导，着力打造自己的校本课程体系。围绕拓展学生视野、促进个性发展这一目标，克服各种课程资源和课程实施方面的困难，在每一个年级开设 60 多门选修课，供学生自主选择，走班学习。课程实施后很受学生和家长的欢迎。每学期之初的选课被学生称为抢课。受学生欢迎的精品课程供不应求，出现了家长替孩子求情选课的现象。这些，极大地激励了我们加大课程开发的力度。我们不仅鼓励我们的老师根据自己的特长为同学们开设各种选修课，极大地锻炼了教师队伍；还与高校、科研机构、专业团体等合作开发开设校本课程，拓宽了课程资源的渠道，有了很多意想不到的收获。

【陶继新】抢课的景观太可喜了！这说明，学校自己开发的这些课程，开到了学生的心里。学生若非特别喜欢，是不可能有如此景象的。其背后的意义更大，它让学生感到，学习不是痛苦不堪的事情，而是其乐无穷的美事。在这种状态下的学习，除了愉悦身心之外，还会由此让他们终身爱上学习，并对学校产生美好的印象。同时，教师在开发这些课程的过程中，也在悄无声息地改变着既有的观念，也在思考如何走近学生，所谓的以学生为本，就在这种课程开设中形成了。而与高校等单位的合作，让课程开发有了宽度与广度，这不但有利于学生的生命成长，也在无形中提升了教师研究课程的水平。

【王建明】学生自主学习能力的培养、合作探究精神的养成，是我们始终坚持的方向。我们自 1999 年以来，坚持开设研究性学习课程，以培养学生发现问题、分析问题、解决问题的能力为基本目标；以在这一过程中学习到的科学研究方法和获得的各种体验、各种知识为基本内容。在这一过程中，学生的科学素养和科学精神得到培养，为学生的终身学习打下了坚实的基础。今天，当我们翻阅历届学生留下来的研究性学习成果时，都倍感骄傲。

【陶继新】其实，每一个学生都有一定的研究能力，只不过传统的教育教学模式没有开发这种能力，甚至不承认这种能力罢了。不管什么方面的能力，如果不进行有效开发的话，就有可能处于沉睡状态，甚至走向死寂，从而让学生一生都不会也不想主动进行有效的研究。你们开设研究性学习课程，是为学生研究潜力的开发提供了条件，让他们在自主与合作研究问题的过程中，体验研究的艰难与乐趣，收获破解困难之后的快乐，特别是体悟形成研究品质之后的幸福感。而在中学时代具备了一定的研究兴趣与研究能力后，还会随着其年龄的增长不断地扩延，从而让他们在更高的层面上进行攀登，收获更大的喜悦与成果。

（原载于《中国教育报》，2014 年 3 月 24 日，第 8 版；作者：陶继新、王建明。）

绿色 放飞灵魂的火焰

——在探索中绽放光芒的余姚市东风小学

［**万银巨校长简介**］

万银巨，1972年2月出生，高级教师，大学本科学历，华师大教育管理研究生课程班结业。现任余姚市东风小学教育集团总校长。曾先后获余姚市教坛新秀、余姚市优秀教师、余姚市优秀教育工作者、宁波市基础教育课程改革实验工作先进个人、宁波市优秀教师等荣誉称号，曾获全国环境教育先进个人称号，是浙江省教育学会会员，浙江省教育学会中小学综合实践活动分会理事。

编者按：绿色代表宁静、自然、生命、成长、生机、希望……浙江省余姚市东风小学萦绕于绿色，师生浸润于绿色，使绿色成为生命的底色。我们先不看这被绿色燃烧的过程，只看其美轮美奂的结果：学校荣获联合国教科文组织中国可持续发展教育示范学校、全国教育系统先进集体、全国特色学校、全国环境教育示范学校、全国绿色学校、全国环保“地球奖”、全国低碳文明生活一等奖等多项荣誉称号。绿色教育课题曾获浙江省人民政府基础教育成果一等奖、首届“中国教育学会奖”二等奖。新华社、《人民日报》、《浙江日报》等众多媒体对其绿色教育进行专题报道……看完这些荣誉与报道，我们不能不为之喝彩，不能不说万银巨校长有思想。一根“绿”线牵在手中，抱起梦想就勇往直前地飞。很显然，他善于从平常的管理中发现、思考、尝试、总结，并不断优化。于是一套适合自身发展的绝招，振兴了东风小学，也成全了他本人。

对话中的陶继新先生则一展专家的评判风采。他先用扎风筝的技巧，“口传心授”绿色“团队”组合的秘诀；再借放风筝的原理，剖析出深邃的寓意。不但给人一种心相感应、极目长空的快感，还让人觉得清晰通达、深厚广博，犹如彩虹横贯。

绿色成长　达善人生

【万银巨】在东风小学三年多，我认为最大的收获之一就是对学校原有办学理念进行了继承和提升，形成了新的教育理念——绿色成长，达善人生。

【陶继新】非常欣赏您的办学理念，“绿色”让人联想到生命的活力，“达善”不但可以让人联想到孟子的“穷则独善其身，达则兼济天下”，还可以追溯到孔子所说的“己欲立而立人，己欲达而达人”，以及“大学之道，在明明德，在亲民，在止于至善”等经典之语。

【万银巨】我一直认为作为校长要办好学校首先必须拥有自己的教育理念，它是对“教育是什么”的价值判断和基本看法，正确的教育理念是学校管理和学校发展的基本前提和保证。它指导和支配着教师的教育行为和实践。

【陶继新】在很大程度上，理念决定行动，甚至决定学校发展的命运。如果连“教育是什么”这个问题都弄不明白，是绝对不可能办好学校的。

【万银巨】我们学校是创立于1898年的百年老校。2010年我担任东风小学校长时，学校已发展成为余姚第一个公办的基础教育义务阶段教育集团，拥有了两个校区，学校的办学特色鲜明，荣誉众多，曾于2008年荣获全国教育系统先进集体，应该说已经是当地的名校、大校。那么，如何促进如此高位的学校持续发展呢？我认为，像东风这样的百年名校，更要有与时俱进的教育理念来引领。

【陶继新】百年老校有其深厚的文化底蕴，如何在继承其文化命脉的同时更好地发展，当是有责任感的校长的一种挑战性的使命。那么，学校新的办学理念“绿色成长，达善人生”有哪些具体的涵义呢？

【万银巨】“绿色成长”是一种以人为本，追求学校、教师和学生全面和谐、可持续发展的成长形式。

它具有三大涵义：一是通过总结学校“节能环保”特色教育的成果和理

念，进一步延伸到德育、教学、科研、管理、文化的各个方面，提升为“绿色教育”。

二是秉持“以人为本”的育人理念，遵循人才成长的客观规律，积极适应现代社会的发展需求，努力促进学生素质和谐、可持续发展。

三是体现生命安全和谐成长的理念。绿色是生命的颜色，“绿色成长”旨在带给学生安全和谐的“生命教育”，达到教育、绿色与生命的和谐。

我校始名“达善学堂”，“达善”一词取自孟子名言：“穷则独善其身，达则兼善天下。”“达善”即通过修身立德，砥砺品行，以达到尽善尽美的人格境界，最终为师生的“达善人生”而服务。

【陶继新】理念的形成，来自于实践思考，同时，再用合理的语系诠释出来，则又显现出水平。因为这样的诠释，既要合乎理念的要义，又需要言简意明。更重要的是，这种理念还不能是束之高阁的玄妙之理，还要内化到师生的心里，进而变成一种有效的行动。

【万银巨】有了顶层设计的教育理念，接下来就要思考如何践行理念，让理念落地，思考课程建设。所以我们围绕绿色作了绿色德育、绿色教学、绿色科研、绿色管理、绿色文化的行动与探索。

【陶继新】理念属于学校文化的精神层面，而精神落地，则需要过程，也需要载体。你们围绕绿色进行课程建设，那是文而“化”之的好方法。

绿色德育　立德树人

【万银巨】立德树人，德育先行。我们将学校节能环保教育作为学校德育的生长点，积极践行绿色德育。学校的节能环保教育开始于1991年全国第一个节能宣传周时的一次宣传活动，已坚持了20多年。

【陶继新】《诗经》有言：“靡不有初，鲜克有终。”20多年坚持节能环保教育，当是一个奇迹，令人赞叹。而有了这道风景，如何让这道风景更加绚丽，同样也是需要智慧与努力的，这一历史使命则落在您这位校长的身上。

【万银巨】为使这道风景更加绚丽，近年来，学校节能环保教育主要做到“六个一”：一支队伍，家校共同携手。一套教材，完善课程体系。一只宝箱，积淀一种习惯。一个模式，倾诉绿色心意。一种评价，立足意识能力。一项工程，净化学生心灵。

小手拉大手，携手“1+6”，是一种带动，一种传递，让一个孩子携手更多的身边人共同呵护同一个家园。编写《节能与环保》校本教材，让学生接受绿色启蒙，收获知识，更收获一份社会责任感。设置“变废为宝箱”，播下一种行为，收获一种习惯。有了教材，有了习惯，也就渐渐形成了一种立体式教育模式。每学期的易拉罐回收，是一道绿色的风景，一项意义深远的爱心工程，彰显了东风人的成德达善。

经过“1+6”的手拉手护卫队等宣传教育活动，学校节能环保教育成果斐然。《节能与环保》教材由浙江科学技术出版社正式出版，并荣获浙江省首批“百门德育精品课程”。易拉罐“变废为宝”工程已累计捐款达40余万元，用于资助贫困学生和结对学校。学校节能环保教育课题获浙江省、宁波市两级人民政府基础教育成果一等奖、首届“中国教育学会奖”二等奖；专著《关爱地球、呼唤绿色》由北京教育出版社出版；报告文学《东风蝴蝶》由宁波出版社出版；学校获得联合国教科文组织中国可持续发展教育示范学校、全国特色学校、全国绿色学校、全国环境教育示范学校、全国环保“地球奖”、全国低碳文明生活一等奖等多项荣誉称号；原全国政协主席贾庆林等中央领导同志高度肯定我校节能环保教育成果。新华社、《人民日报》、《浙江日报》等众多媒体对我校的节能环保教育进行了专题报道。尤其是2011年4月，学校受邀参加了联合国总部召开的全球第六届人居环境论坛，并作绿色环保的主题发言，受到了与会国际代表的高度赞赏！

【陶继新】一所小学能获得如此之多如此之高的殊荣，真是太了不起了！而在这些荣誉的背后，让我们更加感到欣慰的是，这让同学们懂得了节能环保的重要意义。可以说，每一位学生都是一颗节能环保的“星星之火”，他们会在更大的范围里点燃更多的节能环保之“火”。而且，你们的节能环保教育还培养了学生变废为宝的意识，提升了学生关注弱势群体的人格境界。这些，不是一般课堂教学中能学到的，却又与其终生的成长紧密联系。

【万银巨】节能环保教育只是绿色德育的其中一项，绿色德育还包括开展“生命教育”，推进“六个一”活动，创建“温馨教室”，完善“闪亮星”评价等。不过在节能环保教育中，学校除了进一步提升教育内涵，创新教育模式外，正在设想把东风校区建设成为“生态校园”，建设一些直观的节能环保设备，如中水利用系统、太阳能转化系统等，让我们的学生在直观中接受环保教育，引发探究兴趣，为成为一个绿色的人、达善的人而努力。

【陶继新】节能环保教育的内涵与外延并不只是开展一些简单的活动，它是一个十分丰富的体系，建设一些直观的节能环保设备，可以让学生形象地感受什么是节能环保、如何节能环保。这样学生在学习的时候，就有了触手可及的物象，也有了学习的兴趣。

绿色教学　生命源地

【万银巨】课堂教学永远是绿色的生命源地，立足“绿色成长”的理念，我们提出了绿色课堂的基本要求，课堂做到三个“起来”：老师“笑”起来，建立民主平等的师生关系，营造宽松融洽的课堂氛围；学生“动”起来，倡导自主、合作、探究式的学习形式，让学生变被动为主动，变学会为会学；课堂“活”起来，让学生快乐学习、自主学习、创造性学习，在学习中体验成功的愉悦，在和谐的教学氛围中达成教学目标。

【陶继新】教师之笑，会传递出温情与柔和，会让学生走进“亲其师”而“信其道”的境地。特别是小学生，他们喜欢不喜欢某些学科，往往是与喜欢还是不喜欢某些教师有着一定的联系。而笑，则会让学生越来越喜欢教师。

课堂不应当是教师唱“独角戏”，而应当是师生互动的“生命场”。让学生“动”起来，不但要让他们学会自主、合作、探究式学习，还要给予他们更多的话语权，更多时候，教师要让位于学生，让他们成为课堂的主人。

要想让课堂“活”起来，就要让学生“活”起来。学生要“活”起来，首先要有一个安全的“心理场”，而重要的前提是教师必须是真正爱学生，而且会爱学生，让他们感到自尊与自信。其次是要有比较多的生生、师生交流的时间。很多问题，不是教师提供方案，而是在师生特别生生交流研究中获得的。只有这样，他们才能快乐起来。而快乐状态下的学习，思维也是开放的，效率自然也就高了。

【万银巨】绿色课堂在形式上立足于常态课、教研课、展示课的整合。常态课落实在“备课组”，落实在常态课堂教学和作业研究。教研课立足绿色教研、语用课堂，人人参与。展示课体现为绿色教学的精品课堂、示范课堂。同时教研活动要有目标，有主题，有过程，有质量。看到以往教师教研活动时间欠充裕，形式欠丰富，层次欠高远的现状，就改变和创设了一些活动载体，如从隔周的学科教研活动到“半日教研”活动，从“达善论坛”到“互动评课”，从“课堂周”到“课堂节”，从“达善杯”绿色课堂节到“小学语文研究院”的建立、统筹、整合安排，集中进行教研，使课堂展示不仅仅是一次绿色成效的检验，更是一次绿色理念的碰撞和洗礼。

【陶继新】绿色课堂应当是常态的、自然的，不然，就会变“色”变“味”。即使是比较大型的观摩课，我也不太主张很多人为上课人“添枝加叶”，而是让其在以自己为主的备课后自然地呈现出来。这并不是不要您上面所说的研究了。每个教师都不是独立存在于教育之中的，既要自主探索，同时，又要不断吸取他人的经验。所以，彼此听课与研讨是必需的。但是，最终一定要形成自己的特点以致风格。这个风格烙印着“这一个”的特点，而不是“拿来主义”的同质化“产品”。这样，就会很好地促进教师自主探索，不断成长。当更多的教师有了自己的教学风格，有了锲而不舍的探索精神后，整个学校的教学也就驶进了更高的境界。

【万银巨】学校的内涵发展有个很重要的标志，是拥有不同风格的教学名师和学科领军人物，学校创设绿色课堂就是基于绿色成长、个性发展的思考。去年开始，学校创设了“半天教研制”，就收到了很大效果。“半天教研制”是学校根据不同学科专门安排半天时间让该学科教师组织进行校本教研活动，以保证教研时间，提高教研质量。学校根据学科性质分上、下午安排，周二下午是语文，周四下午是数学，音乐周二上午、科学和信息技术周三上午、美术周四上午、英语和体育周五上午。经过一年多的实践，这种立足校本的教研形式，不仅使教师们在专业上成长较快，而且在团队建设上更为有效。很多教研组还形成了各自的教研文化，如语文教研组的“绿色教研，语用课堂”，数学教研组的“研教合一，智慧数学”。

【陶继新】这样的校本研究，很多是基于问题的研究，而不是研究那些与自己教学关系不大的大而空的课题。我们主张注重在课堂上学生之间的交流，而教师的成长也要交流。在交流中，教学水平高的教师可以将自己的成果展示出来，而展示的过程，也是自信与自豪感不断提升的过程。水平还不是太高的老师则可以很快地吸纳这些成果，为自己的教学所用。当然，水平还不是太高的老师也可以展示自己的研究成果，有的也可能相当精彩，甚至给高水平的教师一定的启示。而且，在交流中大家的集体研究风气形成了，合作意识增强了，群体的教学水平也就得到了提高。

【万银巨】学校优质发展的关键是有优秀的教师，我们要设法给教师们创设各种促使他们持续成长的平台。这平台不仅要有效，还要优质，甚至适当高远，让教师们触摸最新的、前沿的、优质的理念与方式，让我们的教师成长得更快。

同时我一直在想，在小学教学阶段，语文学科的重要性是显而易见的。要让学生有个更好的语文底蕴，必须增加教师的语文素养与教学能力。为此，学校于2012年10月成立了“小学语文研究院”。小学语文研究院定位为集小学语文教学、研究、编著、文献、博物、展示、交流于一身的全国首创的民间学术组织，以我校语文骨干教师为研究院主体，是集全国小学语文专家教授、特级教师、小学语文名家的学术组织。

聘请中国教育科学院研究员张田若先生为首席导师，浙江外国语学院教育系教授、浙江省中小学名师名校长工作站首席导师汪潮教授为主持导师，引领东风构建语文教研文化。还聘请了香港大学教育学院中文研究中心总督谢锡金教授、天津师范大学田本娜教授、上海师范大学吴忠豪教授、浙江省小语会原会长沈大安老师、浙派名师工作站站长张化万老师、绍兴市教师进修学校特级教师周一贯、杭州市西湖区文苑小学特级教师魏丽君为首期学术导师。从专业引领的角度有效促进了教研活动从自发走向自觉，推进和深化着绿色教研文化。

【陶继新】“名师出高徒”是古已有之的真理。教师水平的高下，决定了学生学习质量的优劣。而你们的名师，还不止于学校内部，而且向校外拓展，且多是中国小语界“大腕”式的专家。他们成为你们学术组织的成员，指导教师业务发展，可以让教师走进快速发展的轨道。因为这些专家名师，既有丰富的教学实践经验，也有深厚的理论水平。他们可以从更高的层次对你们的教师进行指导。这正如读书一样，要“取法乎上”，才能一以当十，收获更大的硕果。而且，真正意义上的专家名师，不但学术水平高，而且人格也高尚。他们在你们学校活动的时候，其人格能量也会有意无意地传递出来，从而让老师们在敬仰之时，去“学而时习之”。

【万银巨】小学语文研究院每月一个主题，做到专题化、系列化、有效化。研讨活动既有全体语文教师参与的，如读书活动，语用课堂，达善讲坛等；也有骨干研究员参加的，如《国文》教材的编写等。通过各种丰富有效的研讨活动，使老师们从实践走向了思考。有了思考，就会凝结成思想，进而指导教学实践，同时也凝聚了团队精神，提升了人格精神。

【陶继新】小学语文研究院真成了研究的“学院”，不同层面的教师都可以在这里一展才思，也都可以在这里汲取营养，并可以在这里不断地成长。学校教学研究风气的浓郁，不但可以提高教师的专业水平，还会形成一个积极向上的场域。身在这样的场域中，即使是有些倦怠情绪的教师也会振奋起来。相反，如果是在一个非但没有研究氛围，而且死气沉沉的学校里，即使一些有朝气的教师也有可能走进倦怠怪圈里的。而且，教师的状态，又直接影响着学生的生命状态。你们的学生之所以朝气蓬勃，当是与老师们拥有生命活力有着一种内在的维系吧。

绿色科研　袖珍课题

【万银巨】科研与课堂的结合是提高教育质量的重要手段，也是建设课程促进学校优质发展的有效载体。学校以《绿色教育的实践与研究》为“领雁课题”，倡导绿色科研，做好教科研三级管理，引领每位教师以“袖珍课题”为载体开展校本教研活动。还制定《教科研管理办法》，开设达善讲坛，邀请名家、大家、专家来校进行引领讲座，定期组织科研教研评比；积极建设省教科研孵化基地，做好“快乐科学”“快乐星期三”等课程建设，扎实开展“绿色阅读”工程建设，办好校刊《东风人》，让东风人在绿色科研中绿色成长。

【陶继新】非常欣赏你们的“袖珍课题”，课题研究价值的优劣，不在于课题的大小。一般教师不必要也没有能力研究很大的课题，而那些与教师教学实践结合得比较紧密的小课题，反而有着很强的生命力。你们的课程也很好，“快乐”两字特别符合小孩子学习的特点。他们学习效率的高下，很多时候是与情绪联系在一起的。快乐状态下的学习，会让孩子们在乐此不疲中学到更多的东西。

【万银巨】学校的持续优质发展，我认为必须走一条道路，两个抓手。道路就是必须走内涵发展的道路，两个抓手就是学校文化和课程建设。因此，学校根据“绿色成长，达善人生”的办学理念，积极创设快乐学习行动计划，如先在东江校区开设了“快乐星期三”的校本课程。“快乐星期三”活动课程是我校结合新校区实际，整合课程，统筹课程，立足“自主选择，健康快乐”活动理念，每周三下午集中半天时间，以学生自主活动体验为主要形式的一种校本课程实施方式。其主旨是探求学生在校学习活动的体验和实践，丰富学生的学校学习生活经历，促进每一个学生健康快乐成长。

【陶继新】文化的要义，就是以文“化”人。从这个意义上说，学校文化建设，当是发展的魂之所系。在你们学校采访的时候，我感到处处都有文化的景点，而且，与这些外在景点相和谐的，还有制度文化与精神文化的景点。文化建设的高品位，决定了你们这所学校的高品质。而课程的开设，也有一般与优质的不同，只有形成课程文化，才能抵达上乘境界。因为这样的课程，教师甚至学生，不但对课程有了高度的心理认可，还成了课程的构建者与修订者，也是被课程“化”了，而且也“化”于课程之中了。于是，课程也就成了一道文化的风景。

【万银巨】“快乐星期三”活动课程是以校区教师和集团教师为课程开发的主体，家长及社会资源为课程实施的辅助，学校教师担当课程学习伙伴，家长也作为“合作伙伴”“学习伙伴”加入；活动课程学生自主选课，只要有学生选择，学校就尽量满足。目前开设课程 22 个，每门课程人数多则 20 余人，少则几人，最大程度地体现活动课程的“自主性”“个性化”。

活动课程有普及课程、提高课程、延伸课程三种。普及课程每周星期三下午一至两节，全体学生参加，活动课程涉及“达善园”“健乐吧”“书艺廊”“创意堂”。

提高课程在普及课程的基础上，结合学生课外兴趣培养自主选择，以“快乐星期三”小社团活动课程形式实施。设置“硬笔书法、小歌手、剪纸造型、摄影、素描绘画、国画水彩、趣味思维、加强乒乓、男子小足球”等小社团课程，由学生自主选择其中一个小社团参加。其中，部分小社团活动时间延伸，如“男子小足球”“加强乒乓”。

普及课程和提高课程的集中进行，有利于学生自主选择。为使学生的学习生活延伸，使“快乐”走进每一天，学校又有分散穿插、渗透于每天不同时段的延伸课程活动时间，这样既有效保证每个孩子有充分的活动时间，又能有尽可能多的时空去参与到学校各个领域的活动中去。

同时，为真正落实“快乐星期三”活动课程，校区每周三不布置家庭作业（包括口头作业），让“快乐”延伸到家庭，让学生在家里继续他们的“快乐”。通过一年课程实施，《小学生“快乐星期三”活动课程的实践研究》课题被立为宁波市2013年教育科学规划研究课题，《相约星期三　快乐我做主》案例于2013年获浙江省“轻负高质”优秀实践案例。

【陶继新】家长的积极参与，说明他们对“快乐星期三”活动课程的高度认可与支持；这样，在实施课程的时候，就有了更广泛的基础。课程丰富多彩而又自主选择，不但会让学生乐在其中，也会学得更好。乐与学合二为一，对孩子当下的幸福与一生的成长，都是大有裨益的。

【万银巨】让学生“健康快乐　智慧成长”是我们学校东江校区的办学理念，是集团“和而不同”的办学思路的体现，也是“绿色成长　达善人生”教育理念的延伸，更是集团绿色管理的一个策略。健康会让人更快乐，快乐也让人更健康，两者的融合，则会让人更快乐、更幸福。成长智慧与知识成长不一样，智慧是超越知识的，它展现的是一种积极的生命状态，知难而进且又享受生活的快乐。“快乐星期三”活动课程使我们的学生健康快乐，智慧成长。

【陶继新】你们的学生为什么喜欢这些课程？因为它与孩子们的“玩心”是联系在一起的；为什么有智慧？因为它又是与学生的和谐发展有着内在的维系。而这个年龄时段的快乐，不只彰显于当下，还会在未来的生命中展现出来。有人说，童年的心理状态，最终会在成年后再现出来。这是有一定道理的。如果在学校里感到压抑，很不快乐，长大成人后，这种压抑有的时候也会以另外一种形态“复发”。从这个意义上说，你们的这个“快乐星期三”，也是在铸造孩子的快乐人生。再说，学生需要学习课本知识，同时也需要学习课外与其生命成长有关的东西。如果顾此失彼，学生的健康成长就不可能实现。

绿色管理　服务师生

【万银巨】有人说优秀的管理是文化管理，我认为文化管理首先必须是绿色管理。绿色管理就是以人为本，依法治校的前提下，实施科学管理、民主管理、人文管理，以“绿色成长　达善人生”的办学理念全方位引领学校管理工作，使学校始终保持可持续发展潜力，以追求经济效益与环境效益最大化的一种管理思想和管理模式。通过绿色管理新模式的探索，集团将实现现代化学校管理的“三化”，即法制化、扁平化及信息化。《学校管理章程》、《学校五年发展规划》、《教研组建设意见》等一项项管理制度，既有顶层架构，又有自下而上，让每一位东风人成为学校管理的主人翁，让绿色教育的理念渗透到集团工作的每一个环节。

【陶继新】管理的要义之一，就是要把人当成人。心中有人的时候，就要考虑人如何有尊严地活着，如何积极地工作，如何幸福地生活，如何更好地发展。尊严强调的是人格的平等，领导不能以权压人，而是平等待人。积极工作不是被动的，而应是主动的。管理，就要思考如何才能让教师积极主动地工作。幸福更多折射在心理层面，要想让教师幸福，就要让他们快乐，而且是持久的快乐。当然，还要有另外一个因素，那就是高尚。快乐与高尚“联姻”后，才能形成真正意义上的幸福。发展才是硬道理，每一个教师都有发展的潜力，关键是如何让这种潜能有效地开发出来，甚至形成一种内在的需求。这样，管理就有了“人”的味道，也就有了民主与科学。

【万银巨】在绿色管理中，一切以服务师生、成长师生为要务，当然在服务过程中，积极建设好行政团队尤为重要。因此，在行政的绿色管理中，积极实施“我的工作笔记”制、行政会议制、管理工作轨迹制、行政联系级段制等一些管理措施来架起绿色沟通的桥梁，来提高管理的效能。如行政会议制，每周五的校长办公会由总校长召集，小结前期工作，分析管理得失，决策相关事项，部署下期工作。每周一的校区行政会，由校区校长召集；每月一次的集团行政会，组织中心组学习、读书推介、外出学习行政精彩分享、分校区分行政线工作交流，以及近阶段的管理发现，包括管理中存在的问题和改进策略，还有下阶段工作部署等，让我们的行政团队更有凝聚力、战斗力。

【陶继新】这其实就是制度文化，而不只是制度。如果只有制度，而没有执行力，特别是没有内化到大家的心里，形不成一种自觉的行动，则还不能称之为制度文化。制度文化不但有制度，更有大家依制度而行的高度自觉。在实施制度的过程中，人人会受到制度的约束，可是，却又甘愿受其约束，因为这时候的约束已经形成习惯，有的还会对制度心存敬畏，或以执行制度为乐事。学校文化建设除了物质文化与精神文化建设外，就是制度文化建设。制度文化对物质文化与精神文化有时可以起到约束与规范的作用，它是整个文化体系中的一个重要内容。

【万银巨】在教师团队建设中，以教研组、年级组为抓手，开展和谐幸福建设。首先抓好教师的健康幸福指数，积极创设机会，努力提高教师的健康指数，学校专门制定了《教师健康工程实施方案》。去年组织全体教师去杭州的空军疗养院进行相对高规格的体检，今年又根据《教师体质达标测试方案》对全体教师分年龄段进行了健康体质测试，并给予一定“锻炼奖”。在平时的工作中，学校也常把“健康第一”的思想落实到教职工的管理中。

【陶继新】“健康第一”太对了！那种对教师礼赞的“春蚕到死丝方尽，蜡炬成灰泪始干”的精神固然可贵，可是，如果是以牺牲教师健康为代价的教育，真的是弊端很多。有了健康，才有了幸福的可能，也才有了对教育做出更大贡献的可能。况且，我们应当敬畏生命。我现在担任《创新教育》执行主编，对编辑们经常说的一句话就是：“你们在这里工作几年或者更长时间之后，我最希望看到的是你们的身体比以前更健康了。”您知道吗？如果我在济南，如果不是暴风骤雨，我每周一定带领编辑们去山里锻炼一个来小时。看起来耽误了一些工作的时间，可是，当编辑们身体健康之后，工作效率高了，心情愉悦了，我这个当执行主编的不也就幸福了吗？我们的工作做得不就更好了吗？

【万银巨】在教师的管理建设中，还要抓好和谐的团队建设，学校制定了《级段活动及活动经费的管理意见》。每个年级组都有一定活动经费，让他们自主组织活动，可以是小型比赛活动，可以是读书沙龙类的活动，也可以是娱乐活动、休闲活动等等。出发点就是在繁忙的工作之余，适当调节，还可增强年级组内教师间的团结凝聚，要是有点小误会也会在集体活动中得到消除。

教师的管理建设中，最后才是专业知识能力的提升。当然这又有很多有效的策略，包括高端的、校本的、自主的等等。

【陶继新】和谐是学校发展的内在能量，也是教师幸福的必备品质。可是，人与人在一起的时候，有时也发生这样那样不愉快的摩擦，以至产生比较大的矛盾。破解这些矛盾的方法非止一端，而开展有益的活动，无疑是一种好的方法。一些学校教师之所以名师辈出，一个关键性的因素就是教师之间和谐团结。因为在和谐状态下的教师，彼此不是“成人之恶”，而是“成人之美”；不是阻碍他人发展，而是帮助别人发展。当你帮助别人发展的时候，别人也会帮助你发展。于是，和谐也就有了更大的能量，教师也就有了更多的成果，也就有了更多的名师，学校也就发展起来了。

【万银巨】在学生的绿色管理与助力成长中，学校主要是依托《东风学子成才规划》为每一个学生搭建绿色成长的舞台。《成才规划》从“学生成长”层面进行主题化、系列化、活动化的规划，涵盖“德育主题、学科主题、综合性主题”三大主题活动，强调“全面参与、全程参与”，即引导更多学生参与到活动中来，引导学生根据自己的兴趣爱好、个性特长有选择地参与活动，引导学生在活动中体验，在活动中成长。每学期初会对常规的《成才规划》进行“自上而下、自下而上”地适当完善，各项活动提前制订活动方案，且有切实落实的活动过程，有及时的评价反馈小结。

一学期以来，《东风学子成才规划》催生了一大批“绿色成长”的东风学子，在读书、写作、绘画、歌唱、舞蹈、科技等各个学习领域，涌现出了更多、更闪亮的东风学子。

【陶继新】学生的爱好与特长各有不同，这种多元智能如果得到有效的开发，就会呈现出一个异彩纷呈的奇观。你们的《规划方案》的制定与实施，则为不同学生发展搭建了舞台。当学生在其爱好的平台上施展才华，并不断发展的时候，就会为自己积淀下自信的心理，而这种自信，又成为继续发展的一种内在推动力。而且，它还会向外扩展，即有了这一方面的成绩及其自信后，在学习其他方面东西的时候，也会生成积极的能量。所以，你们学校的学生成长会越来越好，优秀学子也会越来越多。

绿色评价　立足多元

【万银巨】我校积极探索学生个性化评价的改革，取消“三好生”评比，实施个性化评价——“闪亮星”的评比，给每个学生搭建成功的舞台，促进学生绿色成长，个性发展。“闪亮星”是指在某一方面或某几方面具有发展特质的学生。它刻画和标识的并不是达到某一标准、某一水平的结果，而是一种发展的趋势、发展的行为倾向、发展的志趣和可能会在某一方面有较好发展的潜质。因此，可以说“闪亮星”的评比主旨在于给每个学生的不同发展领域一种肯定、一种期望、一种激励与导向。

【陶继新】发展性评价是一种积极促进学生持续发展的个性化评价，它会促进不同类型学生都能得到不同程度的发展。学生不同，其发展起点也不一样；某些学生在这方面优秀，在另一些方面则不一定优秀。不是看其起点如何，也不是观其在某些方面是不是优秀，而是观其在原有起点上的发展度，以及可持续发展的质量。这种评价的结果，让学生在发展中感受到了自己的进步，也对未来的发展充满了信心，也就有了持续不断的动力。

【万银巨】“闪亮星”评价是立足多元，关注全面、全体、全程的一种评价方式。学校从学生日常行为习惯、道德品格、个性倾向、学习状况、专长发展等方面入手，按照“德育类”“个性类”分成18项，给奖卡统一冠名。

学校统一设立的奖项有德育类包括爱心奖、文明奖、好习惯奖、进步奖、孝敬奖、小蜜蜂奖、小助手奖、绿色奖、节约奖。个性类包括冰心奖、华罗庚奖、英语奖、电脑奖、爱迪生奖、健儿奖、徐悲鸿奖、王羲之奖、聂耳奖。

持激励性、全员性和过程生成性三项原则，统一设立红、绿、黄三种颜色的“闪亮星”操作卡。红卡代表有资格评选德育类奖项，绿卡代表有资格评选其他学科类奖项，两张红（绿）卡即能换回一张“闪亮星”奖卡。黄卡为警示卡，表示学生行为严重违反校纪校规，在此期间不能得到其他任何奖卡，但根据学生的年龄特征，可以通过做好事取消该警示卡。

期末，学生根据积累的荣誉卡数量，向学校申请“达善奖”“钻石奖”“金星奖”“银星奖”与“新星奖”。

【陶继新】这种评价不是个别学生得到了奖励，而是绝大多数学生得到了鼓励。而个别学生得到奖励的时候，尽管他们非常高兴，可是大多数同学在“徒有羡鱼情”的同时，却不同程度地受到了心理打击。孩子的心理是比较脆弱的，有的学生有可能因此而对未来失去信心，如果再得不到有效的疏导，很有可能造成不思进取的心理，甚至由此破罐子破摔，学习成绩每况愈下，心理也会渐趋暗淡。你们的评价则不然，几乎每个学生都可以在某个领域里取得奖励，也都可以生成自信心。这样，便激发了他们不断进取的能动性。评价的目的，不是打击落后，也不只是表彰先进；而是促进所有学生更好更快地成长。而你们的评价，则达到了这一目的。

绿色文化　成德达材

【万银巨】陶老师：我想我们谈话从理念开始，就到校训结束吧。

“成德达材”校训的建构。校训是学校精神风貌的象征，是学校办学育人的追求，也是学校校园文化个性的鲜明标识。它往往给师生传统的熏陶，品位的传递，奋斗的激励，甚至一生的影响。为此，去年学校以我校毕业生蒋梦麟先生在我校建校40周年时的赠言“成德达材”作为新的校训。

“成德”，就是成就理想人格，以求达善成德；“达材”，意为使之通达、成材，即成为社会有用之才。“成德”与“达材”，二者相辅相成，互为促进。“成德达材”与“绿色成长，达善人生”的办学理念一脉相承，既蕴含和传承着中华民族优秀传统文化中最精髓的内核，又体现了当今时代对于人才的要求。

学校将以“成德达材”为主旨，融汇整合，提升学校绿色文化品位；以课程改革为契机，发展和创新有学校特色的教学体系；建设学习型团队，合作互助，在校本研究中加速教师的专业化发展；以德治校，依法治校，优化以人为本的学校管理机制，促进学校持续优质发展。

【陶继新】蒋先生是中国新教育的倡导者之一，是北京大学校史上任职时间最长的校长，是北大的骄傲，也是你们学校的自豪。他的赠言“成德达材”成了你们学校的校训，也成了你们学校的一种精神符号。当年孔子的教育，就特别重视德育。他的教学总纲只有十二个字：“志于道，据于德，依于仁，游于艺。”前九个字，都与人格生成有关；后三个字，也不是与做人毫无关系。孔子的这种教育，迄今有着很强的现实意义。如果有才而无德，非但不会对社会做出贡献，甚至有可能成为社会的“害群之马”。但仅有德还是不够的，还要成才，这样，才能对社会做出更大的贡献。况且，成德与达才也是互相促进的。有了德，会有很强的社会责任感，会更加努力去学习更多有用的东西，让自己更加有才，而且会有持久的学习动力。如果再有了才，就会去做有益于人民与社会的事情，所谓德才兼备是也。

【万银巨】我认为，一所学校只有真正走内涵式发展的道路，从拥有自己的先进教育理念开始，以至建设有优质的学校课程，构建有优秀的学校文化，才会达到“无为而和谐”的境界，才能成为品牌学校，这样的教育才是人民满意的教育。

【陶继新】您所说的内容，都属于形成品牌学校的必备要素。可贵的是，这些东西，更多不是从别的地方“拿来”的，而是您与老师们，以及学生、家长一起创造出来的，它有着自己的个性。也正是因为如此，才有了更强的生命力，学校才有了更好发展的潜在力量。

［原载于《基础教育论坛》（小学版）第 3 期；作者：陶继新、万银巨。］

承载历史担当　塑造名校品牌

——在爱与创新中行进的镇江市外国语学校

［潘晓芙校长简介］

潘晓芙，江苏省镇江市外国语（国际）学校校长兼市教育局副局长。江苏省化学特级教师，省首批“人民教育家培养工程”培养对象。主持《合作学习背景下课堂文化重构的研究》等省规划课题四项，多篇论文在省级以上刊物发表，每年应邀在国家、省、市级举办的化学骨干教师和骨干校长研修班开设专题讲座。曾获全国教育系统先进个人、全国“五一”巾帼标兵、江苏省劳动模范、江苏省中青年科学技术带头人、镇江市人民奖章等荣誉称号。

编者按：镇江市外国语学校坐落在中国历史文化名城镇江市中心区域，占地70余亩。现有初、高中教学班58个，学生2400多人，教职工250多人。学校秉持“培养三年，服务一生”的办学理念，尊崇“热爱、尊重、责任、创新、发展”核心价值，倡行“爱就开心”（Education的谐音）教育主张，在立德树人、课堂改革和国际教育等方面不断创新发展，形成了“五自教育”、“合作学习”、“URP课程”等特色。校园内充溢着“爱就开心”的文化力量，学生在爱的滋润下快乐成长，教师在爱的奉献中愉悦发展，学校在爱的传承中演绎精彩，成为镇江基础教育领域中具有改革与创新先锋作用的优质品牌学校。

一桩桩理论与实践的探索，一件件创新事例的展现，加剧着我们的感叹和思考。

而陶继新先生在对话中的精彩贯穿全文，他用画龙点睛之术，把深层的宝藏，一锨锨挖出，呈现出精辟之见、高峰之作，闪烁着大师敏锐的眼光和独特的见地。每句话、每个词无不弹拨着我们的心弦，拍击着我们的激情。

战略重构　合作学习

【潘晓芙】新课程以后，我们重新审视我们的课堂，发现弊端很多，如教师的课堂霸权、学生被动学习等等，感到非改不可。

【陶继新】传统的课堂教学弊端之多，不少人知道，可是，能够大胆进行改革者并不太多。你们在发现弊端之后，大胆改革，这其中则有了一个教育者的良知，以及一种改革的勇气。

【潘晓芙】回顾改革的历程，真是一路风雨，当然也更有阳光。

2004年9月，实施“3＋w”教学模式。

2005年9月，全面实施小班化教学。

2006年9月，实施素质教育校本课程。

2006年9月，开始合作学习课堂教学模式改革，2007年9月全面推行。

2009年9月，通过中央教科所课题《学习优势教育》的引入来提升合作课堂的品质。今年我们的省级课题也结题了。

【陶继新】五年的探索，自然会有艰辛，也会有困惑，可是，这从来没有阻挡住你们改革行进的脚步，而且，还取得了丰硕的成果。其实，要想做一件有意义的事情，大都不是一帆风顺的；关键是在遭遇困境的时候，有一种什么样的境界。你们是为了让课堂变得更具生命活力与生气，是为了让学生在课堂上享受到学习的快乐，所以，你们排除了困难，增强了信心，从而让学生感受到新课堂的新气象。

【潘晓芙】谢谢陶老师的鼓励。记得是在2006年的10月份，我从山东杜郎口中学观摩回来，连续几天心情都无法平静。杜郎口中学的生动课堂和学生主动学习的场景，促使我认真审视了我校实施“素质教育”的现状，迫使我再次思考学校的人才培养模式，关注的目光渐渐从兴趣小组、社团活动转到了日常课堂状态上，从教学方法的“操作性”视角转到了课堂文化的“战略性”重构上。

【陶继新】杜郎口中学课堂改革的一个大的亮点就是让学生成了课堂的主人。而传统的课堂教学，学生的学习是被动的，甚至是处于奴隶地位的。当学生没有了主动积极的学习状态的时候，即使老师讲得天花乱坠，学习的效率也是不会太高的。你们的可贵之处在于，不但进行了大刀阔斧的课堂教学改革，还向更深更广的层面挺进，进行了课堂文化的“战略性”重构。

【潘晓芙】这也是一个认识不断深入的过程。2006 年 11 月 28 日，我在全体教师会议上作了《推进合作学习，构建高效课堂》的动员报告，提出了“借鉴‘后六’、探寻‘蠡中’、研究‘杜郎口’”的口号。从对课堂生态环境的整体构思，到“合作学习”课堂教学环节的整体设置，提出了“四声”、“四于”、“八环节”的“合作学习”课堂改革一整套方案。我知道，建构的初期“乱花渐欲迷人眼”，兄弟学校成功的经验能否让我们“上得像”，“像”合作学习的课堂，老师们心中无数，我也心中无底。但我心里清楚，“困惑”也好，“忐忑”也罢，“临帖”是必经阶段。

【陶继新】虽然说“他山之石，可以攻玉”，可是，如果原样照搬，往往不能取得理想的效果。因为每个学校都有其自身的特点，如果离开了本校实际，借鉴就有可能出现尼采所说的“甲之经验，乙之砒霜”的后果。你们学多家经验，且不只学其形式，更多是研究其内在的规则，尤其是结合本校教育教学现状进行了深入的研究与探索。你们不但有热情，也有理性的分析与科学的思考。所以，尽管也遇到了一些问题，可是，改革伊始，就已显见了走向成功的端倪。

【潘晓芙】是的。学习，只是借鉴而已，更多是需要创设属于自己的课堂、适合自己的课堂，否则就是东施效颦了。两年后，我请了我的老朋友、上海的郑杰校长来校指导。当他问我合作学习是目的还是手段时，我未加思索地回答是手段。可郑杰校长说，合作学习不仅是手段，还是目的。他认为合作的意义不仅是学习上的互相帮助、共享共赢，更重要的是个性的张扬互补和人格上的相互影响及共同发展。我当时有一种醍醐灌顶的感觉。目的明确，不在乎路途的遥远与崎岖，我们的“合作学习”很快进入了一个从课堂向课外拓展，由课堂教学向学校教育延伸的新阶段。2009 年 4 月，全国教育学会高中专业委员会理事长王本中先生来我校视察，对我们的课堂改革给予了“很少见、效果好，有创新”的评价。

【陶继新】郑杰也是我的好朋友，在 2006 年 6 月 19 日《现代教育导报》上，我对他作了一个整版的报道。他对合作学习的诠释很有道理。合作学习对于学生的成长来说，所起的作用之大是一般没有进入这个状态的人很难想到的。合作不只在课堂上，还在课堂外；不只在校内，还在校外；不但作用于当下，还会受益于未来。当下一些人善于单打独斗，也取得了一些成果；可是，当今世界是一个合作共赢的世界。一个不会合作的人，即使有再大的能量，也有可能被具有凝聚力的团队击败。更重要的是，合作还是一种品质，彰显出一种人格。而合作精神的形成，不是长大成人之后自然形成的；而应当始于学生时代，很多是在课堂中逐渐生成的。从这个意义上说，合作学习还有指向未来的意义。

【潘晓芙】您说得太精辟了。合作是课堂模式，也是课程理念，更是一种思想和文化。所以，随着“合作学习”的深入推进，我开始思考如何关注合作小组内异质群体中的不同个体。2009 年 5 月，我带着校长团队，前往北师大心理学院，聆听了刘儒德教授领衔的“学习优势教育”的研究内容和方案。刘教授提出的“合作学习要关注个体的认知风格”的观点让我眼前一亮，于是“学习优势教育”理念和“支架式”教学便融入了我们的合作学习课堂。

【陶继新】每个学生都是独一无二的，其认知风格自然也各不相同，所以，合作学习不是为了合作而消减其不同性，而是在合作共进中，让不同学生的优势发展得更好。这并不是说不关注学生的劣势了，有的时候，还要让其劣势变成优势。比如我本人吧，从小不善言谈，见了生人一说话就脸红；可是，现在见了任何人都会感到非常自然了，而且在全国讲了 600 多场报告，甚至一讲课就会生成一种幸福感。由此可见，不能从表面上断定学生在哪些方面有优势，在哪些方面是劣势。学生年龄尚小，发展的空间非常大，为此，要研究内蕴在其中的潜质，并有效地发展其潜质。比如郎朗，他生而就有音乐天赋，他的父亲对他的这种天赋进行了积极的开发，才有了今天的郎朗。其实，我们学生中就有郎朗，也有刘翔，也有莫言，只要有效地开发，很多学生就有可能还给大人一个又一个巨大的惊喜。

【潘晓芙】加德纳的多元智能理论还没能成为我们的自觉，有人说，是“大气候”，那么我们就开始营造我们的“小气候”，这或许就叫责任吧。在接下来的两年时间里，我们围绕“合作学习”教学改革，先后开设校内研究课近400节，向外校教师开放课堂200多节，向家长开放课堂近400节，教师网上评课近2000节，全校的课堂教学呈现出令人欣喜的勃勃生机。“自主学习、小组合作、交流展示、小结质疑”成为课堂教学的必要环节；“倾听无声、讨论轻声、发言大声、质疑有声”成为学生课堂中的普遍表现；“善于交流，乐于合作，勇于表达，敢于质疑”成为教师课堂教学三维目标落实的着力点，学生学习的主动性、生动性、创造性和生成性得到有效提升。市教科所徐明所长曾不止一次地说过：“你走在镇江市属高中的校园里，面带微笑，主动跟你打招呼的，或是在课堂上，自主自信、大声发言、勇于质疑的，大多是来自镇外的学生!”

【陶继新】你们对于合作学习的研究真好啊！合作学习，并不是任何时候都要热热闹闹，而当有人发言的时候则应当认真倾听，这不但是对发言者的尊重，也是在思考我该如何回应，对我有什么启发。再比如质疑，这是一个人学有所进的必备素质。学贵有疑，怎样才能有疑？首先要有敢于质疑的品质，甚至敢于向权威挑战的精神；其次，要质疑有理，有品位，而不是故弄玄虚；再次，在合作学习中的质疑，还要有礼貌，有分寸，不是以声压人，而是以充分的说理特别是以人品服人。再如交流展示，要人人都有机会，尤其要关注那些学习成绩不好的学生，尽可能地给他们展示的机会，因为每一次成功的展示，都会给人增添自信心。一些学生之所以学习成绩不佳，原因是多方面的，而树立起学习的自信心，是其学习进步的一个核心要素。

【潘晓芙】就是呀。所以，每当我们回顾这段历程的时候，总是唏嘘不已，它承载了我们对于课堂的梦想，这何尝不是承载了我们的教育梦想呢！回望我们六年来课堂教学改革的历程，“借鉴‘后六’、探寻‘蠡中’、研究‘杜郎口’”是“临帖”阶段的豪迈宣言；“合作学习不仅是手段，也是目的”，这是我们“脱贴”阶段的新认识；而“合作学习更需关注个体的认知风格”成为我们“创贴”阶段的理论基础。这三句话，如同三个标杆，见证了我们课堂模式创新的每一个里程。

【陶继新】合作学习还有一种责任，它既反映了您这个校长为学生成长大胆改革的担当意识，也让学生有了一定的责任感。因为这种课堂是以小组为单位组合而成的，评价的时候也多是捆绑式评价，回答好同一个问题时学优生没有学困生的分高，所以，每个小组都希望学困生能够回答好问题。为了为小组争光，学优生就自觉自愿地帮助学困生，学困生则主动地急起直追，努力向上。这种集体荣誉感几乎在每一节课上都会出现。久而久之，也就在所有学生中生成了一种责任意识。当下是为小组而尽力，未来则会为更大的集体甚至是国家争光。看来，合作学习也是在悄无声息地锻造着学生的精神品质啊！

【潘晓芙】是的。正是基于这样的认识，我们下一步将在合作学习的特色上加以凝练，要最后形成属于我们自己的课堂文化景观。我们也申报了教育部相关课题，也希望陶老师予以更多指点。

【陶继新】你们的合作学习等探索，不但让课堂拥有了生机，也让师生从课堂上体验到教与学的幸福感，不只是一般意义上的课堂教学改革，而是已经形成了一种独具特色的课堂文化。

德育创新　五自之星

【潘晓芙】陶老师，我们再谈谈我校德育创新，好吗？我先来简要回顾一下探索的经历。

2003年9月，提出德育总目标：做高素质的“镇外”人。

2004年4月，提出“四自”德育具体目标及考核方案，“四自”即交往自信、学习自主、生活自理、行为自律，并用“四自之星”取代了三好生的评定。

2008年11月，提出“五自”自塑式德育目标，“五自”即健体自觉、学习自主、交往自信、生活自理、行为自律。

2010年7月，编写“五自”自塑式德育校本教材。

2013年1月，我们又提出“五自教育”的概念，并开始构建“五自教育”的课程体系。

【陶继新】好啊！相信你们在学校德育方面的探索也一定是很有意义的。目前，德育几乎成了一些学校难解的一个“方程”，假大空是其最为突出的特点。教师“一厢情愿”，也让“被”教育者——学生感到枯燥乏味。而你们提出的“五自教育”，则让我眼前一亮，学生的由“被”转“自”，反映了您这个校长的一个新的理念：在学校里，学生不但是受教育者，也可以成为自己教育自己者，甚至可以是学校管理中的一支力量。其实，学生都有着自我成长的心理需求，也有着自我教育的能力，只不过很多时候，教师错误地认为他们没有这种要求，也不可能自我教育，在有意无意间扼杀了这种能力，久而久之，让学生原有的自我教育能力处于沉睡状态了。当“五自教育”真正落到实处的时候，老师们才会发现，学生的自我教育能力，远远超出了他们的想象。更重要的是，学生在自我教育中，提升了自信，拥有了自我发展的内在动力。这些，不但会为学校德育点燃了一束亮光，也为学生未来的发展积蓄了一笔生命财富。

【潘晓芙】德育，也要有抓手，抓手要准，要与学校培养目标相一致。每一届，都在起始年级七年级时，在军训期间进行政训，主要内容是《“五自”课程标准》，让学生从内容上初步理解“五自”课程的基本内容，为转化成自我认识和自觉实践打下基础。开学后，班主任针对“五自”课程细则，结合班级实际情况，不断解说具体要求，并通过各种途径贯彻执行，比较突出的方法有：利用晨会进行“五自”的专题教育，利用夕会小结每天“五自”得分情况，每月考评“五自”达标情况，期末组织评选“五自之星”。

【陶继新】要想“行”，就要“知”，而且要内化到心里，你们的“五自”课程则对学生进行了有效的内化。当学生对“五自”内容有了比较深入的了解，有了心理认同之后，就有了自觉行动的可能。看来，课程也是一种文化，因为文化的要义之一，就是以文化人，通过文化来改变人，即通过课程来改变学生的看法，尤其是改变其生命的状态。世界上很多有影响力的企业，都特别关注对新的员工进行企业文化的学习，也是这个道理。当这些新员工认可了这种文化之后，才能有效地融入企业之中，再有了技术水平的时候，就有可能走进优质员工的殿堂。你们不也是为学生走向优秀而进行精神文化传播吗？

【潘晓芙】是的。很多地方的德育总是在外化上做文章，恰恰忽视了德育的根本是一种品德的内化。所以，我们推进德育课程的实施，发展学生的综合素质，为学生的终身发展服务。现已形成三大德育课程体系，一是由《“五自德育”课程标准》、《“五自德育”规范100条》、《“五自德育”班会实施策略》等构成的认知性德育课程体系；二是由“艺术节”、“科技节”、“校园嘉年华”、“入校课程”等活动构成的活动性课程体系；三是由创新型学校文化为主的隐形课程体系。

【陶继新】你们的德育课程体系真丰富啊！它几乎让学生在学校里很多时段与地方都可以接受优质的德育课程。德育有显性的，也有隐性的，在不少时候，是以“随风潜入夜，润物细无声”的方式走进学生的心田中的。所以，德育课程的构建，就要研究学生喜欢什么样的课程，研究德育课程如何更加有效。不特别关注学生的生命成长，你们是不可能如此匠心独运地构建这三大课程体系的。

【潘晓芙】或许是使命使然吧。我们的“五自教育”是以学生身心健康发展为出发点和归宿，使学生通过自身的独立思考、自主选择和参与体验，形成良好的道德能力和正确的价值判断，这是一种“重在体悟”、“知行合一”的“自塑性”德育模式。

【陶继新】一个有良知与使命感的校长，就会在关注学生更好学习的时候，同时关注学生的身心健康，不然，就不可能让学生成为真正意义上的有用人才。不过，如果没有对学生成长的研究，没有教育的智慧，也是不可能构建成这种德育模式的。

【潘晓芙】谢谢陶老师的鼓励。近四年，在“五自德育”课程体系影响下，学生综合素质发展成效显著，在市级以上科技类、英语类、体育类、艺术类、征文类等各类活动及大赛中有1000多人次获奖，其中省级以上获奖近300人次。董思超、曹宇飞等同学面向社会开办个人钢琴演奏会，还有更多同学开办个人书画展，中央电视台“希望之星”英语风采大赛我校选手历届获奖人次和级别在全省领先。学校教育品牌的社会美誉度不断提高。

【陶继新】取得如此丰硕的成果，与学校领导与教师的重视有关，同时，也与学生心灵的开放与主动积极是分不开的。只有在这种状态下，学生才能八仙过海，各显神通。学生取得这些成绩且受到激励后，又会在他们的心里积淀下更加主动向上的生命能量，进而取得更好的成绩。同时，这种积极的心理还会不断地迁移，从而让学生在其他方面也取得较好的成绩。因为任何学习，如果没有积极心理做奠基，都是不可能取得理想效果的。而且，小学阶段的优质心理，还会在其未来的生命年轮中留下美好的回忆，并转化为一种优质的心理与积极的品质。

【潘晓芙】所以我们越来越发现，德育与教学本来就是一体，陶老师，您一定发现了，我们的课堂是自主的、我们的德育也是自塑的；总之，两者都是借助孩子们真实的、深切地体验。所以，我们才有了将两者统一起来，从“五自德育”向“五自教育”迈进的想法。

【陶继新】德育与教学既是一体的，也是相互促进的。自主课堂不但会让学生增强自主学习的积极性，而且在学校实施德育的过程中，也会更好地形成自塑品质；而德育的自塑，则有可能构建学生道德的自觉，并形成一种积极学习的内在品质。

全员培训　发展教师

【潘晓芙】无论是教学，还是德育，都依赖于教师的发展。从教育社会学的角度看，教师在学校组织中的地位可分为核心层、中层、外层或边缘这三个层面，而生活在外层或边缘的教师有可能在教学技术、教学结果、个人特质等方面有所缺失，因此一个教师掉队就一定会影响一群学生进步，一个教师停步就一定会带来一群学生的停步。所以，为了每一位学生，“不让一个教师停步”、“从最弱的一名教师抓起”的理念由此而生。

【陶继新】不管如何进行教学改革，教师的作用都是不可或缺的。一个品德高尚与水平高超的教师，大都能培养出一批德才兼备的学生。可是，每个学校的教师都不可能个个达到这种水平，正像每个班级的学生也不可能个个都特别优秀一样。我们说不让每一个孩子掉队，那么，我们也不应当让一个教师停步。“从最弱的一名教师抓起”的理念很新，也很有意义，因为最弱的教师影响到的是一批学生，如果不能由弱转强，真正受害的还是学生。当然，这样的教师真正发展起来 ，是需要下点大功夫的。但为了学生更好地成长，你们不知做了多少工作，真是“衣带渐宽终不悔”啊！

【潘晓芙】是啊。2006 年 8 月，我千方百计实现了带领全校教师到北师大进行全员培训的心愿，十多位著名教育专家在北师大英东会堂单独为我校教师授课，开创了“小小学校享受高端培训”的先河。从此，每年暑假的“全员培训”成了我校全体教师的一道精神大餐。2009 年 8 月，我校全体教职工齐聚昆山接受第二轮培训。每次培训前，我都不厌其烦地和每一位专家通话，客观地介绍我校教师的基础和现状，认真地表达教师的困惑和需求，使培训内容仿佛是为老师们“量身定做”。2012 年，山东潍坊，又一次震撼……

【陶继新】好的培训对于教师来说是真正的精神福利，因为有品位与水平的专家之讲，不但会讲教师必需的理论知识，也会讲其独特的生命感悟，从而给教师生命的提醒。教师在发展中，也会有倦怠的时候，也会有迷惘的时候，这就需要教育大家激活其生命的能量，指点迷津，让其步入正途，从而更好地发展起来。同时，有的时候，真正的大家，其本身就是一本生命之书，其言其思其行，都会给教师以积极的影响。不过，现在的培训太多，也出现了鱼龙混杂、泥沙俱下的令人担忧的现象；所以，还是要像您这样，研究教师需要什么样的培训，也研究专家是不是能够提供必需的精神营养。唯有如此，才能提升培训的品质。

【潘晓芙】培训也是一种文化、一种课程文化。除暑期全员培训外，“相约星期三”是我校全员培训的又一有效载体。每周三下午 4:30，全体教师齐聚报告厅，或听“微讲座”，或参与“半结构式论坛”，或“观课研课”。“相约星期三”以既贴近教师教学实践又具有理论引领高度的主题使全体教师受益颇丰，至今已举办 40 期。

【陶继新】这样的讲座，未必一定有专家参加，可是，却因其源于教育教学实践，多能解决一些实际问题。而教师的发展，恰恰离不开这种“草根式”培训，它不但可以即时地解决一些教育教学中的问题，也给教师们一个自我展示的舞台。学生展示会更加自信，更加努力，教师亦然。教师的自觉与自信，恰恰是其不断发展的内在动力。

【潘晓芙】的确是这个道理，经过几年的摸索，我们在培训课程上越做越成熟，而今，以学校为基地，以课程改革为平台，以教师专业发展为目标的全员培训体系基本形成。2010 年，镇外“教师发展中心”成立，全力推行教师专业发展的“五共”策略：“共读”——站在大师的肩膀上前行；“共写”——站在思考的肩膀上攀升；“共听”——站在专家的肩膀上提高；“共研”——站在问题的肩膀上发展；“共享”——站在集体的肩膀上飞翔。在此平台上，教师们成长着、发展着、快乐着。一大批青年教师崭露头角，教师群体的专业能力和学术品质明显提升。

【陶继新】这个“五共”太好了！读书无疑是提升教师水平的必行之事，可是，并不是说读书就一定会发展，比如读了品位不高的书，则不可能起到好的作用。可是，读大师的书则不然，因为大师的作品中，不但摇曳着智慧的光华，也流泻着思想的要义。读得多了，教师的思想品位与文化水平都会有所提升。教师不但要会讲，还应当会写，尤其是语文教师。如何提高写作水平呢？除了多读多思多研外，还要多写，不然，就不能进入熟能生巧的境界。“共听”“共研”“共享”同样是可以让教师不断成长的有效之法。教师的发展，必然带来学生的更好成长。

爱心教育　情怀行动

【潘晓芙】所以我们确立了“热爱、尊重、责任、创新、发展”作为我们的核心价值观，尤其是“热爱”上，热爱事业、热爱学生、热爱同事。关于爱的教育，陶老师您有什么要指教的？

【陶继新】爱是教育的灵魂，没有爱，就没有教育。一个真正爱学生的教师，即使水平不是太高，可是，他会为了学生积极进取，逐渐提升教育教学水平；而且，爱学生的教师，学生也会爱他们。师生之间由此构建而成的和谐的师生关系，则是学校发展的最大的生产力。

【潘晓芙】是的。我们觉得学校的爱的教育有一个准则，就是教会学生去爱。我们都会举办校园“爱心嘉年华”活动，目前已举行了三届。当天，全校停课，全体师生都投入到活动中去。师生捐献物品，分为“作品缤纷秀、美食一条街、大学山超市、文艺大舞台和教师爱心专柜”，在校园里销售各种日用品、学习用具和各种美食；销售所得，全部捐献，作为爱心活动的基金，三届共捐献了 36 651 元人民币。

【陶继新】“教会学生去爱”意义重大！现在的独生子女多是在被爱包围中长大的，对于何以爱人，则相对想得不多，做得也不多。可是，一个不爱他人不爱社会的学生，长大成人后，不管其知识多么丰富，都不是一个完整的人，更不是一个高品位的人。你们举办的“爱心嘉年华”活动，则引导学生乐此不疲地走进了爱的行动之中。他们在活动中，体验到了爱的美好与幸福，并会在心里积淀成一种美好的品质。爱人者，人恒爱之，这是一个不变的规律。所以，在付出爱的时候，不是失去了什么东西，而是收获了精神财富。当更多的人都在付出爱并收获精神财富的时候，社会不就变得更加美好了吗？

【潘晓芙】2010 年 12 月，有一个“97 个麻袋的故事”。陈嘉欣、汤婕、殷雅迪三位同学发动全校同学捐献了总计一吨半的衣物，整整 97 个大麻袋，自己又筹措了 3000 多元的运费，把衣物送抵甘肃贫困学校。其实像这样的“学会爱”的故事每天都在校园里温暖地发生着。

【陶继新】何止于“学会爱”？已经是“自觉爱”了！前几天到你们学校采访的时候，老师们谈起此事时都感慨不已。这些学生在做这些事情的时候，老师们起初并不知道，学生也没有宣传自己做了什么好人好事，而是自觉主动地去做。况且，其中遇到很多困难，他们都一一克服了。他们用行动谱写了一曲爱的赞歌，也让学校有了更大的美誉度。

【潘晓芙】呵呵。教育是在感动中完成自己的使命的。我们也把爱的教育当做课程来做。我们称之为“杜鹃花行动”。项目口号有：“爱心杜鹃花，芬芳你我他”、“涓涓细流成海洋，颗颗爱心变希望”、“真情融冰雪，爱心创奇迹”、“世界因你而美丽，人间有你更温暖”等。项目的主题曲是《大爱》。我们还设立了以杜鹃花为背景的项目标志。项目行动有：“杜鹃花基金”行动；每年一届“爱心嘉年华”行动；“杜鹃花”青海玉树“手拉手”行动；其他爱心行动。几年来，我们总共捐献了多少钱物，已经无法统计，因为我们知道，爱心无价；我们更知道，这就是教育，是一首首关于生命和爱心的教育诗篇，我们在用行动诠释“大爱镇江”的情怀。“杜鹃花行动”作为我市教育系统15项爱心行动之一入选市“大爱镇江”行动项目。

【陶继新】令人感动，真是大爱无疆啊！为什么会出现这样一种景观呢？因为您这个做校长的就是一个充满爱心的人。有的教师说，当今社会，很少有像您这样爱得如此纯净的人了！你们的教师也多是有爱心的人，他们视学生为自己的孩子。所以，您的爱与教师的爱也就自然而然地融合在一起了。爱如雨水，会有声无声地滋养着校园里的孩子，让他们在爱的雨露中成长。孩子的爱又是那么纯洁与美好，反过来又感动了您与教师。于是，爱就无处不在，无时不在，而且生成一种巨大的发展能量，形成了属于你们“镇外”的爱的文化。

【潘晓芙】谢谢陶老师。老师们的爱和孩子们的爱一样，需要被激励与唤醒，师爱是智慧的爱、无怨无悔的爱；师爱不是溺爱、不是泛爱、不是错爱。教师可以不喜欢学生，但必须爱；喜欢是占有，爱是呵护。师爱包含惩戒；惩戒中更有师爱。师爱的最高境界是教会学生爱。师爱应如泰戈尔所言，“天空没有留下痕迹，但我已飞过”。师爱的常态表现应是平等。

【陶继新】教师爱学生，不求回报，只求他们更好地发展。但只有爱还不行，还要会爱。有的家长也爱孩子，但有的时候，孩子却感受不到爱。所以，爱还需要智慧。教师之爱，应当“道法自然”，出于心底。同时，还要会爱，爱学生而恨铁不成钢地打击学生就不会产生好的效果，爱学生而一意姑息也不会让学生更好地成长。关键是要让学生感受到这种爱，并在师爱中更好更快地成长。

胸怀祖国　放眼世界

【潘晓芙】回想起2008年初，面对“镇外”不断扩大的校园面积、不断丰硕的办学成果和不断提升的办学品质，我开始站在另一个高度和广度来思考学校的发展。在经济全球化的大背景下，我们所追求的学校发展，应该是在全球化时代的卓越发展，我们所追求的学生发展，也不仅仅是在中国，更应该面向世界舞台。如何让我们的学生胸怀祖国，放眼世界，具有在国际环境下交流、对话、充分发展的能力？如何让我们的学生从这里走向世界？于是，培养“国际性跨文化预备英才”，成为我校的育人新理念。

经过紧张的筹划和准备，镇江市国际学校落户在了我们“镇外”的校园里，2008年5月，在学校升旗广场上，我作了主题为“初夏，我们从这里出发！”的讲话，迎来了国际学校的第一届高中生。

【陶继新】邓小平所说的“面向世界”的内涵是相当丰富的，其中之一就是要培养我们学生的国际情结，为他们未来步入国际舞台而做好奠基性的工作。你们培养“国际性跨文化预备英才”的理念，很有高度，也很有必要。当然，有必要不一定有条件，你们已经具备了办好这样一所学校的条件。这对于“镇外”来说，当是一个新的挑战，也是一个机遇；对于您本人来说，则是一个新的征程，也是一个新的考验。不过，从您走过的历程来看，您不但可以经得住这个考验，而且还可以再次取得成功。因为“镇外”不是您一个人在起飞，而是有了一大批教师与学生与您共舞同行。事实上，你们在初战告捷后，每年都有了长足的发展，为“镇外”赢得了良好的社会效益，也为孩子走向世界奏响了一曲美妙的序曲。

【潘晓芙】谢谢陶老师的鼓励，其实没有一段路是平坦的，行走的意义在于不断有新的风景“柳暗花明”。五年来，我们走访了全国十几所具有外向型特征的名校，拜访了几十批从事国际教育的专家人士，出访了加拿大、马来西亚、美国、韩国、日本等国，拓展教育视野、借鉴教育模式、商谈合作途径。我们提出了“中外教育思想融通、中西文化元素融合、国内和海外升学并举、精品化和国际化发展共求”的思路，逐渐形成了自己的办学特色。

【陶继新】干好一件有意义的大事，不但需要理念与勇气，也需要广泛地学习，还需要因地制宜地提出有预见性的构想。这不但是一种负责任的态度，也是一种智慧的选择。因为你们面对的是此前没有做过的事情，而学生的高中成长时段是不可回复的。在某种程度来说，只能成功，不能失败。可以想见，您当时的压力会有多大。您的可贵之处在于，永远不被困难吓倒，永远不服输，永远都在创新中前进。当然，也总是可以收获成功的硕果。

【潘晓芙】有一个镜头至今难忘，2012 年 4 月 26 日晚，在美国纽约州立宾汉姆顿大学的小会议室内，一场热烈而隆重的欢送会正在进行。我校高中海外班陈楠和徐沐阳同学即兴站到麦克风前致答谢词，宾汉姆顿大学哈博文理学院院长向我校访问团 19 名学生一一颁发了“结业证书”，并授予我校周慰副校长为宾汉姆顿大学的“名誉教授”，双方互赠礼物，在依依不舍中话别。这是我们国际学校成立四年来，学生出国访问团人数最多、内容最丰富的一次活动。这次访美之行，标志着我们开辟的第 7 个国际合作通道——中美“3＋3”项目的正式启动。

【陶继新】有品位有品质就会有呈示，你们的访美之行，就是一次呈示的契机。它不但是你们师生高素质的一种展示，也为你们学校赢得了荣誉。冰冻三尺，非一日之寒也。之所以能有如此好的表现，与你们平时老师的教育与学生的努力是分不开的。有什么样的教育，有什么样的努力，就有什么样的人才；有什么样的人才，就有什么样的成果。你们所培养出来的德才兼备的学生，何止于在访美之中能有突出的表现，在其他地方，照样可以一展风采。

【潘晓芙】我们也这样坚信。至今，国际学校已有三届共 300 多名高中毕业生。人数虽然不多，但他们开阔的眼界和开放的胸怀，他们优异的综合素质和优秀的学业水平，以及他们已经或即将迈入国际和国内一流名校的令人欣喜的良好发展趋势，是我们四年来开创新教育、谋求新发展的独特印记。每每看着学生们明亮而自信的眼神，我坚信：他们将从这里走向世界！

【陶继新】学生人数确实不多，可是，质量高才是硬道理。他们不但学到了应学的知识，也拥有了走向世界的自信与能力。前些天采访老师们的时候，他们特别提到这些学生的独立自主意识和社会责任感，以及不求名不求利的一系列义举，让我感动不已。我想，这当是他们走向世界的第一本“护照”，而且还会因之而有更多的“护照”。

【潘晓芙】作为校长，我们研究的“问题域”应着重持续地回答“培养什么人”、“怎样培养人”和“办什么样的学校”、“怎样办学校”这些基本而核心的问题。特别是在社会转型和教育变革的关键时期，作为一名处于矛盾发展中的探索者，在对教育的基本问题、热点问题、难点问题的认真思考中，更加清晰了自己的认识和理解。作为现实教育中的校长，无论是办学过程中在培养目标、价值取向、功能定位、办学模式、发展方式上面临的选择，也无论是在质量与公平、竞争与规范、改革与风险、期盼与指责等问题上面临的困扰，还是在早已司空见惯了的升学成绩、资金短缺、生源竞争甚至是舆论质疑上面临的压力，都让校长步履沉重。一点困惑，望陶公指点一二。

【陶继新】有困惑是正常的，它说明您有一种永无止境的追求精神，因为您要走向一个又一个新的目标，开始的时候不明晰是自然的。回想以往，从“镇外”诞生到现在，您也遭遇到了一系列的问题，也有不少的困惑，不都在您与老师们的努力下一个个解决了吗？而且，解决问题的能力与心理也是不断变化的，能力是不断增强的，心理是越来越优化的，甚至在破解困难中享受到了心灵的愉悦。至于质疑之声，更是不必挂在心上，事实是最好的解释。我发现一个问题，就是你越是成就斐然，质疑声甚至反对声就越强，有的人不是“成人之美”，而是“成人之恶”。可是，千万不要介意，他们有他们的理由，我们完全是不以任何人为敌，而是与之为友。我有一句座右铭：“善待人，发展自身。”不管谁对我们有意见，有敌意，我们都要友善相待，所谓“四海之内，皆兄弟也”。但仅此还不够，还要发展，发展永远是硬道理。用发展回应质疑，回应攻击，更重要的是，用发展担当对学生更好更快成长的责任。

（完稿于2013年12月3日；作者：陶继新、潘晓芙。）

启迪生命智慧，追求教育真谛

——追求幸福教育的诸城市密州路学校

[**孙术法校长简介**]

孙术法，男，2004 年 9 月担任校长至今。在教育教学工作中，他求真务实，开拓创新，为学生、教师、学校的个性化发展倾尽心血，用自己的真诚投入和认真态度，诠释着一个教育工作者的本色。个人先后荣获“诸城市十佳青年教师”、“潍坊市教学能手”、“潍坊市教育先进工作者”、“山东省教育系统行风建设先进个人”等荣誉称号。带领学校先后荣获“全国创造教育先进集体”、“全国动漫教学实验校”、“山东省教学示范校”、“山东省现代科技教育实验与研究示范学校”、“山东省普通话校园语言示范校”、“山东省校园安全示范校”等荣誉称号。

编者按：2013 年 4 月，山东省小学习作教学优秀成果观摩研讨会议在山东诸城召开，会议承办单位之一，诸城市密州路学校的“读思议说”习作教学法成为会议亮点。因此，陶继新先生走进了这所学校，课间操时间，全校师生正在韵律十足的跑操曲中快乐地运动着，孩子们雀跃的表情和有序的行进中，涌动着蓬勃向上的活力。“作为一名校长，要尽最大努力创设条件，保证为所有学生打好各方面的基础。孩子未来阳光、生命健康成长了，就是我最大的幸福。”从跑操队列中走出来的孙术法校长如是说。

密州路学校是一所融幼教、小学于一体的潍坊市规范化学校、潍坊市轻负担、高质量示范校，学校以“创办促进人民幸福的教育”为宗旨，树立“追求教育幸福，启迪生命智慧”的办学理念和“明德、求真”的校训，以尊重教育为前提，以制度管理为保障，以小学生习惯养成为工作重心，以科技教育突破口，培养学生的科学精神和创新思维。学校各项工作蒸蒸日上，社会美誉度不断提高，2013 年 5 月 1 日，通过 QQ，陶先生与孙术法校长进行了如下的对话——

【孙术法】我校的办学宗旨是“创办促进人民幸福的教育”，办学理念是“启迪生命智慧，追求教育幸福”，校训是“明德、求真”，学校以“科技教育”、“生命教育”为腾飞的双翼，全面实施素质教育。

【陶继新】办学宗旨、理念与校训，均系学校精神文化的核心要素，它是一个学校本质、个性、精神面貌的集中反映。学校精神一经形成，便具有相对的稳定性、较强的融合性和渗透性，是学校发展的底蕴所在。

【孙术法】我觉得办学应该首先从尊重开始，这是办好学校的前提条件。我们提倡的“尊重教育”，主要体现在尊重“教育规律”、“学生生命”、“教师价值”，努力为学生创造一个愉快而自由发展的环境。

一、尊重教育规律

【陶继新】教育规律系教育发展之道，只有敬畏它、尊重它，教育才能依道而行。为此，就要研究什么是教育规律，如何让师生认同这种规律，并形成遵守教育规律的习惯。

【孙术法】我们引领教师在教学中“尊重个性，因材施教”，注重发展每个学生的个性特长；“不愤不启，不悱不发”，调动学生学习的主动性和积极性。在教学过程中尊重兴趣差异、智力差异和性格差异。引导教师努力做到“循循善诱，诲人不倦”。在教育的尊严下获得人性的尊严，实现教育的终极目标。遵循和不断探索教育规律，既实现教育的科学严谨，又追求教育的人文本真。

【陶继新】学生与教师在人格上是平等的，教师应当尊重他们。同时，学生生命不是静止的，所以，要让其生命更好地成长。学生个性不一，生而有异，所以教师要“因材施教”；因学生有走向举一反三、触类旁通学习境界的可能，所以要尊重“不愤不启，不悱不发”的教育规律；因学生的学习具有循序渐进的特点，所以教师要像孔子那样“循循然善诱人”；因教师爱生至深，所以在教育学生的时候才能“诲人不倦”。

二、尊重学生生命

【孙术法】蹲下身子，平等交流。孩子的尊重意识只有在被尊重中才能习得。蹲下身子，与孩子的视线一致，你才能看到与孩子们眼中一样的世界。我们在全校教师中倡导蹲下来与孩子交流，谈心时让孩子感受到平等的尊重，大方地说出自己的想法。引导孩子，从文明礼仪、举止言谈、捡拾垃圾等等生活琐事向老师看齐。我们倡导教师与学生一起考试，感受学生学习的难易点，引导教师深入把握学情，倡导教师与学生一样写下水文，做家庭作业……

【陶继新】蹲下身子与孩子们交流这一现象的背后，折射的是教师对学生人格的尊重，关注了孩子们的感受，拉近了师生之间的心理距离。当学生“亲其师”时，“信其道”才有实现的可能。同时，尊重学生的更高层次，是有效地优化他们的品质。教师言谈举止中都有教育的意义，学生则多是从生活细节中向教师学习的。教学亦然，不懂学情，即使教的知识再丰富，方法再巧妙，也是不能奏效的。你们提倡教师研究学情，既是对学生的尊重，也是提高教学效率的一种方略。

【孙术法】尊重求知，自主发展。我们探索、建设“尊重学生个性、培养学生兴趣、发展学生特长、锻炼学生能力”的校本课程体系，依据孩子发展的年龄阶段，开发了《科学启蒙》、《生命的意义》等校本课程。同时引导孩子们积极在自己喜爱的方面大展身手，学校相继成立民乐队、管乐队、乒乓球等多个兴趣团体，尊重求知欲望，让其自主自由发展。

【陶继新】开发校本课程的要义，可以改变教师教学的方式，让学生成为课堂学习的主人，从而实现真正意义上的课程与课堂改革。兴趣团体的成立，为一些有某种爱好与特长的学生提供了一展才思的可能。有些平时学习成绩不好的学生，却有可能在这些团体中成为佼佼者。这样，会在他们心里栽种下一颗自信的种子，而且有可能让这种自信延伸到平时的课堂学习之中，从而让学习成绩也逐渐好起来。

【孙术法】我们采用多把尺子评价学生。全面发展型：四好少年、综合素质发展星；专项榜样型：优秀班干部、最美少先队员等；特长特色型：全才少年、爱心少年等。各班每学年每位学生都能获奖，“让每一个孩子获得成功”已成为全体教师评价学生成长的共识。

【陶继新】人的智力与能力表现方式不一样，为什么非要只以分数定学生的优劣呢？你们评价的多元化，则让所有学生都有了获取成功的喜悦。学生的成长，是需要正能量激励的。而这种评价，则向所有的学生传递了一种正能量，让每个学生都有了“我能行”的自信心，也有了我能获奖的尊严感。

三、尊重教师价值

【孙术法】“教师教的高度”决定“学生学的高度”，基于这种认识，学校非常重视教师专业发展，采用“请进来，走出去”办法，引导教师向名师、专家学习，锻造磨炼自己，先后组织教师到杜郎口、河南永威、江苏海门等名校学习，先后有56位教师参与心理咨询师培训并顺利通过。

【陶继新】你们为教师提供学习的机会，让他们不断地发展，这可以让老师们感受到发展的快乐。当绝大多数教师都想学习与发展的时候，不但教师有了高度，学生也因“名师出高徒”而有了更好的成长。

【孙术法】释放发展“正能量”，组建团体，引导教师自主发展。学校依据不同的专业特长和兴趣组建各种团队。目前有教师成长团体12个，如“教育前沿”编辑部、“小学生习作研讨中心”、“少年科学小院士指导中心”等。学校给这些团体搭建平台：优先提供外出学习机会；免费提供平台和相关器材；编制发行校内刊物；定期邀请专家听取述职报告和发展规划，给予指导等。

【陶继新】组建教师团体，可以让具有不同特长与爱好的教师有更好的发展舞台，也更容易让他们取得成果。因为大家可以共同切磋研究，形成发展的合力。而且，还因身在团体之中，不但可以向其他老师学习，汲取智慧；也可以将自己的思想与成果奉献给大家。为此，就要更好地与其他教师合作，因为合作才能共赢。合作精神与共享意识一旦形成，人格境界也就提升了，发展也就有了更加厚实的基础。

【孙术法】多角度评价教师：对教师的工作业绩给予及时、公平、公正的评价，及时兑现有关奖惩政策。每年在全体教职工中评选“功勋教师”、“岗位标兵”。在女教职工中开展三‘十佳’评选活动（十佳好媳妇、十佳师德标兵、十佳岗位能手），对评选出的各类优秀教职工通过宣传栏、光荣榜、报刊等形式进行大张旗鼓的表彰奖励。

【陶继新】特别关注了你们的十佳好媳妇评选，这似乎与学校教育没有太大关系，其实不然，因为一个真正优秀的教师，不但体现在学校里，也应当彰显在家庭里。一个连自己的老人都不孝敬的老师，是不可能爱自己的学生的。大凡受到这种表彰的教师，还能得到家庭的支持。有了家庭的支持，在学校工作就会更加专心与积极。

【孙术法】深入实施“送温暖工程”，努力为教职工办“得人心、暖人心、聚人心”的实事、好事。教师病了，学校派人去探望；教师节、老人节、春节定期走访、慰问退休教师；每年国庆节期间，给每位教师体检。

倡导科学健身。学校开展丰富多彩的体育锻炼项目，踢毽子、跳绳、跳方等传统锻炼项目在我校焕发了生机；足球、乒乓球等现代运动项目更是深受广大师生的喜爱。大课间 20 分钟跑操活动，全体师生积极参与，内化成了广大师生的自觉行为。在组织多种形式的体育锻炼的同时，学校聘请行家教授广场舞、太极拳等群众体育项目，领导带头，以身作则，统筹协调，朝着男教师“健而帅”、女教师“健而美”的美好目标迈进。学校不定期请医学专家为教师作健康知识报告，请养生保健专家作疾病的自我防护等讲座，请心理健康专家给老师讲课。

【陶继新】《大学》有言："道得众则得国，失众则失国。"国家如此，学校何尝不是这样呢？学校领导得到老师们的拥护，才能更好地发展学校；相反，如果得不到老师们的支持，学校非但不能更好地发展，甚至校长也有可能成为教师反对的对象。世间有一个看不见的规则，就是领导爱群体，群体也爱领导；领导不爱群众，群众也不爱领导。爱教师不能停留到口头上，而要体现在行动中。您则是以实际行动，让老师们感受到了学校领导的关爱。

特别欣赏你们的科学锻炼。如果健康没有了，即使拼搏也不可能长久，即使想奉献也没有了机会。况且，一味地主张教师拼搏而不关注其健康的做法，也是不人道的。教师的工作大都比较紧张，如果没有科学的锻炼，没有适当的休息，就有可能出现健康问题。当更多的教师不健康的时候，他们的心理也会受到影响，从而影响到教育教学的质量。而相反，绝大多数教师身体健康了，心理也多会明丽起来，教学的效率也会高起来。

管理——从制度出发

【孙术法】让社会满意，家长满意是学校教育的前提，制度是学校管理的保障。学校的办学目标必须通过教师的辛勤劳动来实现。我们在充分尊重教师的基础上，通过制定和完善各项制度，规范教育行为，调动工作积极性。让师生都充分认识到，制度最公平，制度最无情，制度面前人人平等，敬畏制度，遵规守纪。

在制定各项管理制度时始终坚持三点：一是制度的产生走"群众路线"，广泛倾听广大师生的心声、呼声。在出台政策和制定制度时，通过教职工代表、学生代表、家长代表参加的"听证会"，先行听取意见和建议。与会代表广泛发表意见，提高师生的参与度和认同度。二是制度的内容科学合理，具有操作性。如《学生情况报告制度》，特别针对开学第一天的学生到校情况，做了具体要求。三是制度出台后重在落实，不断修订和完善制度细则，及时跟进检查和督导。

【陶继新】文化是什么？就是通过制度文化来改变人。那么，怎样才能形成制度文化呢？你们进行了有益的探索。因为制度的形成，不是校长一人，也不是学校几个领导定出来的，而是要经过教师与学生讨论的。这需要时间，甚至会发生摩擦，产生分歧，这并不可能有害，相反，正是在这种分歧与摩擦中，大家才逐渐地达成了共识。在这样的基础上形成的制度，师生就有了心理的认同感，这就是所谓的内化。仅此还不行，还要有“跟进”措施，要有督促与评价，到了一定的时候，还要修订。不管怎样，所有的过程，教师与学生都是了然于心的。而且，制度一旦形成，谁也不能触犯这个红线，一旦违反制度，就要坚定不移地按照制度的规定进行处罚，此之谓“莫斯科不相信眼泪”也。不过，制度也有温情性的，比如奖励制度，它会让受奖者感到制度的温馨。不管是惩罚性的，还是奖励性的，都有“法”的特质，都有其至上至尊的特点。当人人都遵守制度、敬畏制度，并以遵守制度为荣的时候，制度文化也就形成了，学校教育也就有了良性的运转。

【孙术法】当然，管理需要刚柔相济，更需要人情味。贯彻“尊重”教育理念，还必须坚持把刚性的制度和柔性的管理相结合。坚决做到“用严格的眼光看自己，用欣赏的眼光看别人”。我们不仅从业务上鼓励教师，提高教师的自身素质和教学水平，而且从家庭生活上关注教师的身体和家庭成员的情况，帮助教师解除后顾之忧，使他们全身心地投入到工作中去，强调每一个岗位的重要性。构建“利益共同体”、“成长共同体”，把学校目标与个人目标、组织利益与个人利益结合起来。学校采取多种渠道筹措资金，不断改善教师的办公条件，先后投入资金100多万元帮助教师购买笔记本电脑，实现了办公条件的现代化。投资200多万元，改造学校操场，铺设塑胶跑道，增加体育锻炼器材，满足师生健身的需要。为了让教师更安心地工作，每年都为教师投一份平安保险，定期组织体检，遇到教职工的生日，学校都会订购蛋糕，送上一份温馨的祝福。

【陶继新】为了教师更加健康，更好发展，你们只要想到又力所能及的，全部做到了。这些，老师们也是清清楚楚的。当教师亲身体验到学校领导是为他们着想，是为了学生发展考虑的时候，领导与师生之间的关系也就融洽了。这种内在的和谐，会凝聚成一种正能量，会让学生呈现一种蒸蒸日上的景象。

习惯——从文明运筹

【孙术法】尊重教育的引领，管理制度的铺垫，都是为了学校的中心工作：那就是一切为了学生良好习惯的培养。我们认为，小学教育的重点是培养好习惯，这比取得高成绩更重要。良好习惯、行为规范是德才兼备人才的先决条件。没有良好的习惯，没有规范的行为，再高的才智也只是“歪才”一个。

【陶继新】习惯的养成，学校与家庭都承载着重要的责任。习惯具有持久性的特点，甚至会一生不变。小时候养成良好的习惯，就等于为孩子的一生积蓄了一笔终生受用的精神资本，到了一定的生命节点上，就可以取来为我所用，并能产生很大的作用。

一、做有教养的人，养成文明礼仪习惯

【孙术法】学校以要求学生“做一个有教养的人”为前提，培养学生的文明习惯，在家孝敬父母、尊敬长辈；在校尊敬老师、团结同学；外出时行为文明、言语礼貌。学校制定了《文明礼仪规范》和《少先队员行为习惯养成歌》，让学生知道怎样做才是正确的。比如：见到老师、父母及长辈要主动问候；每天上学时要跟父母道别，说声“再见”等。每年三月和九月定为文明礼仪活动月，各中队以“讲文明、懂礼貌”为主题，开展丰富多彩的中队活

动，并把准备得比较充分、开展得好的中队活动拍摄后制成专题节目，及时予以宣传和表彰。每次家长会，都讲述礼仪教育的目的、“家校同步”的意义，取得家长的配合与支持。督促孩子在家的礼仪行为。

【陶继新】中国虽有文明礼仪的古老传统，可是，当下的文明程度并不理想。这就更需要学校在文明礼仪教育上下一番大功夫，因为我们的孩子是要走向未来与世界的，是要立足于世界民族之林的。所以，有良知与眼光的学校领导，不但要意识到这个问题的重要性，更要行动起来。你们在这方面做得非常好，不但有文明教育的强烈意识，更有如何让学生养成文明习惯的具体措施。习惯的形成，要从小处着手，要一以贯之，坚持不懈。有的时候，尽管形成了比较好的文明习惯，可是，还会反复。要正视这种现象，并让这种反复降低到最低点，以至形成终生不变的文明习惯。“家校同步”是一种好办法，没有不爱自己孩子的家长，当他们意识到文明礼仪对孩子一生发展大有好处的时候，他们就会与学校联手，为孩子文明礼仪习惯的养成肩负起应有的责任。于是，家长们的文明礼仪程度也提高了。家长也是社会的成员，当更多家长有了文明习惯后，社会不就更加文明了吗？从这个意义上说，你们所进行的文明礼仪教育，还对社会文明做出了一定的贡献。

二、做文明公民，养成良好卫生习惯

【孙术法】学校在走廊和楼梯口等醒目的位置摆放垃圾桶，让学生手中的垃圾有地方可扔，看到纸屑等废弃物随手捡起，学会把垃圾分类。对于卫生好的班级和个人，及时利用“红领巾小广播”、宣传栏等表扬和肯定。通过“文明班级”和“雷锋式少年”评比强化卫生检查评比制度，引导学生进行自我检查、评价和监督。从细节入手，引领学生树立主人翁责任感。

【陶继新】有的人没有养成讲卫生的习惯，认为这是区区小事，没有对孩子从小进行讲卫生的教育。其实，这绝对不是小事，而是大事。因为卫生与否，给人的是文明不文明的感觉。中国不是要建设文明社会吗？卫生当是文明必不可少的要件之一。可喜的是，有些地方，如张家港等地，已经很少见到不卫生的情景了。而在你们学校走访期间，不管任何地方，都没看到一片废纸，更不要说其他垃圾了。所以，在你们那里，让我看到了希望。这种习惯完全可以通过学校教育养成。而孩子讲卫生的习惯，还会影响到家庭以至社会。所以，当更多的学校像你们学校一样培养孩子讲卫生习惯后，整个社会不也就卫生了吗？

三、传承中华文化，养成良好书写习惯

【孙术法】培养孩子们正确的书写习惯。让孩子们在学习、人生的起步阶段能写一手好字，这对学生以后的学习、发展都大有益处，我们开展“三好厚基行动”，即读好书、写好字、做好人。首先要正确指导学生如何握笔，怎样运笔，教会他们写字的顺序，注意写字的姿势，无论是写阿拉伯数字还是写汉字笔画，都要求以课本为范例，做到书写工整，规范、整洁，格式清楚。每学期都开展一些相关活动以激发学生的书写兴趣。如组织开展低年段的铅笔字比赛、中年段的钢笔字比赛、高年段的毛笔字比赛等等，并把学生的优秀作品刊登在校报《启迪》上，展现学生风采；成立“书法兴趣”小组，美术教师利用课余时间，给予学生书法基本功的指导。

【陶继新】写的字工整而漂亮，折射出来的是一个人的文化品格。如果说“文如其人”的话，我们也不妨说“字如其人”。因为要想写好字，总是要下一番工夫的。正是在下工夫的时候，磨砺了学生的性格，养成了做事认真的好习惯。有了这样的习惯，不就终生受益了吗？同时，学生学习成绩的优劣，往往与其注意力的强弱有着内在的联系。而练习写字，恰恰是培养学生专注力的有效方法。而写的字越来越好的时候，还会有意无意间提高学生的审美意识，一个从小追求美的孩子，往往会有创造美的可能。

四、感恩、自信升华养成教育

【孙术法】让校园成为感恩文化广场，当前的现实是学生“感恩之心”缺

失，他们不懂感恩，索取多，回报少。正是这样的现状，让我们觉得感恩教育在心理健康教育的内容中首当其冲。学校开展“感恩”教育，就是以“与人为善”为出发点，以尊重、善待人和自然的教育促进师生的生命成长。很好地将其与传统美德教育、爱国主义教育、环境教育、生命教育、安全教育、前途理想教育等主题结合起来，成为一个有机的整体。

【陶继新】感恩从来都是双向的，感恩于人者，人亦感恩之；不感恩于人者，人亦不会感恩之。我有一个讲座题目，就叫“永存感恩”。而且，我所说的感恩，不是单一的，而是多维的：感恩父母，也要感恩孩子；感恩老师，也要感恩学生；感恩社会，也要感恩自然；感恩朋友，也要感恩“敌人”。您所说的“与人为善”，则属于感恩的重要元素。《周易》有言：“积善之家，必有余庆；积不善之家，必有余殃。”养成感恩品格后，也就等于“积善”于身了，自然也就有了“余庆”的可能。

【孙术法】“为什么学生的脸上就没有笑容呢？”“为什么我们的课堂总是这样死气沉沉呢？”我们采取了“赏识自己”、“学习并快乐着”、“积极看成败”等信心养成办法。将课堂教学评价标准中的“学生展示”明确界定了“小组学习中的弱者展示率”，引导教师把学困生当成课堂上的“香饽饽”，让这些学生被尊重和赏识，让他们的脸上有阳光，心底有信心。

【陶继新】这个学生与那个学生学习成绩的好坏，与其智力等因素有关，更与有没有自信心有关。学困生是怎样形成的？一个重要的原因，就是课堂教学上让他们没有了自信，特别是教师向他们传递的负信息让他们没有了自尊，也没有自信。课堂展示中为学困生提供更多的展示机会，让他们成为课堂上的“香饽饽”，就会让他们渐渐地自信起来。当拥有了自信之后，他们不但会“香”起来，学习的积极性也高了，成绩也就自然而然地提高了。

科技——从童趣启迪

【孙术法】学生有了良好的习惯，人生就有了幸福的根基；学生有了创新的思维，人生才有更广阔的天地。我校的科技教育已经成为办学品牌，目的是开发智慧，创新思维。我们形成了现代科技教育特色的问题探究式课堂教学模式。1. 创设问题情境。根据教学内容创设探索性情境、故事性情境等，作为一种诱导学生自觉进入学习活动的因子，激起学生探索的兴趣。2. 学生在教师的引导下，根据已有知识和生活经验提出有价值的问题，以待进行进一步的探索和解决。3. 开放学生的思维，让学生充分思考并提出初步的解决方案。4. 让学生用学过的知识尝试独立思考解决问题。5. 让学生通过合作动手、动脑、动口，体验探究的快乐。6. 以解决问题的结论为基础，进一步进行交流反思，同时对问题解决方案进行新的建构，引出新问题。对未解决的问题改变角度继续探究。整个过程教师的作用仅仅只是点拨引导。

【陶继新】你们的这种教学模式至少有三大特色：一是通过情景的创设，激发了学生的学习兴趣。兴趣是提高课堂学习效率的重要因素，不管你用什么方法，如果学生没有了兴趣，都是很难奏效的。相反，如果有了兴趣，往往可以让学生的思维空前活跃起来，甚至有的时候可以抵达思维的巅峰状态，让灵感不断地闪现。二是增强了学生的问题意识。提出问题与解决问题的过程，就是一个自我探索的过程，正是在这个过程中，学生的探索精神增强了。久而久之，就会形成一种探索性的思维品质。三是合作意识的觉醒与增强。学生与学生之间的合作，有着一般教师教学无法比拟的力量，他们之间的交流是无拘无束的，思维是开放的。同时，学生在合作中，学生学会了倾听，学会了共享，也学会了奉献。

一、开设科技教育系列校本课程

【孙术法】根据几年来的学生闲暇时间活动资料，我们编写了校本课程：《科技启蒙》（低年级用）、《科学探究》（中年级用）、《科技创造》（高年级用）。每周一课时，二至三周一主题。纳入教学计划，与其他学科一起纳入常规检查，记入量化考核。对学生学习情况实行考查制，每学期考查一次，形式多样，如科技小制作、科技小论文等。

【陶继新】对于这样的科技课程，学生一定是喜欢的。特别是在这方面有一定特长与爱好的学生，更会乐此不疲。而且，它也向学生传递一个信息，那就是科技创新并不一定等到未来，当下就可以诞生奇迹。而从小对科技发生兴趣后，还会为孩子们栽种下一颗爱科学的种子，说不定未来就有可能从事这方面的工作，并取得一定的成果。

二、充分利用闲暇时间，开展科技活动

【孙术法】组织步骤是：学校召开家长会宣传发动→学生报名→组建科技小组→家校联手→开展活动。家长代表轮流带孩子参与活动，双休日半月活动一次，假期一周一次，活动内容根据学校提出的内容自主确定，鼓励创新。可徒步，可乘车，可在家，可去社区，安全第一，安全责任由家长负责。活动结束后，带队家长和学生搞好活动记录，对小组成员做出评价，最后由组长交课题负责教师，教师结合小组评价、活动成果对小组评价。

【陶继新】家长参加学生的科技活动，意义很大。它会让学生的科技活动走出学校，在更大的科技场域里进行探索。有些科技活动，家长完全与孩子共同完成，体验与孩子共同探究的喜悦，这会让学生的参与科技活动的积极性更高，也更持久。

三、成立少年科学院，搭建学生科技活动成果的展示平台

【孙术法】每年举行两次科技展示活动。上半年，以科技节为载体，今年学校将举办第十五届科技节，集中展示学生科技活动成果。对于在科技活动中表现优异的老师、同学，也利用科技节时间，召开大会隆重给予表彰奖励，评选年度科技活动优秀辅导教师、星级小院士。下半年，举行“少年科学院院士”评选活动，共设“科学小博士”、“科学探索者”、“操作小能手”和“小小发明家”四个项目。

【陶继新】曾有幸到你们学校里的少年科学院里参观，很为学生的科技创新而感叹。一些在大人看来不可能的创造，竟然在孩子们那里实现了。学生科技作品的展示与对他们隆重的表彰奖励，又让这些学生对科技有了更大的热情。于是，他们有了更大的科技创新激情。激情成就梦想，创造演绎精彩。我想，这会让这些学生终生难忘，甚至让他们从此爱上科学，以至终身从事科学研究工作。

四、引领孩子们仰望星空

【孙术法】关注科学、关注科学家，热爱科学、热爱科学家。我们先后邀请了徐邦年、丘棣华等 20 几位老科学家到学校作科普报告，解读科技前沿问题，传播科学知识，感受科学家的人格魅力、大师风采。在教学楼的外墙上悬挂起历届“诺贝尔奖”获得者和中国著名科学家的头像和事迹简介，让师生一进校门就能跟大师们来个亲密接触。让整个校园都幻化成为人文大课堂、大讲堂。学校每个班级都以不同科学家的名字命名，班名形成过程就是孩子们熟悉、学习科学家的过程，科学家的求证精神、人格魅力、成长足迹，让孩子们追星的心灵得到了丰盈。

【陶继新】学生多有一种崇拜偶像情结，你们为其提供那么多科学家的偶像，其严谨的治学精神，勇攀高峰的志气，以及不获成功、决不罢休的精神，会让同学们“学而时习之”。时间长了，就会形成一种良好的意志品质，甚至有可能形成终生的品质。这不但会给他们当下的学习与生活以有益的启示，还有可能让他们为成就一番事业终生奋斗不止。

【孙术法】我们开展科技教育活动，引导学生养成求真、向善的科学精神，这种精神甚至不仅仅体现在科技活动中，还体现在学校的一切工作中；不仅仅体现在学生身上，还影响到教师队伍。对一名学生而言，无论在校内还是在校外，哪怕毕业了，这种文化还在心里面留下了印迹，甚至学过的知识都忘了，但这一点学生还记得。

【陶继新】好的学校文化，会凝聚成一种精神气场，会让教师感到生命的意义，人生的幸福；会让学生形成积极向上的精神，良好的行为习惯，以及努力学习的精神。这就是学校精神文化的力量。我想，您是深知其中奥妙的，而且，您还会不断有新的姿态出现，并一如既往地构建这种精神文化，从而让密州路学校“更上一层楼”。

（原载于《中国教育报》，2013年5月13日，第4版；作者：陶继新、孙术法。）

满足不同学生的发展需求

——东营市育才学校的“差异教育”

［张广利校长简介］

张广利，东营市育才学校校长、党委书记。教育硕士，中学高级教师，聊城大学硕士生导师，东营市心理学会副理事长，中国教育学会初中教育专业委员会常务理事，山东省首届齐鲁名校长建设工程人选、山东省十大教育创新人物（校长）提名奖获得者、第七届全国初中十佳校长。先后应邀在省内外开展课程、课堂改革专题讲座或介绍办学经验60余场次，并产生了广泛影响。著有《理想 理念 理性》、《我们怎样教育孩子》、《好父母不可不知的育儿心理学》、《学校教育生活的重建》、《自主学习型高效课堂建设研究与实践》、《孩子心目中的理想父母》等，其中有三部著作获得山东省教科研成果一等奖，一部获山东省首届社科普及优秀作品评选著作类三等奖，《我们怎样教育孩子》曾被《中国教师报》“教师专业阅读”栏目推介，《好父母不可不知的育儿心理学》曾被《中国教育报》确定为2010年暑期教师推荐书目。

编者按：东营市育才学校始建于1998年，是一所局属九年一贯制学校。学校占地面积85 500平方米，建筑面积36 862平方米。现有72个教学班，在校学生3163人，正式在编教职工218人。建校以来，学校高唱素质教育的主旋律，积极推进素质教育的实施，逐步打造了以游泳教育为特色的素质教育品牌。学校先后荣获“全国特色学校”、“全国100所体育传统项目学校”、“全国体育工作先进单位”、“山东省规范化学校”、“山东省依法治校示范学校”、“山东省艺术教育示范学校”、“山东省语言文字规范化示范学校”、“山东省绿色学校”、“省级花园式单位”等荣誉称号。近两年，学校实施的差异教育的研究与探索取得了可喜的成果，2013年1月8日和15日《中国教育报》曾两次报道了学校的改革经验，并在全国引起了一定的反响。

为实施差异教育营造良好的氛围

【张广利】2011年，学校新的领导班子上任后，我们在深入挖掘学校发展历史积淀的基础上，坚持继承与发展的统一，通过学生、教师和家长的问卷调查，对东营市育才学校的办学现状进行了科学的诊断，针对学校生源复杂、流动性和发展的差异性较大这一实际（其中市直机关工作人员子女占3.8%，公司企业职工子女占21.25%，外来务工子女、个体经营人员和周边农村农民子女占74.95%），我们与时俱进地提出了“尊重差异，发展个性”的办学理念，决定实施差异教育改革，并计划在未来五年内将育才学校打造成为省内外有一定知名度的差异教育名牌学校。

【陶继新】孔子主张“因材施教”，你们的这个办学理念不正是“因材施教”吗？学生从进入学校的那一天起，本然就存在着差异，也有着不同的个性。《中庸》开篇就说：“天命之谓性，率性之谓道，修道之谓教。”尊重差异与发展个性，实施有效的教育，则符合了教育之道，从而更好地促进学生的发展。贵校从自身的学生实际出发提出和实施差异教育，这是以学生发展为本的具体体现，是落实“以学定教”新课改理念的最好选择，实施差异教育更具有其现实意义。

【张广利】我们提出这一办学理念之后，广泛征求了学生、教师和家长的意见和建议，通过讨论进一步达成了共识，得到了大家的一致认同，在此基础上提交给教代会讨论通过，并将此理念写进了学校办学章程。与此同时，我们开始了理念向实践转化的积极探索——差异教育的实施。差异教育的理论依据就是教育家孔子“因材施教”的教育思想，差异教育的研究与实践是对孔子“因材施教”教育思想的继承和发扬，也是霍华德·加德纳多元智能理论在教育实践中的应用。经过我们近两年的改革实践，学校教育教学质量、办学信誉和社会满意率都得到了显著提升。

【陶继新】再好的理念，如果走不进师生心里，也是不会产生相应效果的。你们广泛征求意见，并且通过教代会讨论，不但会使大家对这一理念有更深层的认识，也是一种心理上认同的过程。有了这种认同，师生才能自觉地化理念为行动。任何管理，都离不开人的管理，而人的管理，关键是理而不是管，是心的顺而不是心的逆。有了心灵的顺畅，管理就会变得易如反掌。所以，真正优秀的校长，更多的是管心房，而不是管门房。

【张广利】是啊！任何办学理念都不会自动成为教师的教育行为的。在办学理念认同的基础上，到底以何为突破口实施差异教育、怎么实施差异教育也就成了我们教育教学改革的第一要务，为此我们研究制定了改革实施方案，并通过组织教师和家长听专家报告、分组研讨和实施以班为本的家长讨论等措施，广泛提请来自各方的意见和建议，同时也对全体教师包括学生家长进行了全员性的培训，这就为学校实施差异教育营造了良好的氛围，做了很好的铺垫。

【陶继新】你们做的这个"铺垫"工作太到位了，也太有必要了。对于为什么搞"差异教育"，如何进行"差异教育"，有的人知道其中的道理，有的则知之甚少，有的甚至有不同看法。而你们的这些系统性的"铺垫"工作，则让大家明白了"差异教育"的真正内涵、实施"差异教育"的必要性及实施的方略。这就是"理"。如果领导强力推行，则会让教师与家长心里有一种不顺的感觉，在进行"差异教育"的时候就会大打折扣。由此可见，您是深谙教育管理之妙的。

师德师能建设成为教师发展之本

【张广利】我们深知实施差异教育的主力军是广大教师。没有高素质的教师是不可能培养出高素质的学生的，而高素质的教师队伍首先必须从抓好师德建设做起。因为在很多情况下，教育的成败不在于"法"和"术"，而在于教师的“心”，即在于教师从教的态度和责任。为此，我们教师读书活动读的第一本书就是《你在为谁工作》，并认真组织全体教师进行了讨论和反思，目的就是让大家明白工作是为自己干的，而不是为别人做的。只有把心态调整好了，我们才能更好地去迎接差异教育改革的挑战，才能尽最大限度地满足不同学生的发展需要。因为这项改革对教师的教育和教学提出了更高的要求，要真正实施好需要老师们真正用心做教育，需要全体教师付出更多的心思和劳动。可以说，这是对教师队伍的凝聚力和战斗力的一次考验。

【陶继新】是啊！只有教师发展了，学生才能更好地发展。所以，优秀的校长，都是在教师发展上下功夫。当然，这里所说的发展，不只局限于业务层面，更重要的是教师的思想境界与综合素养的提升。你们把师德建设的切入点放在了教师心态的调整上，抓得太好了。因为真正意义上的名师，几乎都是在“诗外”下“功夫”的。也只有高境界与高素质的老师，才能培养出高境界与高素质的学生。而优秀教师越多，优秀学生也就越多，学校也就越发展。

【张广利】真正的名师是具有爱心和责任心、师德高尚的教师，我们学校每年通过开展读书交流，师德报告会，评选班主任十佳、师德十佳、奉献奖、爱心奖、十大感动育才人物、学生最喜欢的教师等活动，促进了教师队伍的师德建设。我校每学期开学前都会举行读书反思报告会，围绕“爱责”主题，分小组进行交流和展示。今年，读书报告会的主要内容是大家共同交流读《第56号教室的故事》的体会。在读书反思会上，大家纷纷发言，畅谈对教育本质的认识和感悟。“信任是一切交流的起点”，“学生看着你的一言一行，你就是学生的榜样”，“永远不要放弃你的学生”，“真正的教育发生在教师身上”，“我希望学生努力学习，我自己也要做到努力工作”，“当孩子们认为可以向老师交心的时候，教育才会变得真实而高效”等诸条雷夫教书育人的体会，引发了大家的共鸣，交流中大家还列举了许多我校的“雷夫”。有2012年自愿报名献血的13位老师、注册志愿者的20位老师、参加了慈心一日捐等献爱心活动的199位老师，还有收到家长表扬信的李艳梅、崔婧、周象霞、陈金凯、崔静等老师，伤病未愈，坚守岗位的王燕、赵爱梅、董洪芝等老师。“爱心、耐心、恒心和责任心”已逐渐成为育才学校教师践行师德的真实写照。

【陶继新】“爱心、耐心、恒心和责任心”这“四心”说得何其好啊！一个有爱心的老师，即使当下教学水平不是太高，但是，他会为了孩子的成长，认真学习，研究教学，业务水平也会很快提高上去的。而且，有爱心的老师，会将他的爱心有意无意地传递给学生，从而让学生也拥有爱心。孩子毕竟是孩子，所以，有的时候会淘气，有的犯了错误还会再犯，作为老师，就要耐下心来，用智慧教育他们，让他们变得越来越好。这同时需要一种恒心，因为教育不是一朝一夕的事情，而是长久的。所以，教师要有持之以恒的精神，要有为孩子成长永不放弃的精神。为什么能有耐心，为什么能有恒心，因为有一种神圣的责任在。教师不但要教学生成才，还要教他们成人。有人说，教师也是人，是的，教师也是人，可是，教师是培养人的人，是有担当的人，有了这个责任，就要为孩子的一生发展努力。正是在孩子的成长中，才实现了教师的人生价值。

【张广利】是啊！教师的这“四心”怎样才能做到，要真正坚守，也绝非易事。我们在开展教书读书活动的几年时间里，力求通过这样一次次的反思、一次次的专家报告、一次次的一线名师教师事迹报告会，让大家反思自己的教育生活状态，反思自己的人生职业规划，反思如何做教育，如何走自己的教育之路，通过这样不断地反思，力求建立教师的教育信念，培养教师的教育情怀，将教师引导到教育研究上来，只有这样，我们才能遵循教育的规律、遵循学生身心发展的规律去开展教育教学工作，也才能取得更好的教育效果。因为我们坚信：“四心”的坚守在于信念，信念的支撑在于研究，研究是教师工作的幸福源泉。

【陶继新】是啊！教师的教育信念是支撑教师无怨无悔终生从教的关键所

在，你们的师德建设可以说抓到了“本”和“根”，而不是只抓“表”和“枝”。东营市育才学校的教师中为什么涌现出那么多的仁师，我认为与你们的引领工作是密不可分的。凡是优秀的校长都会下工夫改变教师的职业生活方式，改变他们的传统的行走状态，把教师引导到教育研究和专业发展之路上来。这是明智之举。

【张广利】我们始终把师德建设摆在教师队伍建设的首位，并常抓不懈。与此同时，我们也把师能建设摆在了教师队伍建设的重要议事日程，因为师能的高低也往往是制约教育教学改革的关键性因素。我们认为，教师讲得好，不等于学生学得好，更不等于学生发展好。教师的师能主要体现在教师如何让学生学好上，而不是体现在教师如何讲好上，我们将教师师能的培养放在了如何培养老师唤醒、点燃和激发学生的好奇心、兴趣和展示欲上，放在培养教师如何教育引导学生形成主动学习和自主发展的能力上。我们积极实施“读、思、教、研、改”的教师专业发展模式，并开展了教师读书、说课标说教材、教学反思评比、课改之星评选等活动，建立了专家引领的办公室和以教师名字命名的名师工作室，组建了多个教师发展共同体。围绕“差异教育”积极实施小课题和问题研究，举行教师沙龙、教改论坛、经验交流、年级教改现场会等，为教师实现自身的人生价值搭建了立体化的发展平台。教师通过参与研究和改革，使其专业发展不断取得进步，教师在不断的成功体验中也感受到了职业的幸福感。这可能就是陶老师说的教师队伍管理的“理”“顺”和“心”吧！

【陶继新】您的“师能”观很有前瞻性，教师能力固然需要自身教学水平的提升，而更重要的则是，学生能不能学好。教师教得好，尽管学生也可以学会，可是，那是在听的状态下学会的。而如果学生自己会学善学，则大不一样了，这样的学是积极的、主动的，而且可以形成终生受用的能力。你们实施的教师专业能力提升模式满足了教师专业发展的需要，让教师在学习、研究和改革推进中提升自己，在其自身素质的不断提高中体验成功，把教师引上教育研究之路，这就抓住了教师发展的动力来源。

课程改革为实施差异教育提供载体

【张广利】全校教师形成了推进差异教育改革的共识，且具有了一定的师德师能准备后，我们便把构建差异教育的课程摆上了议事日程，因为课程是一切教育实施的载体。因此，我们本着尊重学生差异、尊重学生选择的原则，着手构建差异教育的三级课程体系，力求通过课程改革，最大限度地满足学生不同的学习和发展需要。

【陶继新】课程体系的构建至关重要，没有课程的研究，学校是不可能持久发展的。在课程构建中，教师不但是实施者，也是建设者。正是在这一过程中，他们拥有了更多的课程话语权，教学的效果也会更好。

【张广利】是啊！教师在课程的建设中也逐渐找到了自己的专业精神，使其主动学习和发展。在课程改革方面，我们重点实施了国家课程的校本化和生本化的改造。通过这种方式旨在彻底扭转教师的教学方式，真正实现教师用教材教，以适应不同层次学生的学习需要。一方面，我们以学科教研组和备课组为依托，通过研究学科课标和学科教材，采取调整、改编、整合、补充和拓展等多种措施，使教师的教更加适合学生的学，也就是教师的教学设计必须立足于学生的认知基础，只有这样，学生才能学得会；学得会，学生才会愿意学，才会有信心继续学、主动学。另一方面，在高年级学生学习分层较大的学科教学中，我们尊重学生选择，实施差异走班、差异评价和动态管理等措施，极大地激发了各层面学生学习的积极性，使不同层次的学生在原有的基础上都取得了明显的进步。

【陶继新】教师教学，不能“目中无人”，不然，即使把教材研究得再透、甚至教参都背诵下来，也不一定能教好。因为学生是活生生的生命体，不同的学生各不相同。所以，没有备学生的备课，课堂教学是不可能有生命张力的。而你们的老师关注学生的认知基础与心理指数，所以，才有了老师教得从容、学生学得快乐的景观。

【张广利】地方课程的改革也在推进。我们本着贴近学生生活经验、贴近学生生活实际和贴近本校校情的原则，将学校的一些教育活动和地方课程的某些内容进行了有效的整合。如：安全教育课的教育和我们开展的学生应急演练、逃生演练等进行了整合，传统文化教育和我们开展的经典诵读活动进行了整合，环保教育和我们开展的爱绿护绿活动、环保社会调查活动、环保志愿者活动等进行了整合，学生的人生规划课程和我们开展的家长讲坛活动进行了整合，等等。

此外，我们也将地方课程的一些内容、国家课程的内容以及校本课程进行了整合。这样，课程的实施就会更加有效。

【陶继新】你们地方课程和教育活动的有效整合当是课程改革的一大特色，这种改革关注了学生发展的实际需要，而且这种实事求是的态度和做法本身就很值得学习。

【张广利】我们只是在进行一些探索，这些探索的主要目的就是使我们的课程更具有差异性和可选择性，以满足不同学生发展的需要。我们在进行国家和地方课程改革的同时，针对九个年级段学生的不同特点，在对学生兴趣爱好进行调查的基础上，开发实施了校内必修课、校内选修课和校外自修课三类校本课程。一是根据学生年龄段和需求的不同，分别开设了旨在培养学生良好习惯的“我上学了”“钢笔字书写”课程，激发英语学习兴趣的“英语口语启蒙”课程，提升科学素养的“科学探究”课程，形成良好心理素质的“心理健康教育”课程，以及在省内外各级赛事中摘金夺银的“游泳”特色课程等校本必修课程。二是因时因地制宜，开设了涉及人文素养、科学素养、身心健康、生活技能、艺术审美、学科拓展六个方面内容的110多门校本选修课程，学生可依据自己的兴趣爱好进行选修。学校还充分利用外语教师本学科专业、第二外语和公派海外任教教师的外语优势，开设了法语、俄语、日语三门小语种外语课程，为学生选修第二门外语提供了机会。三是开发实施了以生活技能类为主的校本自修课程，此类课程要求学生在家庭及校外进行自修，通过“家庭事务”课程的学习与实践，掌握日常生活和家庭经营等方面的基本知识和技能。每学期学校统一组织考查，并将学习绩效记入学生学习档案。

【陶继新】依据学生的兴趣爱好，开发多种多样的校本课程，尊重学生选择的做法，为不同个性与特长的学生提供了一展才思的舞台。这就为差异教育的实施构建了很好的课程体系。其实，每一个学生都有着巨大的发展潜能，只不过有的表现在这个方面，有的表现在那个方面罢了。可是，大一统的课堂教学，却扼杀了不少学生选择的权利，于是，很多本然就有的潜能被压抑乃至扼杀了。你们则为学生各取所需提供了可能，为他们不同潜能的发挥创设了平台。于是，就有了在一般人看来未必精彩的学生创造了人们意想不到的奇迹。更重要的是，这还会在他们的心里积淀下一笔“我能行”的自信“资产”，让他们不但现在得到了很好的发展，更在未来有了更好发展的可能。

多元评价为实施差异教育提供保障

【张广利】评价是导向，评价是保障。我们在推进改革的过程中，首先加强了学生评价的顶层设计。一方面，在全校范围内建立了学习之星、劳动之星、游泳之星、进步之星、勤奋之星、读书之星、智慧之星、艺术之星等多元之星的评价体系，采取个人申报、学生评议、班级审核推荐和学校核准的程序进行评选和表彰，学生申报的时间不限，做到及时申报、及时审核，每周一升旗仪式时进行表彰；另一方面，在自主课堂教学的改革中，教师针对学生和学习小组在课堂上的表现，设立了学习小组和学生个人的展示之星、质疑之星、合作之星、互助之星、表达之星、勇敢之星等，在课堂中及时评价，并逐步建立和完善了课堂多元评价体系。其次，我们按照“以入口定出口，以发展看变化”的原则，积极推进学生发展的增量评价改革，不看基础看变化，不看基础看进步，这种评价更好地面向了每一个学生和学生的每一次进步，有力地促进了不同孩子的发展，发挥了评价的良好导向作用。

【陶继新】所评之“星”如此丰富，会让有不同特长的学生都有摘“星”的可能，也让他们体验收获成功的喜悦。多元评价之星的即时性，则让学生当周就能体会到来自学校的奖励，这让孩子们更加积极地去摘“星”，从而更好地发展。课堂教学上的“星”除了多之外，还很有创意，比如“质疑之星”“表达之星”“勇敢之星”。这对培养学生大胆质疑问难的能力，以及敢于挑战权威的精神，都会起到一定的促进作用。这样的课堂改革，学生不但成了学习的主体，也有了超越一般学习的精神提升。而这些，会更有利于提升学生的综合素养。“以入口定出口，以发展看变化”的评价原则，则让每一个学生都在关注自己的发展变化，不能后退，只能前进。于是，评价成了学生发展的有力推手。久而久之，还会在学生心里形成一种积极的思维定势，那就是自己是必须发展的，并会在发展中感受到发展给自己带来的心灵快乐。

【张广利】在学生评价方面，我们不仅进行了多元和增量评价的探索，还十分注重学生的过程性和延时性评价。在过程性评价方面，我们主要为3000多名学生建立了个人成长档案，学生成长档案袋的内容不仅包括思想品德与规范记录，社团活动情况记录，国家、地方和校本课程的学习与考核，还包括校园文化活动记录、健身锻炼记录、艺术活动和课外阅读活动等涉及学生全面发展的各个方面。每个学生的成长记录档案中，专门设有“收获园”。学生成长档案袋的建立和完善，不但记录了每个孩子每学年的成长与收获，而且为教师用发展的眼光看待每一个学生和学生的每一个方面、为研究学生的发展提供了丰富的一手资料。在延时性评价方面，主要是贯彻差异的理念，强调多给学生学习和成功的机会，当学生在某一方面暂时做得不好的时候，要给他们充足的时间达到要求，如每学期期末检测三级课程的各学科学业成绩达不到D等级的学生，学校为他们提供了第二次或第三次补考的机会，促使他们达到合格水平，教师按合格水平对其进行评价并记入档案。学业成绩达到B或C等级的学生，本着自愿的原则，也可以申请进行补考，补考成绩达到更好的等级，按照最好的等级评价，并记录在案。

【陶继新】你们的过程性评价的内涵非常丰富，它几乎全方位地评价了学生在校的重要表现。它不只关注学生的学业成绩，而是对学生素质的全面考察，体现了学校的义务与责任，也体现了素质教育的要求。这种评价所起的导向作用是显而易见的。而且，这也为学生的一生留下了一个“档案”，为研究学生成长留下了一笔宝贵的财富。

延时性评价不但给了学生补考的机会，更给了他们生命的尊重，给了他们重新成长的可能。有时候，学生在某个阶段某个方面成绩不太突出，原因往往不是一方面的，有时很复杂，不能用他们自己努力不努力来做单一与孤立的评价，而应当相信学生，相信他们还有发展的可能。几乎任何学生都有走向成功与取得优异成绩的可能，同时，任何学生也有可能出现败走麦城的时候。即使是大人，又何尝不是如此？可是，一般性的评价，多是一考定终身的，没有给人们以再次冲刺、再次成功的机会。于是，让失望蔓延，也让自己再难成功。你们的评价，则让一时失利的学生重新燃起成功的希望。于是，真正的失败者少了，成功者多了；失望者少了，希望者多了。

【张广利】在学生的评价方面，我们还十分注重学生自评、同伴互评（小组评价）、教师评价和家长参与评价，从多方面对孩子的发展进行评定，并写出评语，这种评价方式以鼓励的形式呈现，改变了传统上由教师说了算、学生和家长在评价方面处于被动的局面，这样的多主体评价进一步增强了客观公正性，也有利于孩子在发展过程中主动修正，不断完善。

【陶继新】学生自评会让学生更好地审视自身的优与劣，同伴互评与教师和家长之评，则让评价更客观，更具权威性。同时，评价的主体由教师一体变成多维评价，让不同的评价者，包括学生自身处于同一个平面上，不但有了被尊重的感觉，也有了更负责的态度。这样，被评价者才能心服口服，才能更好地认识自己，也才能更好地发展自己。

差异教育为学生个性发展搭建平台

【张广利】为给学生发展提供立体化的平台，我校每年都举行科技节、艺术节、体育节、读书节、英语节等，并开设图书超市、我要上“六一”、课本剧比赛、英语演讲赛、小学生讲故事比赛、学生书画展、科技小制作、研究性学习成果展等丰富多彩的学生才艺展示活动。同时学生的各种组织如雨后春笋般涌现，为学生的发展提供了沃土，如观鸟协会、摄影协会、“柽柳”文学社、校报校刊编辑社、小记者协会、课本剧社、爱责社团、合唱团、舞蹈团、各类球队、拉丁舞团、游泳俱乐部、机器人社团等。近几年，学生在全国中小学生创新作文大赛、全国中小学生绘画大赛、山东省机器人比赛、市青少年科技创新大赛等活动中，共有 117 人获一等奖，306 人获二等奖，200 多人获三等奖。值得一提的是，我校游泳队代表东营市参加全省和全国游泳比赛共夺得 69 枚金牌、71 枚银牌、82 枚铜牌，并先后有 6 名队员被山东省游泳队和黑龙江省游泳队收至麾下，张琦媛同学在 2012 年 4 月参加全国游泳冠军赛暨伦敦奥运会选拔赛，200 米蝶泳项目达到奥运会 B 标，位列第十名，成为我市第一个游泳项目达到国家运动健将级别的运动员，并现场被山东大学签约录取。

【陶继新】学生参加这样的活动，不但乐在其中，而且也会感受到学校生活的绚丽多彩，感受到生命的美丽与丰富。学生在学校里生活这么多年，能够给他们留下深刻印象的往往不是课堂上的学习，甚至也不是考了多高的分数，而是这些富有意义的活动。他们的童年与少年时代应当是幸福的，可是，在“应试教育”的逼迫下，很多孩子没有了这种感觉。你们让幸福回归到孩子心中，他们就会更爱学校，也会更加幸福。参加这些活动会不会影响到课堂学习的效果呢？回答是否定的，因为处于心灵愉悦状态下的学习，不但有高效率，也有高效益；不但有当下的效率与效益，还有未来的效率与效益。它会在展示特长的同时，更好地提升学生的综合素养。

【张广利】我们不仅通过精彩纷呈的才艺展示活动为学生发展提供立体化的平台，而且在引导学生参与学校管理方面，我们也做了大量的文章。比如：我们制定了班、团、队和学生会干部竞聘制度，所有学生干部都是自己申报、参加竞聘演说和通过考察后上岗的；除此之外，我们还按照“人人有事干、事事有人管”的原则，对班级的组织机构进行了改革。我经常对那些在这方面改革力度小的班主任说：“学校从来没有规定班干部的职数，学生班干部也没有什么‘编制’控制，你们为什么那么吝啬呢，你们给孩子们个‘官’干干不好吗?”于是我们有些班主任还真有点子，有的班级设立了环保委员，主管班级环保和学生的环保行动落实工作；有的班设立了节能委员，每天负责教室日光灯、多媒体和各种电源的关闭工作；有的班设立了公物委员，负责班级和卫生区内公物的管理和保护、检查监督其他学生是否爱护公物等；也有的班设立了经典诵读委员，负责检查学生经典诵读的完成情况，并主动为大家推荐好的诵读诗篇……学生会的干部就更有用武之地啦！此外，团代会、少代会、学代会等也为学生参与学校管理提供了很多机会。

【陶继新】你们为学生参与班级事务和学校管理创造了这么多的机会，恰恰符合了你们提出的办学理念，也体现了差异教育的精神。班级组织机构的改革，特别是班委成员的创意性设立就更令人惊奇啦！你们想方设法为每一个学生的发展提供各种各样的机会，让他们参与各种各样的管理，使他们获得了很好的锻炼，从小学会了承担责任，这对他们将来步入社会所产生的影响是不可估量的。

【张广利】是啊！我们从关注学生差异出发，承认与接受差异，发现与研究差异，因材施教，成就个性，从而使学生获得不同领域的成功，逐步形成自主自信、积极向上的人格特征。我们进行的差异教育在施教对象上针对每一个学生，真正体现着教育的公平；在教育内容上强调德智体美全面发展，诠释着素质教育的要求。从这一点来讲，差异教育是追求学生潜能发现和发展的教育，是追求学生自主发展、自我完善的教育，是最大限度实现教育过程和结果公平的教育。差异教育也是我校实现可持续发展的有效模式。

【陶继新】是啊！有时在解决学生入学公平的同时，往往忽视了教育过程和教育结果的公平问题。你们进行的差异教育的改革探索实质上就是要解决学生在受教育过程中的公平问题，只有尊重学生的个性差异，在现有的条件下，最大限度地创造适合每一个学生发展的教育，才能够最大限度地解决教育的公平问题。

做人教育为学生生命成长奠基

【张广利】我校十分重视孩子的做人教育，因为我们的培养目标是“爱责同行、个性鲜明的阳光学子”，如何实现这一目标呢？我们主要是通过建立和实施差异化的爱责教育课程体系来完成，与此同时，我们还十分重视组织和平台建设。如，我们建立了学校、年级和班级三级爱责社团组织，并经常组织学生参加爱责活动，包括到养老院看望老人、做公益劳动，还经常组织孩子开展形式多样的爱心捐助活动。春节前我校开展了送温暖活动，我们的送温暖活动不仅仅是对教师，还组织教师和学生到残疾学生、贫困学生、离异家庭学生、低保家庭学生家中慰问，并开展手拉手活动，主要目的是通过孩子参加活动的体验，培养他们的爱心和责任心。与此同时，在假期中家长也配合学校的爱责社团开展了一些爱责教育活动，并收到了良好的效果。此外，学校的校本课程校外自修课中，我们专门设立了生活技能课程，根据学生的年龄特点，分年龄段对孩子的生活技能目标进行了规划，从孩了洗手、打扫卫生、收拾房间、整理衣物、帮父母倒垃圾，直至洗衣做饭，都成为孩子学习自修的内容，而孩子的生活技能课教师则是在学校指导下由孩子的父母承担。通过这种生活技能教育，不但使孩子体会到父母做家务的辛苦，同时也培养了他们的责任意识，增强了他们的自立能力。

【陶继新】爱责活动做得太好了！不要说小孩子，就是一些大人，一些有权者，责任意识也淡化了，甚至很少了。2012 年 12 月 14 日河南省光山县发生的小学生校园被砍伤事件中，22 名小学生被砍伤，1 名老人危在旦夕。在发出这一消息后，光山县当地封锁消息，官方集体失声，甚至有当地干部在办私事、玩游戏，称“探讨没意义”。这非但没有了责任，连起码的良知都没有了。一个人在社会上没有责任担当意识，就不是一个真正意义上的人。孩子的责任意识由谁来培养呢？除家长外，学校当责无旁贷。其实，小孩子的心灵是相对纯净的，只不过在受到精神污染时，家庭与学校没有进行有效的清除罢了。你们不但在清除这种污染，更在有效地培养他们的责任意识。你们所搞的这些活动，让孩子多了一份爱心，多了一份责任，这对他们一生的成长都会起到很大的作用。

设立生活技能课程同样具有很大意义，魏书生一当上盘锦市的教育局局长，做就职演说时就说了五个“一分钟”。第一个一分钟，讲的就是盘锦市的学生回家都要做家务劳动，二三十分钟更好，没有那么多家务活，做不了那么长时间，一分钟也要找活干、找事做，千万别停下来。这是很有道理的，我们提倡孩子爱祖国，如果连自己的父母都不爱，能爱国吗？爱父母体现在很多方面，帮助父母做家务就是一种爱的行为。让孩子担当大的责任，如果连孝敬与帮助父母的责任都做不到，能担当大的责任吗？美国得克萨斯州有一条法律：凡年满 14 岁的孩子，必须身体力行为父母分担家务，诸如洗碗、擦地、剪草坪等。做家务看起来是小事，而实际上是大事。你们让学生做的这些小事，不正是为他们未来做大事作准备吗？

教师在差异教育中与学生一同成长

【张广利】我们在推进差异教育改革的进程中，不仅培养了孩子的良好品质，还促进了学生的个性发展。同时，教师在研究教育、研究学生、推进改革的实践中，也实现了自身的成长与发展。近年来，教师的研究氛围日益浓厚，共建立专业博客 80 多个，先后撰写学习体会和反思文章 1000 多篇。全校教师共有 166 篇科研论文在《山东教育》等刊物发表，233 篇科研论文在市级以上评选中获奖；完成了 13 项国家和省市重点课题、规划课题的研究和实验，另有 3 项省市课题正处于研究阶段。仅上一学年，我校就有 47 篇科研论文及教学反思在市级以上刊物发表，16 人参编教材，90 篇论文或案例获市级以上奖励。骨干教师队伍群体逐渐壮大，有 9 人获市教学能手称号，3 人获得山东省教学能手称号，5 人分获省优质课一、二、三等奖，23 人分获市优质课一、二、三等奖，1 人举行省级公开课，1 人获全国首届体育教师技能比赛二等奖，2 人获东营名师称号，1 人获东营市特级教师称号，4 人获市学科带头人，15 名教师被评为东营市青年骨干教师，2 名荣获东营市青年骨干优秀指导教师。仅去年，我校老师在市内送课就达 60 余人次。

【陶继新】这是一个巨大的收获，也是一种必然的结果。因为一心为了孩子发展着想的老师，自身也必然会有长足的发展。而老师的发展，反过来又会更好地促进学生成长。看来，这两者不但不矛盾，还互为因果。孔子培养的学生很多，有“弟子三千，贤者七十有二”之说，同样，他自身也发展起来了，成了一位伟大的教育家。从这个意义来说，老师在成就学生的时候，也在成就自身。成就自身，也是为了更好地成就学生。当然，有了成就，有了人生价值的实现，教师的心灵也会更快乐、更幸福。一个幸福的老师，也会将他的幸福传递给学生。当老师与学生都幸福的时候，学校不也就发展起来了吗？

【张广利】作为一名从事了近二十年学校管理的基层校长，工作中我深刻地体会到：校长的责任就是要实现学校、教师和学生的最大优化发展。在这三者的关系处理中，我们应首先发展教师，通过教师的发展去发展学生，通过学生的发展去成就学校的未来。而学校更好的发展则为一批批学生的发展创造更加优质的教育环境和条件。无论是教师发展还是学校发展，目的都是为了学生的发展，学生的发展是学校一切教育工作的出发点和归宿。追求教育本真价值的回归，关注学生的生存状态，开发学生的发展潜能，提升学生的生命品质，实现学生个性能动的健康发展，则是我们教育人追求的永恒主题。

家校合作成为学生优质发展的助力

【张广利】对孩子的培养，学校的教育固然重要，家庭教育亦不可忽视。我校非常注重家校合作的组织和平台建设，先后建立、完善了学校、社会、家庭三位一体的教育网络，成立了学校、年级和班级三级家委会，建立了家长接待中心和育才学校家长分校，定期召开家长代表大会，积极实施班级教导会制度，为家长参与学校管理提供了多种渠道。同时，积极实施家长素质提高工程，通过专家讲座、家教普识培训、分类指导、专题培训及亲子共读等活动，增强了家长的家教意识，优化了家庭教育环境，促进了家长素质的提高。此外，我们还充分利用家长资源，举办形式多样的“家长讲坛”，家长来自于各个不同的岗位和行业，他们用质朴的语言、生动的事例、真挚的感情为各班学生上了一堂堂精彩的“人生课”。如，王海伟的家长关于传统文化的“孝道”，王瑞鑫家长的“学会感恩”和“学习方法”，郭明哲家长的“读书点亮人生”，杜传峰家长的“自己的创业经历”等，不但开阔了学生的视野，丰富了学生的知识，也让他们体会到家长工作的艰辛，使其进一步了解了社会，在潜移默化中接受了职业理想教育。

【陶继新】教师要想走上讲堂，首先要有教师资格证书。可是，夫妻成为父母，却没有这方面的考核与证书。所以，有的尽管已经为人父母，却不知道如何做父母，更不知道如何做优秀的父母。而家长的优秀与否，是与孩子的成长息息相关的。您是一位校长，也是一位家教专家，可以说，您是怀着忧怀天下之心，开展家校合作的。

有的家长尽管自己没有担当起教育孩子的责任，却对孩子有着很高的期望值，如果现实与期望形成落差，则将怨气与责任一并推给学校教育。其实，孩子的成长，尽管学校起着重要的作用，而家长的作用同样不可小觑。绝大多数问题孩子的背后，几乎都有一个有问题的家庭；绝大多数优秀孩子的背后，几乎都有着优秀家长的关注与支持。所以，要让父母知道，教育孩子，是天经地义的事情。如果教育不好，不但对不起孩子，也对不起学校与社会。而你们的培训家长等措施，则让家长有了比较强的家教意识，知道了如何肩负起培养孩子的责任，从而去做一个优秀的家长。而家长做好了，特别是与学校合作教育孩子的智慧与方略有了，坚持下去，学生的成长也就驶进了快车道。

【张广利】家校的合作不能仅仅停留在一般意义上的笼统合作，更重要的是要提高家校合作的针对性和实效性，我们秉承“尊重差异，发展个性”的办学理念，力求在家校合作中积极推进差异教育，满足每一个孩子个性化成长的需求。我曾给家长们算了一笔账，一年 365 天除去 3 个月寒暑假和每年 52 个双休日，还有其他的节假日，学生真正的在校时间不过 160 天左右，从时间上来看，家庭教育承担的责任不比学校小。在 200 多天的时间里，如何组织每一个学生积极参与社会实践活动，进一步了解社会，如何扬长补弱，使其在现有的基础上实现最优化的发展就成为家校合作的重点。为指导好每一个孩子的发展，学校专门制定了学生假期生活实施方案，一方面在家长的帮助下，为孩子的个性特长发展创造条件、搭建平台；另一方面按照学生的居住区域，以学习互助小组的形式，加强学生组织建设，落实家长对小组管理的相关措施。同时，学校积极实施教师志愿者行动计划，深入社区和农村家长分校，搞好沟通和交流，并进行家访，因人而异及时指导好学生的假期生活，使差异教育理念逐渐在家庭教育中扎根、结果。

【陶继新】家庭教育至关重要，家长不但要让孩子学习必要的知识，更要教会他们如何做人。做人教育有学校的责任，也是家长的义务，“子不教，父之过”虽系古训，却有着恒久的价值。小孩子受家庭影响大，受社会影响同样大。学校要与家庭联手，让孩子多参加一些有益的社会活动，让他们在这些活动中，受到良好的教育。你们就是与家长联合，让孩子在校外参加了很多有意义的活动，从而让他们在实践中学会做人。我的两个女儿也很注意这方面的教育，常常会带着孩子到福利院，给那里的孤儿捐款等，让她们的孩子知道，在这个世界上，还有很多人很需要关心与帮助。帮助他们，应当成为每一个人的责任与义务。当孩子不断地做好事、行善事，且认为这是水到渠成之事的时候，就会在他们的心里种下真善美的种子，到了一定的时候，就会扎根、发芽、开花与结果。相反，如果栽种下不好的种子，也会结出不好的果实。

（原载于《创新教育》，2013 年第 2 辑；作者：陶继新、张广利。）

为学生打好生命成长的底色

——莘县实验小学的教育魅力

［**柴林亭校长简介**］

柴林亭，山东省莘县实验小学校长、书记。全国百佳创新型校长、聊城市优秀教育工作管理者、聊城市素质教育领军人物、聊城市师德标兵、聊城市十大绿色环保人物，全运会火炬手。2008 年 9 月担任校长以来，带领广大教职员工，牢牢把握课堂教学这块主阵地，尊重教育教学规律，从每一个教育细节入手，从每一个教育行为抓起，打基础、抓习惯，持之以恒，坚持不懈，形成了自己独特的办学思想体系，走出了一条科学办教育的路子。

编者按：近期，《人民教育》、《中国教师报》等多家媒体报道了聊城市莘县实验小学，全国各地多家教育机构、多家单位数千人次到该校参观、考察，李嘉骏教授、亓殿强所长等国家、省级的教育专家多次来调研。莘县实验小学—— 一个国家级贫困县里的一所普通的小学，一时声名显赫。好多参观者说：莘县实验小学，给人以心灵的震撼、思想的启迪；新课改十年来，教育教学中的很多困惑，我们在莘县实验小学找到了答案；农业小县城，做成了现代大教育。莘县实验小学究竟有多大的魅力？其魅力何在？在大家的关注和好奇中，陶继新先生走访了山东莘县实验小学，并与柴林亭校长进行了如下对话——

【柴林亭】近年来，除了构建“自主互助”课堂，加大力度推进课堂教学改革之外，我们还重点做了六件小事：写好字，读好书，上好操，唱好歌，扫好地，做好人。小事不小，夯实学生终身发展的基础。

【陶继新】您所说的这些事，从表面看起来是小事，其实却是关乎学生生命成长的大事情。要想做好大事，就要像老子说的那样：“天下难事，必做于易；天下大事，必作于细。”从最基础做起，不就是从易处与细处着手吗？

上篇：构建“自主互助”课堂

【柴林亭】自2009年9月起我校进一步深化课堂教学改革，经过几年的努力，在省内外产生了广泛影响。

【陶继新】有努力就有收获，你们付出了很大努力，特别是在课堂教学方面进行了深入探索，产生影响也就水到渠成了。

一、“先学后导、自主互助”教学模式

【柴林亭】我们积极深化课程改革，在课堂教学改革上闯出了一条属于自己的路子，在学科教学中探索出了“先学后导，自主互助”教学模式。

“先学后导，自主互助”教学模式是：教师在教学过程中，首先揭示分类学习目标；其次，指导学生通过开放式学习，独立发现疑难问题和提出问题，包括课前自学的质疑、相关资料的收集等；再次，通过小组交流讨论、研讨汇报，形成和谐的师生互动、生生互动，多向反馈交流的信息，产生教学共振，解决疑难问题；最后，进行分类学习后的成功展示，并引导学生进一步思考探究，实现由课内到课外的延伸，从而提高课堂学习效果，发展学生

的多种能力。

【陶继新】之所以让学生先学，其中内涵了一个重要教育理念，即学生是可以自己学习的。有的教师认为，我辛辛苦苦教，学生还不会，他们能自己学吗？其实，这是一个认识上的误区，由此导致了灌输式的教师之讲，学生处于被动听的状态。其实，学生不但自己可以学，而且还可以创造性地学。魏书生老师曾经一年没有讲课，只让学生自己学，而年终考试，成绩仍相当优秀。当然，开始的时候，教师要引导学生自己去学，必要的时候，可以点拨、指导。你们精心编制的学案，则是一个有效的引导方式。但一定注意，要“不愤不启，不悱不发”。当学生具备了一定学习能力后，他们就有了学习的兴趣，特别是会学与善学之后，就会更加喜欢上学习。而你们的自主合作探究学习，则是让学生逐渐走向自己会学之路的一个好方法。

【柴林亭】经过实践与探索，我们的课堂教学流程为：“依标自学—小组交流—展示提升—反馈拓展”四个环节。

1. 依标自学。这一环节主要是根据教师课前编制的导学案（“导学案”根据教材内容对本节课学习内容提出了具体要求，而且有一定的学习方法指导）自学教材。要求学生用笔圈点出自己有疑问的问题，教师要加强在各个小组之间巡视，关注学生的自学情况，发现学生不投入时，及时委婉地提醒。同时要搜集预习疑难，及时掌握学情。

【陶继新】这个环节有一个很重要的内容，就是要求学生发现疑问点，因为有疑才有问。所以，《中庸》才说“审问之”“明辨之”；而且要“有弗问，问则弗知，弗措也”“有弗辨，辨而弗明，弗措也”。形成这种良好的学习品质后，学生不仅可以学习好，而且在做任何事的时候，都会因具备这样一种品质而取得理想的成绩。

【柴林亭】2. 小组交流。本环节是小组内交流自学成果。先是小组内“对子”之间交流彼此学习的收获，并解决“对子”疑惑的问题。对子解决不了的问题，小组共同讨论解决。

本环节中小组解决不了的问题，小组代表要及时板书在黑板上，以便下一个环节解决。

【陶继新】“对子”交流，可以实现效益的最大化，因为两个人之间，可以无话不谈，可以取长补短，也可以展开争辩。萧伯纳说：“你有一个苹果，我有一个苹果，交换之后，还是一人一个苹果。但是你有一个思想，我有一个思想，交换之后，我们每人就都有了两个思想。”“对子”交流，相当于每个人有了两个思想。而这种思想的丰富，又会为以后的交流积淀思想。

【柴林亭】3. 展示提升。本环节中，一是以小组为单位汇报前两环节对教材的理解、感悟，二是提出小组解决不了的问题在全班交流解决。在该环节中，一是通过小组成员的汇报，让每个学生敢于、乐于把自己的学习心得展示给大家，成就自主学习的自豪感，锻炼个体的自信心，进一步奠定自主学习的自信心；二是通过展示，充分体现各个小组“对子”间的帮扶情况，体现合作乐趣，凝聚团队精神；三是通过小组展示，教师能够快捷、准确地了解学情，真正做到以学定教。

在该环节中，教师要首先进行展示任务分配，然后小组长带领组员做展示准备。接下来各小组展示，讲解自己或小组对知识内容的理解，提出自己的疑惑。这时，其他小组同学要认真倾听，进行补充、质疑、解惑或评价，通过生生互动，实现课堂的真正自主和高效。学生在交流展示时，教师要给他们足够的时间和空间，并积极关注课堂中的每个细节，在这一环节中，对于前两个环节各小组提出的问题，教师首先要组织全班同学进行交流，看能不能解决，学生能解决的教师不要讲解。全班同学实在解决不了的问题教师也不要急于讲解，要通过进一步启发、点拨看学生能不能解决。不能解决的，教师该讲解的仍要讲解。教师的点拨、引导要起到画龙点睛的作用。对于关键问题，当学生提不出质疑问题时，教师要追问；当学生讨论偏离主题时，教师要及时引导；当学生点评不到位时，教师要做重点点评，让学生知道怎样做是好的，怎样做是不应该的，从而推进课堂向纵深发展。

【陶继新】展示是小组合作学习的关键性环节，也是最能激发学生学习兴趣的一个节点。几乎所有的学生都希望将自己的发现与收获展示出来，如果展示成功，还会生成一种特别的自信。而这种自信心，会让他们在今后的展示中，更加"出彩"。这就形成一种提升自信的良性循环，学生在这种循环中，不但更有自信，也更具备了解决问题、梳理问题、表达问题的能力。同时，在展示过程中，只要学生能够自己解决的，教师就一定不要插手；学生解决不了的，也不要急于插手，而是巧妙地诱导，尽可能让他们自己解决，有时，还可以让他们继续讨论，甚至有些问题可以放一下，让他们通过课后学习探索再行解决。这样做的目的，就是培养学生自己解决问题的能力，特别是善于、乐于解决问题的能力。有了这种能力，就会出现"师逸而功倍，又从而庸之"的教育景观。当然，学生确实解决不了了，教师就要适当点拨，但一定要要言不烦，诚如《学记》所言："其言也约而达，微而臧，罕譬而喻。"这样则可以让学生感受到教师水平之高，且有一种豁然开朗的感觉。

【柴林亭】4. 反馈拓展。学生在自主互助、展示交流中，以小组为单位穿插完成了基础知识的巩固与训练。在此基础上，教师要以班级为单位进行知识盘点或反馈，进行学法收获的总结与提升，进行适度拓展，以激活学生思维，培养学生知识迁移的能力。

【陶继新】学法总结与提升至关重要，有的时候，方法比知识更重要。当学生学会了某些学习方法后，不但可以解决当下的问题，还可以解决其他类似甚至更难的问题。这种能力迁移，会让他们更加乐此不疲地去进行新的探索。

二、学习小组建设

【柴林亭】这样的课堂，学生展示之所以如此自信、如此精彩，是因为我们构建了学生有效参与自主互助学习的保障机制，那就是学习小组的建设。

过去，教师通常面对班级群体进行教学，学生之间的交流合作很难落实。

尤其是我们城区学校一个班70余人，要真正落实学生间的合作交流，就必须建立学习小组，把课堂分成许多小单元。在学习过程中，充分利用学生间的差异，发挥互帮互助作用，让学生充分合作，人人参与其中。

1. 学习小组的组建。科学合理地组建学习小组是实施高效课堂的第一步。学习小组的组建并非简单地把几名学生放在一块，而是需要班主任老师全面考虑并且同任课教师商量后进行分组。学习小组的组建主要依据以下几个原则。

原则一：同组异质，异组同质。主要依据学习成绩，初建学习小组，在学生相互并不了解的基础上，依据成绩采取一条龙的形式分组，每组学生分为三个层次：A层—B层—C层。

原则二：每组人数以6人为宜，一般为：AA—BB—CC。组内成员要有明确分工，有组长、记录员、汇报员等，小组角色应互相转换，增进生生互动。

原则三：除成绩外，班主任老师还要考虑男女同学的搭配、学生的性格及学生的兴趣爱好等。

【陶继新】您说的小组组建太好了！有的地方也进行了小组合作学习，为什么不如你们的效率高呢？关键是合作不能只是形式上的合作，要有内涵上的交流；不但要有形上的合作，还要有神上的和谐。你们的三原则，又让小组合作学习走到了高层境界。成绩不同的学生组合在一起，便于学优生帮助学困生，也便于学困生向学优生学习。正是在这种帮与学中，彼此建立了友谊。《学记》说："独学而无友，则孤陋寡闻。"而有了学友呢，则会视野开阔、扬长避短。况且，学困生在其他方面也有表现优秀的地方，有的也可以帮助学优生。有了这种内在的合作意识，也就有了合作成功的希望。

小组分工与角色互换在小组建设中起着举足轻重的作用。只有各有责任，才能各负其责；只有各负其责，才能事事有人管，人人有事干，才能人人都积极。而不同角色的调换，则可以让每个成员体会到其他成员"工作"的苦与乐，才能更尊重别人的劳动，更好地服从领导。这样，自然也就形成了一个和谐团结的集体，也就有了形成学习共同体的基础。

不同性格及男女生的有效搭配，可以锻炼学生适应集体学习与生活的能力，甚至彼此间有些摩擦都有有利的一面。因为任何人都不是生活在真空里，学生亦然。只有适应别人，别人才能适应自己。而有了这种适应能力之后，小组合作学习的时候，才能产生更多的正能量，消解负能量，从而实现学习效率最大化。

【柴林亭】2. 组长的选择。学习小组组建完成后，需要选择组长、副组长、记分员等小组机构。组长在学习小组中的作用既相当于“小班主任”，要管理组员；同时又相当于“小教师”，要组织组员进行课前自学和课上展示。因此，班主任选择组长要慎重，选好组长，让他们真正成为自己管理班级的好帮手。组长的选择主要考虑以下两方面：首先考虑学习成绩，成绩在小组内要处于中上等，但并不一定是学习最好的，一般由A或B层次的学生担任。其次考虑其组织能力、责任心和威信等因素。

【陶继新】小组长不但学习要较好，还要具备一定的权威性。小组长的重要任务，就是要带领小组成员有效地进行学习，并在学习中提升群体的合作意识。所以，在很多方面，小组长应当是大家学习的典范，这样，才能做到“不令而行”；同时，还要有一定的“领导”能力，不然，在组织大家学习时就有可能出现不服气的组员。选好小组长，有两个好处，一是让小组合作学习效益最大化，二是更好地培养学生干部。

【柴林亭】3. 小组文化建设。小组文化的建设正如班级文化建设一样，能够起到凝聚、团结的作用。小组文化建设主要包括显性文化和隐性文化。所谓显性文化是指小组组建后，要求各组在组长的组织下，创新性地给小组起名、设计组徽、制定小组宣言及奋斗目标（个人、小组、班级）。这样可以使得每个小组更有凝聚力。

【陶继新】文化是什么？简而言之，就是以文“化”人。显性文化、隐性文化，都要起到“化”人的作用。小组文化建设得好，就可以让大家感到小组是和谐向上的，是可以不断进步的，即使有点问题的学生，也可以在这个集体中改正问题，走向优秀。而优质的小组文化一旦形成，就有相对的稳定性，会更好地提升小组文化，会让群体更快更好地成长。

【柴林亭】4. 小组评价。小组评价在整个小组建设中占有非常重要的作用。如果没有评价或评价不到位的话，那么学习小组就形同虚设。通过评价，激发学生的竞争和合作意识，让学生在课堂上质疑和对抗；通过评价，让学生逐步意识到学习是自己的事，自己是学习的主人。

结合我校实际情况，我校的小组评价是节节有反馈、日日有评价、周周有总结、月月有表彰。

节节有反馈：每节课的反馈，由任课教师负责，根据学生的课堂表现，依据评价细则给予量化。并在下课前宣布最佳小组和最佳学习个人。

日日有评价：即将一天每节课的数据汇总到值日班长处。值日班长由全班同学轮流担任，值日班长整理数据后于次日总结点评。

周周有总结：值日班长将每天数据汇总到值周班委处，值周班委整理数据后在下周班会上总结点评。

“分组学习，捆绑评价”，每个小组内的优秀生和非优秀生结成帮扶对子，小组内每个同学取得的任何进步和成绩，老师都不是表扬个人，而是评价整个小组。这样就大大激发了小组成员间互帮互助、共同进步的热情。

【陶继新】你们的评价有两大特点：一是即时性，二是有效性。即时，可以让学生很快知晓自己哪些地方做得好、哪些地方还存在不足；好的继续发扬，不足的尽快改善。有效，则提高了评价的品位，也可以帮助学生在评价中不断发展。

“捆绑评价”有着很大优势，它可以让学生更有责任心。因为捆绑评价可以让小组成员形成一荣俱荣、一耻俱耻的共同体。学优生帮助学困生是天经地义之事，而不是额外负担；学困生主动向学优生学习，并力争不断进步，成了内在的要求，不然，就对不起所在小组。久而久之，这种共进的态势就会成为常态，会让每个学生都感到学习不只是自己的事，也是小组的事。而这种荣辱与共的品质，还会对学生产生深远影响，从而让他们在以后的学习与工作中更有责任感与事业心。

下篇：认真做好每件“小事”

【柴林亭】如果把课堂教学改革比作实施素质教育的主题支柱，那么，夯实常规管理则是实施素质教育的基础支柱。我校课堂教学改革的成功，正是因为我们抓好了“写好字”“读好书”等一件件小事。

【陶继新】在中国传统教学中，写字与读书是最为重要的科目。只不过现在不少学校越来越不重视写字教学了，甚至有的学校读书也越来越少了。可是，从本质意义上说，中国字写不好、书也读不好的学生，算不上一个优秀的学生。从这个意义上说，你们关注学生的写字与读书，当是培养中国优秀学生的必需品质。

一、写好字，堂堂正正做人

【柴林亭】《语文课程标准》明确指出：按照规范要求认真写好汉字是教学的基本要求，练字的过程也是学生性情、态度、审美趣味养成的过程。每个学段都要指导学生掌握基本的书写技能，养成良好的书写习惯，提高书写质量。因此，写好字是小学生必须具备的一项基本素质。我们的做法是：明确一种意义，即人能写字，反过来也能“写”人。要想把字写好，就得全神贯注、凝神静气，仔细观察字形结构，不仅需要揣摩笔画的呼应、避让、穿插等，还要脑、眼、手并用，准确控制运笔的轻重缓急。久而久之，当学生将字写正确，结构比例恰当，达到整齐、清楚、易认、美观的要求后，便养成了认真细心的学习态度及良好的意志品格。

【陶继新】古人说“文如其人”。其实，也可以说“字如其人”。一个性情浮躁的人，是不可能一笔一画将字写好的。现在有的学生甚至大学生写起字来龙飞凤舞，让人难以辨认，甚至自己都不一定再认清者也并不少见。也许有人认为，现在都用电脑打字了，还用得着手写吗？其实，他们不明白一个道理，写字与做人是紧紧联系在一起的。特别是小学生，认认真真练字的过程，也是让他们沉下心来好好学习的过程。一个学生学习成绩的优劣，与其智力有一定关系，可最为重要的，是有没有专注力和好习惯。而练字，则是培养学生专注力与养成认真学习习惯的有效方法之一。更重要的是，一个学生如果小时候有了宁静的心态，不但当下学习会好，而且以后做起事来，也能够一丝不苟，做得仔细出色。可以这样说，练字，是一个人未来走向成功的修炼课。

【柴林亭】是的。对此我们做好六项落实。

1. 培训落实。聘请书法功底深厚的老师对全体教师进行写字培训，培训内容主要围绕执笔、坐姿、运笔、笔画、间架结构等进行，每一次培训，既有培训老师的讲解指导，又有受训老师的现场抽测，不达标的老师继续加班培训。同时我们规定每位任课老师在每节课都有指导学生写好字的义务，课堂板书，每个字必须写得工工整整、认认真真。通过培训，全体老师的粉笔字、钢笔字水平得到了较大提升，为指导学生写好字打下了坚实基础。

【陶继新】俗话说：“名师出高徒。”你们请书法功底深厚的老师为你们的教师辅导，当然会有“高徒”出现，而且你们的老师学起来还异常认真。在贵校听课时，不管哪个学科的老师，都写得一笔工工整整的好字，让人佩服。老师认真练字，才能更好地让学生练字；老师写好字，才能教出写好字的学生。再看看你们的学生，几乎个个写得一手好字。在我看演练字的时候，他们不但认真，还很有一种自豪感与自信心。更重要的是，这种写字认真的态度与自信也会迁移，迁移得越好，成长得越快。

【柴林亭】2. 指导落实。我们确定班主任是指导学生写好字的第一责任人，要求每个班主任在指导学生写字时严格执行“四步走”：第一步，提笔前检查坐姿和握笔姿势，全班同学都有了正确的姿势方可动笔。第二步，学生下笔前先学标，这个标就是指导老师，充分发挥教师的示范作用，指导教师先在黑板上示范，并对汉字的结构、笔画、运笔、收笔等做详细讲解指导；此时，学生边看教师的书写边进行“书空”练习。第三步，学生掌握了书写方法后，自己在习字本上练习，老师巡视，并相机进行指导，对书写好的用红笔圈画，书写不到位的及时点拨，坐姿、握笔姿势不正确的随时纠正。第四步，评价。首先是小组内“对子”之间互评，然后教师进行点评，对共性问题再作进一步指导。正是因为有了扎扎实实的“四步走”，我校学生的书写水平得到了稳步提高。

【陶继新】一般学校的写字教学任务由语文教师来承担，如果是数学老师当班主任，对写字教学也多不太关注。你们确定班主任是指导学生写好字的第一责任人，则上升到了管理的角度。在学生心里，班主任是“管”他们的，是最重要的。班主任要求做的事，学生不可能不认真对待。况且又有“四步走”的严格要求呢！特别说说你们第一步的提笔前检查坐姿和握笔姿势。这个问题解决不好，至少会造成两个问题：一是离写字的纸太近，久而久之，近视的学生增多；二是这两个“姿”解决不好，就会养成不好的习惯，且终生难改。因为这些问题做得好，所以你们的学生中近视者寥寥无几，这在全国都非常少见。

【柴林亭】3. 时间落实。一是语文课上，学习每篇课文，教师指导学生写字的时间保证不少于 10 分钟。二是每天下午拿出 15 分钟时间由班主任根据字帖指导学生写字。

【陶继新】有时间才能有数量，有数量才能有质量。可是，这些时间却是从一般课程中挤出来的啊！其实，课程之中就应当明确规定写字时间和课时安排。只有这样，才能让学生写出好字，形成好习惯。

【柴林亭】4. 活动落实。定期开展书写展示活动。每周一小展示：在本班教室外墙壁上展示15～20名同学的书写作品，称为小展示。每两周一大展示：年级选出书写好的或进步较大的100名同学的书写作品，张贴在大图板上，放在校园显著位置供全校师生点评。同时，学校选出300名同学的作品制作成小卡片在学校宣传栏展示。展示的目的一是实现“我写你评”，更好地促进每个同学把字写好；二是让每个同学都有自我展示的机会，获得成就感。另外，定期开展“小小书法家”、“书写进步之星”评选活动。每周每个年级各评选出30～40名“小小书法家”和“书写进步之星”，利用周一升旗时间进行表彰，使每个同学都获得成就感。

【陶继新】展示是调动学生学习积极性的有效手段之一。写了好字，展示出来，就会让更多的学生及教师看到，并得到大家的认可与称赞，由此在心里生成一种特别的自豪感。这样，会促进他们更好地练习写字，字也写得更好。这种良性循环，甚至有可能让学生在写字中进入一种乐此不疲的审美状态，进而优化生命的质量。

【柴林亭】5. 常态落实。提笔即是练字时，写好字，不只体现在写字课上，我们要求学生要把写好字贯穿在各门课程的书写之中，进而使学生养成无论何时何地都要认真书写的习惯。

【陶继新】常态落实的结果，会让学生形成一种写好字的习惯，不要说在其他学习之中，就是走到校外，到了社会上，提笔写字的时候，也会写得工工整整。这就形成了你们学校的一个“名片”。

【柴林亭】6. 评价落实。我们把写好字纳入每个教师及级部主任的工作考评，并实行多级评价。每天级部主任检查学生写字情况，评价班主任；每周每班上交15名同学的作品（不重复），分管校长评价级部主任；每学期，中心教研组对学生书写进行抽测，评价学科教师。

【陶继新】将写字纳入对教师的考评之中，就会让每个教师都高度重视学生的写字训练。于是，不管在什么学科的课堂上，甚至在课下，任何一个教师，都会是学生写字的促进者、助力者。这与上面的几项措施环环相扣，学生写好字也就有了必然之势。

【柴林亭】通过坚持不懈地努力，让3000余名学生的书写发生了翻天覆地的变化。我们坚信，坚持下去，写字就会成为我校一道亮丽的风景。

【陶继新】“种瓜得瓜，种豆得豆。”这是一个不变的规则。你们如此坚持不懈地抓下去，不仅学生会写好字，做好人也有了“道法自然”的可能。

二、读好书，快快乐乐生活

【柴林亭】为确保全体学生的可持续发展，确保课程改革顺利进行，近年来，我们还开展了独具特色的读书活动。

1. 课内保底。我们要求每个同学都能把每篇课文读正确、读流利，90%的同学能够读出文章所蕴含的情感。每两周，学校组织专门人员对各年级学生的读书情况进行抽测，并根据“正确度、熟练度、流畅度、情感度”对学生进行评价。期中、期末将累计评价结果纳入教师的教学评估。

【陶继新】你们的这个“保底”，是高要求的保底。中国古代教学的时候，先生很少讲文意，而是让学生摇头晃脑地诵读，直到文意呈现在学生大脑中为止。这看起来是“落伍”的，其实有很多道理在其中。没有感情之读是读不出作者的情感的。因为所有的课文都是有生命的人写出来的，刘勰说：“情动而辞发。”而学生在读的时候，就要“披文以入情”。

【柴林亭】2. 课外保量。中高年级，每学期每班安排50节阅读课。一是自由选读，学生可从藏有10余万册书籍的学校图书室自由选书阅读；二是读学校编印的《课外阅读拓展读本》，每年级两本，共12本，6年阅读量达60余万字。

每学期学校规定每个学生至少读两部大部头的书。读书前，每个学生在老师的指导下制订出读书计划。读书过程中，要求学生做好读书笔记。

一本书读完后，各年级先在班与班之间进行图书“漂流”，然后在年级间进行图书“漂流”，让图书发挥更大作用。

完成学校要求的必读书目后，学生根据自己的情况，在老师的指导下进行再阅读。

各班开展“美文推介”活动，每节阅读课由小组推荐两篇美文并当场朗读，鼓励学生课下多搜集美文，优中选优在阅读课上进行展示。累计下来，每学期每名学生至少读 100 篇美文。

【陶继新】古人说：“读书破万卷，下笔如有神。”就是说要有一定阅读量的积累。好书读得多了，其中的文理意蕴也就走进了读者的心里；写作的时候自然就化成了自己的东西。有的人投机取巧，只在写作方法技巧上找门路，结果到头来还是不能下笔成文，更遑论写出好文章来了。我看过你们学生写的一些作文，可以说他们的水平绝对超过一般学校学生的水平。经过了解才发现，他们读的书不但量多而且品位高。你们的“美文推介”活动，则让更多的学生可以分享到更好的书。读好书多，不只是写作水平高了，做人也做好了。因为好书之中，几乎无不内含着真善美，久而久之，这种美质，就会流进学生的心里，塑造他们的生命。

【柴林亭】3. 活动保质。读书必须消化，才能起到事半功倍的效果。因此，在保证大量读书的基础上，我们通过独具特色的读书交流活动确保了学生读书的质量。

学生每读完一本书，各班就会开展读书交流会，彼此分享自己的读书收获。做法：①准备展示。展示内容可以是背诵精彩片段、概括故事梗概，也可以是分析人物性格等；形式可以是个人展示，也可以是对子结合、小组集体展示，可以朗诵、表演，也可以以相声、快板的形式呈现。②小组展示。在组长的组织下，小组内的每个人就准备好的内容人人进行展示并评选出最优者。③全班展示。以小组为单位开展读书交流展示。如：《水浒传》读书交流会，有的小组展示“人物绰号趣谈”，有的展示“人物性格分析”等，内容丰富多彩，形式多种多样。通过如此日复一日的读书、积累、交流、展示，学生的综合素养得到不断提升。

【陶继新】开展读书交流会，当是推动读书活动的一种有效载体。学生读了好书，有了感受，说出来时，不但深化了书的内容，也加入了自己的认识与理解。去你们几个教室观看过学生的读书展示活动，真是热闹非凡。他们谈论起来口若悬河，而且充满了自信。如果当场实录下来，就是一篇篇的美文。其实，这就是作文，只不过不是书面语言，而是口头作文而已。口头作文做好了，也能促进书面作文水平的提升。而当学生爱上写作的时候，他们就会更加爱阅读。

【柴林亭】行为养成习惯，习惯决定品质，品质决定命运。小学阶段是培养习惯的关键期，叶圣陶先生指出小学教育的根本任务："教育是什么？往简单方面说，只需一句话，就是要养成良好习惯。"为此，我校始终把培养学生良好习惯作为常规管理的重要任务，每学期确定两到三个主题，根据实施方案抓好落实。学校专门成立了"学生良好习惯养成督导组"和"少先队督察队"，负责对学生的各种行为习惯进行检查、督导、评比，收到很好效果。

【陶继新】人们越来越明白了习惯养成的重要性，当然，明白与做好还是两回事，关键是"知行合一"。在这方面，你们进行了有益探索。上次去你们学校采访时，学生的良好表现很令我感叹："冰冻三尺，非一日之寒也。"因为任何好习惯的养成，都是需要时日的，有的还会反复。这说明，你们在这方面是下了大功夫的，是对学生高度负责的。因为小学时代形成了好的习惯，就等于为其一生积蓄了取之不尽、用之不竭的成功资本啊！

三、"两排三行"，践行规则意识

【柴林亭】"规则"一词辞海解释为"由群众共同制定和公认或由代表人统一制定并通过的，由群体里的所有成员一起遵守的条例和章程"。规则本身无美感可言，但由于有了规则的存在，有了人们遵守规则的自觉行为，才拥有了和谐有序的美好景观。而从小学开始培养学生的规则意识尤为重要。

【陶继新】中国人的规则意识差，是世界"闻名"的。如果追根溯源，与小学阶段没有形成规则意识有关。其实，规则是神圣的，是应当敬畏的。而且，遵守规则还要内化，不能只是因为它是规则而我不得不遵守，而是应当认为遵守规则是一种美德，是一种文明的体现。有了遵守规则的习惯，从小就可以做文明的小使者，长大成人后，就会成为文明的公民。

【柴林亭】一年多来，我们着力在全体学生中培养“自觉成队”的习惯。明确规定：只要是莘县实验小学的学生，不管在校园，还是在校外，两个人行走要自觉站成一排，三个人行走要自觉形成一行，简称“两排三行”。具体做法是：

1. 宣传发动，提高认识。利用升旗仪式和灵活多样的主题班会，把活动的意义和要求根植于孩子们的思想深处，为学生自觉践行“两排三行——自觉成队”打下坚实的思想基础。

2. 出台方案，明确规定。出台《学生“自觉成队”实施方案》，对活动的意义、内容、方式以及考核评估办法进行明确规定，让每个学生明确“两排三行，自觉成队”的具体要求。

3. 加强评估，落实方案。一是“学生良好习惯培养督导组”和“少先队督察队”负责日常检查与评估：①不定期进行检查督导，及时纠正指导并记录违反规定学生的班级姓名；②每周通报检查结果，并与年级评估和班级评估挂钩；③每周评选先进年级和班级，利用升旗仪式颁发流动红旗。二是年级部进行检查评比：每天进行不定时检查，及时公布检查结果，与班级评估挂钩，并及时上报到学校；学校对年级自我检查情况进行督导。

在检查与督导中，我们形成了“学校—年级—班级—学生”梯级检查体系，让每一个学生认识到“我必须这样做”。

4. 展示自我，践行规则。我们改变“强化训练”的传统教育理念，以人为本，让学生做管理和教育的主人，通过搭建自我管理的舞台，让学生乐于做、愿意做，逐步形成自觉性。设立不同形式的“示范岗”，如“自觉行走示范员”“走路轻轻示范员”等，由每天行走规范的学生担任，每天轮换；开展

"自觉成队小标兵"评选活动，每周一利用升旗仪式进行公布，并颁发证书，充分发挥模范学生的带头引领作用；在楼道、宣传橱窗等处展览活动剪影，在雏鹰广播中宣传先进集体和先进个人，极大地增强了优秀学生的荣誉感。

随着时间的推移，由"两排三行"到"自觉成队"，遵守秩序、践行规则的观念已悄然根植于学生的心田，他们的行为已成为我们学校和大街小巷一道亮丽的风景线。

【陶继新】由"两排三行"到"自觉成队"，要经历一个很长的过程，甚至可以说是一个相当艰难的过程。可是，由此而在学生心里形成的品质，却是终生的。因为这样的行为，开始的时候，还可能有老师的要求，甚至是一定的强制行为，可是，到了后来，就成了一种自觉、一种习惯。更重要的是，这种"自觉成队"已经烙印到了学生心里，并升华成了一种美德。

我经常想，中国人要想成为真正意义上的世界强国，仅有经济的发展行吗？显然不行。还需要一个重要指标，那就是文明系数。我到一些发达国家去的时候，看到民众文质彬彬的样子，心里总会有一种隐痛。这种文明，不正是几千年前中国所固有的美好行为吗？为什么这么多年过去了，我们这"文明古国"反而没有文明之风了呢？这当是一切教育者应当深深思考的大问题。你们不但思考了，而且行动了；不但行动了，而且收获了硕果。我想，如果全国所有的学生都像你们的学生一样文明，那么，未来的中国就一定是真正的强盛之国，也一定会得到世界的尊敬。

四、讲究卫生，养成良好习惯

【柴林亭】一室不扫，何以扫天下！良好的卫生习惯是一个人健康成长、实现可持续发展的基础，是学校教育的重要组成部分，也是全面实施素质教育的需要。良好的个人卫生习惯，不但有利于保持校园良好的卫生，而且还体现了小学生的认真、严肃、谨慎及文明气质，影响着将来的国民整体素质。

【陶继新】良好的卫生习惯，不但有利于身体健康，也是文明的标志。不过，在不少人的心里，对这个问题认识并不到位，甚至学校里也不卫生。我到一所名校听课的时候，校长讲得头头是道，可他们的厕所却脏乱差到了极点。如果连校长都没有卫生意识，就更不要说老师与学生了。你们县是经济欠发达县，可是您与老师们对卫生习惯养成的重视程度，以及为此付出的努力却是超越很多大都市的名校的。

【柴林亭】我们的做法是：1. 自查互查，确定目标。长期以来，学生养成的卫生习惯，由于没有较好地形成自律，时常发生反复现象，为此我们进行了反思，并采取了相关措施：

开展自查与互查。我们在全校范围内开展生生之间、师生之间、师师之间的自查互查活动，每个同学、每位教师都要反思自身存在的问题，以班级、年级组为单位形成反思报告上交学校。特别是我们实施分组学习后，小组内同学之间经常互相邀请串门，串门有一项特殊的任务就是参观同学居室，特别要参观评价同学的卧室，参观的过程也是学习的过程。通过这个活动，每个学生的卫生意识得到进一步增强。

召开教师代表座谈会，共同探讨我校在培养学生卫生习惯方面存在的问题。通过梳理，发现的主要问题是：废纸较多，口香糖痕迹经常出现，课桌墙壁有乱涂乱画现象，环保意识薄弱等。

【陶继新】参观同学居室的做法很有创意。小学生都有一定的自尊心，如果别的同学前来参观时，自己的卧室乱七八糟，就会在其他学生面前丢面子。为了赢得同学们的好感，就要好好打扫自己房间的卫生。如果有哪位同学做得非常好，其他同学还会“学而时习之”。一次两次的参观未必能够让学生形成习惯，而经常化的参观，则会让学生越来越讲卫生，直至养成自己打扫卫生的习惯。而自己的卧室卫生好了，在那里学习休息时，也会有一个好心情。当得到别人称赞的时候，则会有一种自豪感。

【柴林亭】2. 开展活动，强化意识。培养小学生良好的卫生习惯要充分发挥小学生的积极性。实践证明，让学生坚持做一件事，强迫和命令往往不能长久。最重要的还是让他们明白这样要求的原因并从心里接受，他们才会愿意并持续地做好它。为此，我们开展主题班队会，首先观看有关的视频、图片资料，让孩子们直观地感受到讲卫生的重要性，然后指导学生运用讲故事等自己喜欢的方式，把有关讲卫生方面的要求表达出来。针对低年级学生认识水平低、识字不多的特点，我们采取看漫画、放幻灯、讲故事、唱儿歌、演节目等方式进行自我教育。

【陶继新】心理的认同是自觉行动的必要条件。您所说的自我教育，则是养成卫生习惯的关键。他律是重要的，可是没有自律，他律就不可能持久。你们采取的一系列教育活动，则让学生有了自律意识，有了自我教育的要求。

【柴林亭】3. 制定制度，培养习惯。由于小学生自我控制能力差，尤其是独生子女娇生惯养的比较多，因此还必须靠制度来约束。

截源堵流，即截断产生垃圾的源头。为此我们制定了一系列制度，如，针对学生产生废纸较多的现象，禁止学生随意撕纸，不做纸片作业；针对出现口香糖痕迹现象，一是开展“生活垃圾如何处理”大讨论活动，二是严禁带零食进学校。

班级自查。要求各班制定出卫生清洁制度、学生个人卫生制度和每天晨检制度，通过加强监督与检查来规范学生行为，培养学生行为习惯的养成。如，学生个人卫生里有一条“勤洗手、剪指甲”，老师监督学生体育课后排队洗手，不洗手者不许上课；每周检查指甲的长短。

学校督查。学校督导组和督察队每周不定期对教室、办公室、楼道楼梯、卫生区等进行突击检查，及时公布检查结果，对做得好的班级、年级通报表扬，对做得不好的年级和班级限期整改。

通过加强检查力度和强化训练，学生的卫生意识逐步增强，卫生习惯逐步养成。

【陶继新】有制度不一定能形成制度文化。有的学校也有制度、要求，可是，学生为什么还是乱扔废纸？关键是没有形成制度文化。制度文化的关键，就是不但认同它，更要遵守它。如何让学生遵守这些制度呢？你们做了有益的探索。特别欣赏你们的禁止学生随意撕纸，不做纸片作业制度。推行这种制度的结果，学生不但不随意撕纸了，而且作业也干净了。这种习惯，对于他们以后更好地完成课后作业，以及考试，都会起到很好的作用。

【柴林亭】4. 树立榜样，带动整体。榜样是无声的力量，是孩子习惯的典范，对孩子有说服力、感染力。

教师的表率作用。要求学生做到的，教师自己首先要做到。如，教师带头扫地、拖地，手把手地言传身教，教会学生打扫卫生、整理课桌等活动，给学生做了很好的表率。

学生榜样作用。班级每周评选“卫生每周之星”“环保每周之星”，小组开展“个人居室卫生之星”评选等，有力地促进了全体学生良好卫生习惯的养成。

【陶继新】榜样的力量是无穷的，特别是老师的榜样力量更大。而老师在做榜样的时候，既要有意为之，即有意识地教会学生如何讲究卫生；也要无意为之，即不管有人没人，不管在什么地方，都要是讲卫生的模范。教师讲卫生应当是自然的，“如恶恶臭，如好好色”的。而这种潜在教育的作用，则往往可以形成一种很大的教育能量。

【柴林亭】5. 家校联系，提高效果。行为习惯的养成除了学校这一阵地外，家庭、社会也是不容忽视的。我们通过打电话、家访等渠道，使家长明了自己子女在他人与集体中的行为表现；同时也通过家庭来了解学生在校外的卫生习惯；并让家长了解学校对学生的行为习惯要求，要求家长积极发挥家庭教育优势，主动配合学校加强对其子女的教育；并督促检查，认真做好孩子的卫生行为训练，使家校教育并驾齐驱，从而促使学生形成良好的卫生习惯。

【陶继新】家庭是学生受教育的重要场所，家长讲卫生了，孩子自然而然就会受到影响。所以，要让家长充分认识到他们讲卫生的重要性。同时，我觉得也应当告诉学生，如果家长不讲卫生的时候，也要主动地提醒家长，帮助家长改掉不讲卫生的坏习惯。也就是说，家庭卫生，既要家长努力，也要学生协助。而家庭卫生好，学校卫生也好了，才能更好地让学生形成讲卫生的好习惯。

（原载于《中国教育报》，2012 年 12 月 18 日，第 4、7 版；作者：陶继新、柴林亭。）

让学校成为教师快速成长的乐土

——滕州市实验小学新校的腾飞与超越

［高宪彬校长简介］

高宪彬，山东省滕州市实验小学新校校长，曾获得滕州市优秀教育工作者、滕州市推进素质教育先进个人一等奖、枣庄市民办教育先进个人、全国民办教育先进教育工作者等荣誉称号。所主持的多项实验课题被评为省优秀成果一等奖。他致力于师资队伍的培养，坚持文化立校，以文化引领学校的发展，引领教师的成长和提升。短短几年，带出了一支思想过硬、业务精湛、行为高尚的教师队伍，把实小新校办成了一所社会满意、家长放心、学生喜爱的一流小学。

编者按：教师是教育事业的第一资源。培养造就一支一流的师资队伍是学校获得可持续发展的不竭动力。近几年来，滕州市实验小学新校立足学校实际，多措并举，促进教师成长与发展，短短的几年内，使学校实现了腾飞与超越。近期，陶继新先生赶赴该校，与高宪彬校长进行了一场对话，就教师成长与发展问题作了深入的探讨。

构建“思想过硬，业务精湛，行为高尚”的教师队伍

【高宪彬】当校长这么多年，我越来越深刻地认识到这样一个问题：校长应当引领老师们“创办什么样的学校，培养什么样的学生，打造什么样的教师队伍”？这是一个校长必须十分明确并时刻铭记于心的课题。“办什么样的学校”是事关学校的办学方向问题，“培养什么样的人”这就涉及了学校的办学目标问题，而这其中的核心则是师生价值观形成的问题。这些年来，我校全面贯彻党的教育方针，坚持实施素质教育，面向全体学生，促进学生全面发展，致力于塑造学生健全的人格，教学生学会学习、思索和创新，为学生的终身发展奠定基础。“让每个学生绽放生命的精彩”是我们的办学理念，“教他们六年，为他们一生”已成为全体教职工自觉践行的教育。事实上，办教育、培养人，关键在教师队伍——教师是教育事业的第一资源！当年清华大学的梅贻琦校长早有论述：“所谓大学者，非谓有大楼之谓也，有大师之谓也。”可见教师在推动教育事业健康和谐发展中的作用有多么重要！

【陶继新】教师思想境界与业务水平的高下，决定着学生成长的快慢。民国与近现代，中国中小学校里不但有名师，还有大师。现在不但大师没有了，真正意义上的名师也并不太多。所以，关注教师发展，培养优秀教师队伍，让真正能够走向名师境界的老师脱颖而出，当是一个有良知的校长责无旁贷的责任。在采访您与老师们的时候，我感到您是用心在做教育，尤其在教师队伍建设方面下了不小的功夫。所以，你们的学校在不太长的时间里，就成了滕州市的名校。不但教师有了快速的发展，学生也有了健康的成长。

【高宪彬】只会教学生死读书、考高分的教师，我不敢说他不是合格的教师，但我可以肯定地说：他起码不是真正意义上的教师，更不会是优秀教师！正是基于这样的认识，在实际工作中，对师资队伍建设，我提出了十二字要求，那就是：“思想过硬，业务精湛，行为高尚”。

【陶继新】绝大多数教师，都希望自己能够成为一个优秀的教师。可是，由于种种原因，大多还与优秀有着一定的距离。您希望你们的教师从一般走向优秀，才提出了这十二个字的要求。如果加以有效的措施，让更多的教师越来越优秀，就不会是一个梦想，而是会变成一种美好的现实。

【高宪彬】是的，培养造就一批名师对促进学校发展极为重要。我想具体阐述一下我的十二字要求：所谓“思想过硬”，是说作为教师要很好地理解并认真贯彻落实党的教育方针，要有先进的教育思想，虔诚的敬业精神。这是“根”，是教育的出发点和落脚点。所谓“业务精湛”，则要求教师要真正落实好课标精神，能够很好地把握教材，具备过硬的教学基本功，熟练驾驭课堂，在实际的教学工作中体现对孩子的终极关怀，有效培养学生的能力，为孩子的终身发展奠定基础。这是“本”，是教师之所以成为教师的“本钱”。所谓“行为高尚”，是说教师是学生的一面镜子，因此教师要有高尚的行为方式，高雅的兴趣爱好，以教师的高尚品味，成就学生的高尚品味。一句话：让学校办好学校该办的事，让教师尽好教师应尽的职责。

【陶继新】您的阐述很有道理。对于“业务精湛”，我再多说几句。教师的业务水平，需要认真研究教材与教参，也需要好好阅读教育方面的书刊，从而形成非常过硬的专业水平。可是，仅仅停留在这个层面，还不能走进全国名师的方阵。一个优秀的教师，除了本专业的业务水平高之外，还需要学习教育之外的高品位的文化。陆游对他儿子说：“汝果欲学诗，功夫在诗外。”教学亦然。如果不在“诗外”下大功夫，也许可以是一个合格甚至是相对优秀的教师，可是，他不可能向更高境界跃进。比如当今中国小学语文名师王崧舟，他所读的很多书，是儒释道原典，有的还进行了背诵。所以，在上课的时候，就有了超越一般名师的内在力量，就有了属于他的诗意语文。国学大师钱穆，在中小学教学的时候，所看的刊物是清华北大等名牌大学的高端学术论文，且对《论语》等进行了系统的研究。一般教师很难达到王崧舟的水平，更无法与钱穆相比。可是，却可以通过“诗外”高品位之学，让自己的业务水平有一种质的飞跃。

供书、送书、奖书、荐书、问书和考书掀卷教师读书热潮

【高宪彬】是的，没有教师的成长，就没有高品位的教育。教师的成长离不开学习，而读书是最为重要的学习途径。教书的人，首先应该是个爱读书的人。所以我们要求：爱读书、读好书应该成为实小新校教师的职业素养和习惯。

【陶继新】不但要爱读书，而且要读好书。因为好书中内蕴着思想与智慧，读得多了，就会渐渐地提升自己的人生品位。当老师们将读好书视作生命成长必需的时候，教学达到比较高的水平也就有了必然之势。

【高先彬】在引领教师读书的过程中，我们想了很多办法：一是给老师提供读书的时间。我们把每周三下午的最后两节课设为师生共读时间。这两节课，全校 1500 余名学生都在各自的教室内自由阅读、徜徉书海；全校 100 多名教师都放下手头其他的工作，沉下心来，静静地读书。此时的教学楼此时的校园是一周中最安静的时刻，也是师生一周中最向往最期盼的时刻。起初，为了保证读书效果，学校组织专人到各办公室检查老师的读书情况。后来的事实证明，这种检查完全是多余之举，因为读书逐渐成了老师们的内在需求，他们已自觉将“要我读”变成了“我要读”。

【陶继新】如果不是认为读书对教师与学生的发展很有作用，是不可能每周抽出两节课的时间让师生读书的。这会占去正常教学的时间啊！会不会影响学生的考试成绩呢？肯定不会。尽管正常教学时间少了，但教师与学生读好书的时间多了，“诗外功夫”也就会不断地提升。而且，这个时段的读书，还可以让师生的心灵安顿下来，让生命有了另一种体验。这种美好的感觉，伴以智慧的生成，会让师生的心灵趋于优化，会让他们更有文化定性，以至提高教学与学习的效率与效益。

【高宪彬】对学生来说，读书不仅仅是学到了知识，开阔了眼界，更多的是养成了良好的读书习惯；对老师来说，读书不仅仅是提高了业务能力和专业素养，更多的是净化了心灵，提升了境界。

【陶继新】好书是生命成长的最佳滋养品，它不一定立竿见影就能看出效果，可是，它会“随风潜入夜”地走进你的心灵之中。当读书成为习惯，甚至感到一读就美不胜收的时候，教学与学习，就有了更高的品位，以至成为一道美丽的风景。

【高宪彬】除了给老师提供读书的时间之外，我们还给教师送书、奖书。我们发现好的书籍，就由学校出资购买，人手一本送给老师。如叶嘉莹的《唐宋词十七讲》等系列诗词讲稿，季羡林、余秋雨、汪曾祺、史铁生、宗璞、林清玄、张晓风等众多名家的散文和王小波、周国平、肖川的随笔以及《给教师的建议》、《第56号教室的奇迹》、《教育走向生本》、《课堂教学的50个细节》、《解密高效课堂》、《教育激扬生命》，还有您的《做一个幸福的教师》等。同时，我们还对在学校举行的教师基本功比赛、演讲比赛等活动中的优秀者实行奖书的政策。这些作为奖品发放的书籍都是我们精挑细选的，既有教育方面的专业书籍，也有文学、艺术类的书籍，很宽泛。其目的在于引导教师不能只盯着专业书籍看，也要广泛涉猎其他方面的书籍，借以扩大教师的阅读面，增强教师的综合素养，提升教师的精神境界。

【陶继新】你们所送与所奖的不是某些物质产品，而是很好的精神佳品。物质自然需要，不然无法生活；精神更加重要，不然无法做人。《周易》有言：“立人之道，曰仁与义。”要想成为一个真正意义上的人，就要有高尚的人格品质。不然，不可以称之为人。教师尤其如此。因为教师是教育人的人，教师品格的高下，在某种程度上决定着学生品质的优劣。而读好书，则可以增强教师的道德力量。况且，书中也有生动的描写，也有理性的光芒，还内蕴着真善美的故事呢！所以，读起来的时候，往往是难以释怀的，甚至有可能步入“手之舞之，足之蹈之”的审美境界。

【高宪彬】除了送书、奖书，我们还给老师荐书。学校要求中层以上的领导干部要定期向老师们推荐自己读到的以及发现的优秀书籍，同时提倡老师之间互相推荐，把自己读到的好书推荐给周围的同事。这一举措，一方面无形中考查了领导干部和老师们的日常读书情况，另一方面也达到了资源共享的效果，尤其是促使老师们产生了不断增长的与人分享的内在需求。

【陶继新】荐书很有意义，因为要推荐别人读书，自己就要先读，而且是在读的书中感觉非常好的书。同时，推荐的时候，还需要有推荐的理由，要说得大家愿意读。而且，还照见了推荐的品格。有了好的作品，不是独自享用，而是让大家分享。当人人都有这种意识的时候，不但可以让大家共享更好的作品，还会在无形中提升大家的思想境界。

【高宪彬】“问书”也是我们引导老师读书的一种方式。我在平时和老师们闲聊的时候，或是和老师们座谈的时候，也有意识地问老师们近来读了什么书，有什么感受等。在到老师办公室巡查时，发现老师办公桌上摆的书恰巧是自己正读着的或已经读完了的，我会停下来，主动和老师聊聊这本书。

【陶继新】“问书”并不简单，首先自己要对所问之书了解得比较深刻，不然，问就没了水平。所以，它也会让您在阅读的时候，更加认真，以至有意研究一些问题。其次，被问者也应当读得比较好，不然，回答起来就会不着边际。为了回答您的问题，老师们在读书的时候就要入乎其中，得其要义。而且，问答也是一种交流，也是一种互相学习。你有一个读书的体会，我有一个读书的体会，交流之后，就会丰富双方的体会，以至升华认识的水平。

【高宪彬】我们还通过“考书”促进老师们学以致用。我们用了两年时间组织全校教师读苏霍姆林斯基的《给老师的建议》，教师人手一本，第一年教师自读自悟，第二年我们用两学期的时间考查老师们对这本书的理解和运用。第一学期考前 50 条，第二学期考后 50 条的内容。当然不是考死记硬背的东西，教师可以拿着这本书进考场，我们考的题目是根据书的理论或观点结合自己的教学实践写案例分析。考不是目的，目的是让老师真正去读、去体味这本书的内容，并用这100条建议来指导自己的教学实践，促进自己尽快成长起来。

【陶继新】苏霍姆林斯基的《给老师的建议》是教育上的经典之作，教师读好它对其一生的教育事业都有好处。采用考试的方法，可以促进他们读出其真正的意蕴。其实，即使不允许带书进考场，也没有什么问题。对于经典的主要内容，如果没有很好的了解，用之于教育教学之中，是不可能的。比如《学记》《论语》这些中国教育上的经典之作，我甚至是主张背诵的。我自己也大多熟读成诵了。从背诵之中，我了解了书中的精华，有些还“化”成了自己的东西，用之于实践之中，有了极大的收获呢！

【高宪彬】对于经典之作不仅要读，还要熟读成诵，进而内化成自己的东西。这一点我们也有了些许的切身体会，并越来越感到这样做的必要性。您推荐给我们的《学记》我们正在组织老师学习着呢。

【陶继新】在诵读《学记》的过程中，我学到了很多东西，中国古人对于教育教学的研究太有价值了！其中很多思想，迄今仍然闪烁着光辉。用之于今日，非但不落后，在世界教育学上，也有其独具的魅力。

磨讲辩课与师徒结对，让课堂教学质量快速提升

【高宪彬】教师的成长离不开学校的引领、帮扶和支持，尤其是面对以青年教师为主体的教师群体，来自学校尤其是校长的支持、引领和帮助更是弥足珍贵。我们的做法是多搞活动，多提供平台。研讨课、汇报课、观摩课、课堂教学大比武、校园名师评选等等，周周有活动，月月有主题，人人都参与。不同学段、不同学科、不同层面、不同年龄段的老师分别参加不同的活动，这样既能保证活动的开展不干扰正常的教学，又能让相关的老师真正在活动中得到锻炼和提高，真是应了那句老话：耳提面命地教不如真刀真枪地练！老师们切身感受到：在那种每学期所搞的十多次、次次有主题，一人执

教全学科教师听课，研讨中人人发言的大教研活动中，确确实实受益匪浅。

【陶继新】一个教师发展，除了自我努力之外，还需要其他老师以至专家的帮助。您的这些活动，则让老师特别是青年老师的课放置于更多教师的面前，且会得到他们的称道与批评，从而让自己比较清晰地了解自己课好在什么地方，问题出在什么地方？同时，在更大场合讲课的时候，教师会作比较充分的准备，有人称之为“磨课”。这个“磨”的过程，有对教材与教法之“磨”，也有对自己心性之“磨”。当教学进入到相对自由状态，心灵也比较自由的时候，课堂教学才能产生奇观，才能产生超越性的发展。

【高宪彬】是的，每学期我们学校都要举行磨课活动。目前，我们学校有一个很有趣的现象：老师们对于学校举行的各类磨课活动非常乐于参加，积极性非常高，其热情甚至高于参加上级各类比赛活动。他们在意的不是拿到多少获奖证书，而是自身的成长和周围同事对自己的评价和认可。一个老师如果上出了一堂非常满意的课，他就会有一种满足感、成就感；同时也会引来周围同伴们的羡慕和称道。所有的老师都会沉浸在这种成功的幸福与愉悦之中，甚至一两年后还会被人提及。

【陶继新】这说明一个问题，在磨课中，上课者大有收获，听课者也大有收获，是真正意义上的双赢。每一个教师都希望将自己的课上好，可是，如何上得更好，未必能够得到别人的指导，而你们的磨课，则让老师们有了这种可能。同时，大家也想学习其他老师的经验，而磨课，则让很多优秀课展示出来，让更多的教师“学而时习之”。而且，当人人都想通过展示好课堂，人人都想学习他人经验的时候，就会形成一种优质教学场。身在场中的教师，都有了积极性与主动性，都有了提升自己的欲望与可能。

【高宪彬】我们每学期都举行十多次学科大教研活动。每次活动都有主题，讲课老师反复试讲、推敲，力求上出自己的特色和想法。讲课时，全学科老师都去听课，讲课后，我们利用一上午的时间组织全学科老师辩课，每位老师都会毫无保留地谈自己的见解，有时甚至因为观点不同而争得面红耳赤。一到大教研时老师总感到时间很短，意犹未尽。有些争论时常会延续很长一段时间。

【陶继新】辩课做得好！现在有些公开课，说好的多了，说奉承话的多了，少了真实的称赞，以至没有了批评声音。这对上课者不是什么好事。其实，任何课，即使是全国名师的课，也不是一点儿问题也没有的。我听过很多名师的课，有的上得确实精彩，可有的也出现不少问题，甚至是比较严重的问题。可是，由于有了名师的光环，人们看不到其存在的问题，即使知道也大多不敢批评。你们的辩课，赞扬与批评之声同在，让上课者听到真实的声音，这才是对上课者的最大的支持。而且，这也倡导了一种良好的教研风气，甚至可以说营造了一种良好的学校环境。

【高宪彬】陶老师您说的这点在我们学校的辩课活动中表现得尤为突出。老师们已经习惯了同伴们对自己的课评头论足，他们甚至更渴望听到来自同伴的不同的意见和建议。正是由于没有顾虑，所以评课的老师才能直言不讳地谈出自己的想法，那些虚伪的称赞早已无影无踪了。

【陶继新】教师之间彼此说真话，甚至是批评与建议的话，不但不会伤了感情，还会让友谊更加深厚。当这种意见与建议成为一种正常行为的时候，“巧言令色”就没有了市场。这不但可以提升老师们的境界，还会向学生辐射一种正向的能量，从而在学生中形成一种良好的学习场域，养成一种“诚其意”的品质。

【高宪彬】是的，陶老师，听您这么一说，我确实感受到了学校已经形成了这样一个教学教研的场域！这样一个场域对我们老师的成长和进步太重要了！我们还会继续更好地营造这样的场！

随着学校的不断发展壮大，我们每学期都要招聘一部分新教师。对这些新教师的培养我们是有系统、有计划的。开学初我们组织一个听课班子，对他们逐一听课，问诊把脉。轮听一遍之后，由学校统一反馈听课意见，由教导主任进行有针对性的指导培训，提出改进措施，指出努力方向。同时根据新教师特点由学校出面指派各类名师、骨干教师当这些新教师的师傅，实行一对一帮扶、捆绑式评价。我们把对“徒弟”的成长进步情况纳入到对“师傅”的量化考核中。在这个过程中，我们还定期检查“师傅”和“徒弟”的听课评课记录，随时掌握、调控师带徒的情况。

【陶继新】有了“师傅”的帮助与教导，“徒弟”就会较快地进入教学状态之中。同时，还会让“徒弟”到了一个新的环境之后，有了一个依靠，甚至可以说有了一个“导师”，让担心不能适应课堂环境的“徒弟”，有了教学上与心理上的依靠，从而对学校有了一种归属感。同时，也让“师傅”有了责任感。因为同是“师傅”，如果自己的“徒弟”远不如人，“师傅”自是没了尊严。可以说，无形之中，也有了一个竞争场。不但有“徒弟”之间的竞争，也有“师傅”之间的竞争。有了良性竞争，才能拥有发展的活力，才能让青年教师更快地成长。

【高宏彬】对青年教师的培养不仅停留在学校的层面上，我们还充分发挥级部、教研组的作用。对级部、教研组同样实行捆绑式评价。将青年教师的成长纳入对级部、教研组的考核，用团队的力量促进青年教师个体的成长。所以，一旦有青年教师讲课或参加比赛，你看吧，他所在的级部或教研组的全体教师准会一齐上阵，帮着他备课、试讲，修改教案、再试讲。成长是大家共同的目标和追求。

【陶继新】合作精神之于教师成长有着特殊的意义。君不见，有的学校一个教师脱颖而出之后，大家不是欢欣鼓舞，而是嫉妒打击。产生这种问题的根源很多，而与不能成人之美，没有合作精神有着重要的关系。你们这种捆绑式评价，会让大家不是嫉妒他人超过自己，而是希望自己团队的任何人都出成绩。时间一长，这种感觉就会转换成一种意识，就会成为一种美德。所以，如此而为不但可以出好的教学成绩，还能够提升教师的人生境界。

一个“语文狂想工作室”“引爆”多个“教师学习共同体”

【高宪彬】在学校的引领下老师们的合作意识逐步增强，一批有思想、有干劲、有创新精神的老师，他们不再满足于干好教学常规工作，而是对教育教学有了更高的思索和追求。他们经常聚在一起谈论各自对教育教学的观点和看法，他们明确地感受到了团结协作的重要性，清晰地认识到了团队对个人成长的重大作用。于是“教师学习共同体”便应运而生了。

【陶继新】一个教师走向成功固然可嘉，一个团队积极向上才是最有意义的。团队共同努力，就不会是一个两个教师产生超越自我的裂变，而是会有一批教师迈向一个更高的境界。大多数教师都想发展的时候，即使个别教师原来不思进取，也会被卷入这个前进的“洪流”中。所以，这个“教师学习共同体”就有了共同的志向，有了共同的方向，也有了共同的美好未来。

【高宪彬】最初成立的是“语文狂想工作室”，这个被称为“狂人团”的共同体，是由9位对课堂教学痴迷的语文教师自发成立的。每周三下午放学后共同体成员定时组织学习交流。老师们在一起畅谈自己的读书心得，提出教学中的疑惑，通过集体交流来审视、反思、分析和解决自己在教学实践中遇到的问题，把日常教学工作与教学研究融为一体，增强了教科研的针对性和有效性。他们还定期开展读书沙龙、征文评比、同课异构等主题活动，有效加速了教师的专业化发展。

【陶继新】在你们学校采访的时候，与“语文狂想工作室”老师交流过，真是令人钦佩。他们不图名利，只是为了更好地发展，为了提升教育教学水平，为了让学生受到更好的教育。可以说，他们是高尚的。为什么这里出现了这么些“狂人”呢？因为你们学校有着滋生“狂人”的大环境。整个学校有一个积极研究教学的氛围，所以，“狂人”的出现也就在情理中了。这些人不但有创意，也有能量。他们的自发行为，引发了学校更多教师向上的欲求，也有了优秀教师辈出的可能。

【高宪彬】 是的，在“语文狂想工作室”的带动下，全校教师纷纷自由结合组成不同的共同体，或三五人“小团体”，或八九人“大团体”。思想活跃、志趣相投的伙伴围绕教育教学的专题不断进行着思想的碰撞，激烈的辩论、坦诚的交流，浓郁和谐的教研氛围使校园充满勃勃生机，一位位青年教师迅速成长起来，2012 年 4 月，肖捷文老师在“山东省小学数学名师大课堂”上执教观摩课。同年 5 月，张建伟老师代表枣庄市参加了山东省语文优质课评比，他们的课均得到了与会专家和老师的一致好评。当然，这只是我校的名师所上的高层次的公开课，更让我们惊喜的是常态课中老师们教育理念的深刻变化。课堂上，生本意识得到充分体现，关注学生的认知过程，着眼学生的生成和发展，成了老师们上课的主要价值追求。本学期青年教师宋侨侨所执教的汇报课《鸟岛》就是一个很好的例子。在那节课上，教师的智慧点燃了学生，以至于出现了老师为学生的精彩表现感动得落泪的难得一见的场面。

【陶继新】 好课有两种：一是教师讲得精彩绝妙，且引领学生也进入到那种特定的教学场境之中，以至步入作者与教者生命和谐的境地里。另外一种，则是您所说的，学生的精彩，“掩盖”了教师的精彩，让教师感动莫名，领略到“弟子不必不如师，师不必贤于弟子”的美妙。小学语文教师王崧舟、中学教师于漪等，以其个人的深厚底蕴与生命激情，演绎了其独具的生命魅力。一般教师很难达到这种水平，只有不断为自己积淀文化与思想，才能走近他们的领地里。而一般比较优秀的教师，除了自己的生动之讲外，还应当在学生的精彩上下功夫。学生有着无限的创造力，即使是对于文本的理解，有时也有超越教师的地方，令教师顿生自愧不如的感觉。这样的课堂，会大大激发学生的学习兴趣，会让他们灵感频闪，走进高效率高效益的学习境界里。

【高宪彬】 教师课堂上的精彩演绎得益于日常的学习与研究。各共同体既有以自主学习为基础的集中交流的方式，也有开设教师成长博客，利用网络教研的方式。老师们在“博客”上书写自己的教育生活，记录教学中的点滴体会，分享自己的观点看法，深入地探讨学生中带有倾向性的教育问题等。老师们以一事一思一得的反思形式，写教育随笔，发博文，记录教育故事，在不断地研究、反思、写作中，总结摸索教育规律，提升自己的教育教学能力和水平。

读书也已经真正成为共同体成员常态化的生活方式。他们爱读书，也喜欢买书。目前在我们学校，读书最多的是学习共同体成员，而个人藏书最丰富的也是他们。举个例子，共同体成员中的杨文秀老师，有一次到南京出差，看到张庆老师的书特别好，于是毫不犹豫地花了两三百元买了张老师的几本书，这对一个月工资只有一千多元的聘任制教师来说，两三百元着实是一笔不小的开支！像这样的现象在我们学校是比较普遍的。

【陶继新】读与写，当是教师生命成长的双翼，缺一不可以成为真正意义上的名师。这正如鸟儿有双翼一样，缺一不可以翱翔于太空。没有大量好书的阅读，就不可能写出文采斐然的佳作。因为优质语系的形成，是需要大量经典文本优质语言的积累才能由量变转为质变的。所以，尽管教师有写作的热情，但如果没有阅读这个前提，这种热情就少了意义，也少了厚度与意蕴。这并不是否认写作训练的重要性，恰恰相反，它与阅读一样重要，没有大量的写作训练，则不可能进入到游刃有余的写作境界里。所以，读与写一个也不能少。从这个意义上说，你们教师的路子走对了，他们不只是大量阅读，研究，而且有了不断的写作。阅读与写作的交互与促进，才让这些教师有了超越一般教师的情怀与能力。

【高宪彬】是的，在学习共同体这个平台中，老师们吸收着，也倾吐着，在无拘无束的交流中，学会了思辨，学会了表达，思想变得更加鲜活。正如一位老师在自己的博文中所写的——

“似乎，我们这些热血青年就是为语文而生，为教学而活。我们日日感动于一个个古往今来先贤们的智慧；我们日日耕耘于一线而甘于平凡的辛勤；

我们日日牵挂于每个孩子的琐碎；我们日日赞叹于那些在课堂上时而激情飞扬，时而宁静如水，时而乐如孩童，时而智如老者的远处的、近处的同事们……

“这方热土让我们痴迷，让我们陶醉。我们甚至狂妄地想用我们的平凡铸就一番不平凡的教育事业。‘狂想语文’应运而生！于是，一群群被点燃激情的‘孩子’乐此不疲。在这里，我们毫无顾忌地发表着自己的言论，勇敢地探索着语文的每一个出口，同时又小心地继承着前人的优秀。我们不拘形式，不畏权威……

“在这里，我们就像兄弟姐妹一样，相互尖锐地批评、真诚地赞美。每当看到有人因为坚持自己的观点而争得面红耳赤的时候，我们都会涌起一种单纯的幸福。身为‘狂人’，我们近乎卑微，但却如此执着，怎能不令人感动呢?”

【陶继新】看了这些博文，感动不已。这令我想起在你们学校采访时与几个“狂人”交谈的情况。他们的确有点“狂”，没有任何约束，没有什么顾忌，甚至连话语的节奏与高低都不讲究。不管是赞美也好，批评也好，都是出于真情。所以，有些话语尽管比较尖锐，可是，却让听者易于接收，甚至还会感谢不已。当一群人有了这种研究情怀的时候，就会有不同凡响的收获。他们分享思想，也缔结友情；他们虽非名师，却会成为名师。这不但是他们的自豪，也是您这个做校长的骄傲。

【高宪彬】是的，我为有这样的教师群体而骄傲，也时刻被他们执着于教育而不求“闻达”的精神感动着。

[原载于《基础教育论坛》(小学版)，2012年第8期；作者：陶继新、高宪彬。]

引源以沃本　巨木复葱茏

——济南市长清第一中学稳中求进的崛起之路

［王少辉校长简介］

王少辉，回族，中共党员，济南市人大代表，现任长清区教体局副局长，长清一中党总支书记、校长。工作扎实稳健，勇于开拓，善于创新，被评为长清区“好校长、好书记”“十大杰出青年”，济南市“优秀青年知识分子”“青年学术技术带头人”，山东省“百名优秀校长”“学科教研教学工作先进工作者”“教育科研先进个人”等荣誉称号。并有多项教育教学课题在国家及省市级评比中获奖，多篇学术论文在各级各类刊物发表。

编者按：济南市长清区依泰山而面黄河，既是齐长城的源头，又是神医扁鹊的故乡，有着108年办学历史的济南市长清第一中学就植根于这方文化沃土之上。近几年来，学校面对困境，稳中求进，奋力崛起，走出了一条民主治校、特色提升之路，被列为教育部“全国百所特色高中”示范校。近日，陶继新先生走进这所百年老校，和校长王少辉面对面，探求这株百年巨木的复葱之谜。

信箱：既是窗口，更是桥梁

【王少辉】我到校之初立即开设校长信箱的做法，您说是“纳谏”，这实不敢当。我到长清一中任校长的调令是突然下达的，当时学校处境很不妙，优秀生源外流，群众意见纷纷，社会很不满意。我迫切需要一扇了解师生真实想法的窗口，想第一时间抓住问题症结。我也曾找老师们座谈、面谈、个别谈，但因为老师们认为你是一个“新”校长，都言之不确，亦言之不深，老师们需要对你进行言行的考验、能力的考察、时间的考量。

【陶继新】当时长清一中境况不佳，您也算是“临危受命”了。通过交流我觉得您是很有思想与智慧的一位校长，可堪大任。要想解决问题，必须首先寻找问题，然后才能对症下药。可是，一个新校长，要想尽快地获取真实情况，并不是一件轻而易举的事情。一个学生的信件，成了您了解情况的第一契机，也打开了您公开“纳谏”的大门。“纳谏”古已有之，《邹忌讽齐王纳谏》流传千古，至今仍为美谈。您的“纳谏”，则为长清一中较快地走出低谷，提供了有力的支撑。机遇乎？智慧乎？两者兼具也。

【王少辉】当时我外表沉静，实则心急如焚，几千个孩子的成长发展、前途命运是等不得的。校长信箱这把“金钥匙”是可爱的学生悄悄塞给我的。2008 年 12 月 12 日我到任，两天以后的周一要举行升旗仪式，我打算以饱满的“精气神”和同学们见第一面。谁知天公不作美，天降小雪，寒气逼人，我当即决定改用广播形式在室内进行。我和同学们的“见面会”成了“听面会”，在讲话中我向全校师生发出了“振兴一中，我的责任”的号召。

下午上班时，我在门下发现了一封学生来信。信中说：“王校长，今天早上的见面会虽然没有见到您的庐山真面目，但通过您的言语，我们感到了您的温暖。您的演讲充满了智慧、豪气和激情，我感觉您是一个有思想、有方法、有魄力的人。我觉得您刚到一中，就像一名刚转来的学生，想知道很多事情。学生刚来还有同学老师的帮助，可谁去帮助您呢？那我就给您说几个现在我们学校管理中的问题吧。”这个学生给我提了食堂、宿舍管理等问题。

我眼前一亮，“师生来信”不就是了解学校情况的窗口吗？这些真实的问题了解多了，管理不就能“对症下药”了吗？第一周我便在校园的醒目位置挂上了校长信箱，第一个月整顿了校园网，开通了“网上校长信箱”，新注册了一个电子信箱，再加上手机，我称之为了解情况的“四扇窗口”。

【陶继新】尽管是“听面会”，但对学生产生的震动却是巨大的。看来，压抑在学生心中的情绪与思变诉求已经很久很久了，一有机会，就会爆发出来。这个学生“不请自到”的“进谏”信，虽是一封信，却代表了很多学生共同的心声。他说要给您“帮助”，也是在“拯救”自己。哪个学生不愿意自己的学校呈蒸蒸日上之势呢？您主动地接受这个“帮助”，并由此开启了更大范围的“纳谏”，“四扇窗口”则开始了“拯救”学校的征程。其实，任何单位，只要相信群众，就没有办不好的事。大凡有智慧的领导，不是在堵塞意见与建议，而是主动积极地听取意见与建议。您的“四扇窗口”，为全方位地听取意见与建议打开了方便之门。而听了意见与建议，如果不予以解决，问题会更加严重。您的高明之处在于，“纳谏”只是一种方略，解决问题才是目的，学校发展才是硬道理。

【王少辉】是啊，随着师生反映的问题得到及时、有效的解决，师生信件汹涌而至，家长、社会也加入进来，有时一天达几十封（条），我尽量做到“有信必复”。大家先是提意见、发牢骚；随着管理的理顺，变为提建议、谈想法；后来变为参与学校管理、关心学校发展。校长信箱由一面窗口变成我与师生家长共同管理学校的桥梁。

一次，一位老师在来信中说，“尊敬的校长，您来学校后采取的每一次举措都恰如其分、简约高效。我感觉您背后一定有高人指点！”我很高兴地答复：“是呀，我背后确实有‘高人’，还不止一个！那就是包括您在内的关心学校发展的老师、家长、学生和社会各界人士。”问政于民、问计于民、问事于民，走群众路线是我调整管理的第一方向。

【陶继新】“信件汹涌而至”至少说明两个问题：一是问题积得多，师生及家长意见大；二是大家都很相信您。也就是说，从那次“听面会”之后，您在大家的心里已经有了一定的信任指数。有了群众的信任，解决问题也就有了必要条件。

意见变建议，说明大家的牢骚已经淡去，抵触情绪不复存在。由建议变为参与，则有了角色的转变，有了质的飞跃。建议者还没有身在其中，更不是学校发展的主人；而参与者呢，则与学校融为了一体，将学校的事情当成了自己的事情，以至有了“校荣我荣，校耻我耻”的“深度”参与感。

俗话说：“三个臭皮匠，顶个诸葛亮。”您关于“高人指点”的回答很有智慧。当有数千个教师、学生、家长以至社会人士都来为学校发展出谋划策的时候，也就等于您已有了无数个“诸葛亮”“高人”为您运筹帷幄，成功也就有了一种水到渠成的必然。

管理：“管”是把控，“理”是顺导

【王少辉】工作局面“破冰”了，整体再造还需一个切入点。2009 年的大年初三，我独坐办公室，闭门思考，问题一大堆，头绪一团团，从何下手呢？我首先解读了“管理”两个字，“管”是宏观设计，是整体把控；“理”是微观整理，适势顺导。当时学校为加强内部竞争分成南北两个校区，竞争的因素是有了，但由此带来的繁乱、脱节与扯皮现象丛生。我决定首先裁撤纷争的局面，形成全校一盘棋，发挥整体管理的效益。困难很多，人事、制度、教师、设备等等，但我想，如不调整，将来的困难会更多。

【陶继新】如果只有竞争而没有合作，特别是恶性竞争的话，非但形不成合力，还会搞得矛盾越来越大，问题越来越多。两个校区之南北，只是一种形式上的分开；而从内容上，则是一体的，思想上也是一致的。如果从形式上分开，而由此形成两个对立的营垒，学校就必然每况愈下了。两校师生要想抵达心合的境界，就必须改变原有的管理体制。不改，就没有心的相合；而心之不合，学校就不可能真正发展起来。所以，通过制度与机制的变革，让两个分校形合更心合，从而让学校驶进良性发展的轨道。

【王少辉】陶老师的一个“合”字让我感触很深。要干一番事业就要做到“四合”：与天合，与地合，与人合，还要与己合。“管”的过程要大刀阔斧，“理”的过程却要小心翼翼，在“理”时我将同质同向的人与事，分维度和层面整合好，本着“位得其人，人尽其才，物尽其用”的原则布阵。构建了“学术引领、执行落实、工作督查”基本管理链条，这其实对应了管理学上的“计划、执行、反馈”三大系统。分派不同个性特长、不同年龄段的校级干部负责管理，在执行环节又进行了横向分工，纵管一条线，横管一个面。这样便形成“三纵三横”的扁平化管理体系，做到了干部集成、管理集约，使执行更深化、落实更细化、监督更全面化。

对于我校的这种管理，我把它形容为“前面有指引方向的，中间有带兵打仗的，后面有督退促上的，两边有联勤保障的”。大家配合得很好，效率大大提高。

【陶继新】您说的“四合”很有哲学况味。“与天合，与地合”非常重要，《周易》有言：“与天地相似，故不违。”知道了“立天之道，曰阴与阳；立地之道，曰柔与刚”，再做工作的时候，就会得心应手，游刃有余。同时，还要“与人合”，要通达人道。《周易》上说：“立人之道，曰仁与义。”要想与人合，就必须有人格与道德，不然，人们是不可能与你合的。从这个意义上说，一位卓越的校长，不但需要思想与智慧，更需要人格与品质。为什么还要“与己合”呢？我觉得，每个人自身都是一个小宇宙，外在出现的所有问题，都可以从内在心灵中探寻原因。要言行合一，儒家先师之所以说“君子必慎其独”的一个重要原因，就是在没有任何人在场的时候，一个人的言、行、思想也应当是一致的。有了“四合”，再去思考“管”与“理”，就可以站在一个很高的视点上，既能够一目了然，又可以行止有方。从这个意义上说，一个人的管理方略，与其人生境界是有着内在维系的。没有一定的境界，您是不可能“理”出这么好的“三纵三横”的扁平化管理体系的。

落实：落地生根，开花结果

【王少辉】2009年的冬天，我因一点小意外受了伤，在家静养了近三个月。静下来的日子，我对一年的管理作了反思，悟出三句话：“凝聚产生力量，责任创造业绩，能力铸就辉煌。”一中现在凝聚力有了，向心力有了，师生精神也得到大力提振，管理格局、体系也渐趋完善。今后管理的关键是每个环节要严格落实。要想吃到成功的果实，就要先让种子发芽，种子要发芽第一步要落在地上、进入土中，否则一切免谈。“纸上得来终觉浅，绝知此事要躬行”，要“将落实进行到底”。

【陶继新】有知识与有智慧的最大差别在哪里？一个重要的指标就是有没有感悟。有的人读了不少书，干了很多年的校长，可是，依然人云亦云，没有属于自己的东西，我称这样的校长为知识型的校长。而有智慧的校长不是这样，在积累了丰富经验的同时，常常有感悟生成。有些看似偶然，其实，是在心中孕育已久的必然产物。您所悟出的三句话，则是智慧型的感悟之语。

“落实”两字几乎人人都会说，而“将落实进行到底”掷地有声，它不但强调了落实的重要性，也表明了坚持到底、勇往直前的决心。

【王少辉】刚才说的只是“道”的层面，“道”必须以“器”为载体才能实现。在技术层面落实的方法很多，我们采用的是“梯级式”“渐进型”的办法，教师面对一种新的管理格局，引导式要比强迫式稳妥得多，而且引导还是双向共促的。我们创造性地实施了“预设考成法”，科室、级部、个人每学期自己预设工作目标，“责任、效果、时间”三表合一，督查室随机或定时持表考成，效果很好。这种设计有自主性和自我管理的因素在里面，每人都知道什么时候干什么，干到什么程度。督查只是外力，管理的本质就是“让人自愿去完成设定的工作目标”，督促评价的目的是帮助大家再提高。

【陶继新】就你们学校的现状而言，“梯级式”“渐进型”比“突进式”“爆发型”更科学更有效，因为教师对新的管理的认识是要经历一个过程的。尽管慢一点，却可以逐渐地融入到教师的心里，这样，外化出来就有了“道法自然”的可贵。

“预设考成法”有他律，也有自律；有督促，也有自主。“责任、效果、时间”三表合一，达到“让人自愿去完成设定的工作目标”也就在情理中了。

堡垒：背靠堡垒，士气更强

【王少辉】如果按行政层面划分，一个学校中教研组和班级是处于最基层的管理单元。教研组长和班主任的主体地位突显不出来，将会严重阻碍教学质量的提升和管理效能的发挥。

于是，我们以年级备课组为单位设立“把关组”，选拔骨干教师担任把关组长，负责对同年级同学科的教育活动、教师成长、质量提升进行把关；以每班的班主任为核心成立“班级剧组”，班主任牵头营造一个高效、有序、和谐的教育教学环境。我在给各管理单元开会时提出，“一科（人）强不算强，科科（人人）都强才是强”，引导大家团结协作、共同提高。这如同在教学一线设立了一个个战斗堡垒，老师们背靠堡垒冲锋陷阵自然士气很足。

【陶继新】你们突出教研组长和班主任这部分人的主体地位，让他们感到自己在学校里是重要的。于是，他们便由被动变为主动，由一般工作状态变为活跃状态。他们是直接作用于教学与学生的，是一个有能量的群体。他们有了积极能动性，教育教学工作也就必然有了整体的提升。

“一科（人）强不算强，科科（人人）都强才是强”的管理理念，让人人努力向上的同时，也有了团队合作意识。《周易》有言：“二人同心，其利断金。”教师之间的合作，有着 1+1 大于 2 的特点。同时，还在大家的心里形成一种意识，那就是有了好的想法与大家分享的时候，也必然可以得到他人的回馈。这种合作共享的思想一旦为群体所拥有，学校也就有了长足发展的动力。

教师：梯级培养，幸福成长

【王少辉】长期的“合作共享”，就会涵养出一种气氛，这种“气”对教师精神的凝聚具有强大的统领作用。这也和下面要谈的教师队伍建设问题联系起来了。

关于教师队伍建设，一线校长都会面临一个尴尬的体制问题：那就是教师的职称评聘、岗位聘用与实际的工作需求之间的矛盾。您说，这种情况全国大同小异，体制的问题不是某个人和某些人能解决的。

大形势不能改变，小气候我们可以营造。针对大多数学校教师中普遍存在的两种现象：晋升了高级职称者“船到码头车到站”，工作无动力；机会太少晋级无望者“当一天和尚撞一天钟”，心灰意懒。针对这些现象我们尝试实行校内的“梯级教师培养机制”，即按渐进发展序列将老师们分为“教学新秀——教学骨干——学科带头人——名师和专家”，当然每级都有点津贴，重要的是给老师们一种学术成就感，工作幸福感，发展上的成长感。

【陶继新】每一个教师都想发展，也能够发展，甚至有成为名师的内在潜力。如果开发这种潜能，就会有一个又一个的名师脱颖而出，就会有更多教师精神面貌得到改变。你们的做法为每个教师架设了成长的阶梯，让他们清晰地看到自己成长的足迹，并在成长过程中感受到来自领导及同事们的鼓励与欣赏。当更多的教师都想发展的时候，就会在学校里形成一种“发展场”，彼此之间不再比谁的工资高，谁的职称高，而是在比谁的发展快。当老师们越来越体会到发展所带来的精神愉悦时，大家的幸福指数也就逐渐提高了。

有了幸福的人生，就有了幸福的教育，就有了幸福的学生。

学生：挖掘潜能，自主发展

【王少辉】我们教育者的教育目标就是让学生幸福。教学是双边的，教育是多边的，不管这“边”的还是那“边”的，最后都是为了学生这一“边”，教育的最后指向就是学生综合发展。我们学校的办学宗旨是“一切为了学生的发展”，喊口号很容易，振臂一呼就完事，面对纷繁复杂的现实实际做起来就难了。

我刚到学校时，遇到的大困难之一就是学生管理，因优秀生源连年外流，学生们越来越难管理。再硬管是不行的，我退一步而行之，先顺导再引导，最后才是教导。提出了学生管理的原则是“引导为主，批评为辅，劝诫为补”，发展的大方向是“自我管理，自主发展”，指导思路是“引导学生找到自主发展的道路，帮助学生搭建通向成功的桥梁”。

【陶继新】欣赏您的“引导为主，批评为辅，劝诫为补”的管理原则。学生是孩子，是正在成长的一个群体。有的时候，他们会走错路，也会迷失方向，这也是他们所不愿意看到的现实。那么，怎样引导呢？就要让他们少犯错误，少走弯路，引导他们走向善学乐学的境界。因为“善学者师逸而功倍，又从而庸之”。当有了善学之美之后，再有了好的习惯，学生就能够拥有长足发展的可能。

批评还要吗？当然要。可是，有的教师担心这样会与赏识教育背道而驰，甚至引起不必要的麻烦，所以，即使学生出现问题，也不再批评。其结果是，当下出现问题不批评，不指正，以后则有可能出现更大的问题。其实，如果讲究批评的艺术，学生也是通情达理的，是可以接受的。

劝诫不等于惩罚，惩戒也不等于体罚。即使美国这样的发达国家，也还有惩戒教育。从某种意义上说，没有惩戒的教育，是不完整的教育。而劝诫则更可以了，它有了更多的温情，也有了人文色彩。

【王少辉】当我们面对一些“问题学生”时，更要讲究管理的策略和教育的艺术。我刚到校时就遇到了这样的问题：当时有一个高二（10）班，是全校有名的问题班，老师们都说：“这个班除了学习，什么都行。”我来校半个月后就是元旦晚会，这个班同学郑重地给我发了请柬，我想我必须要去。到了这个班同学们都很高兴，我也即兴给同学们唱了一首周杰伦的《菊花台》，目的是让孩子们知道，校长也能跟上时代的节拍，和他们是能无障碍沟通的。我唱歌的消息迅速在教学楼上传开，各班纷纷邀请我去，于是我带领校级干部逐班拜年，且每班一歌，尽量不重复。当夜的感受，是“累并快乐着”。事后才知，高二（10）班为迎接我的到来，请了专业音响师，并精心装饰了班级环境，同学们都做了充分准备，我很感动，一感动就当了他们的副班主任。

当时像这样的学生在我校有近300名，我引导他们走了艺体选修分流的路子，他们也看到了光明，学习起来两眼放光，管理起来自然得心应手。最后他们绝大多数人的专业和文化课双过关，步入自己理想的大学殿堂。

【陶继新】孔子为什么说教育要“因材施教”？就是因为人生而有异，学更是有异。如果用同一个尺子来衡量他们，肯定会出现问题。有的人在这个方面是长项，在另一方面则可能是弱项。如果能够扬长避短，不但可以发挥其长，还可以激发起他们的自信心。有了自信，加之有自己的长项，就会创造出奇迹来。教育，就要让不同学生的发展潜能都淋漓尽致地发挥出来，从而让他们都有一个美好的前途。您让近300名学生走艺体选修分流的路子，让他们对自己的前程重新燃起了希望，走出了一条适合自己发展的路子。

您是不是因为“巡回”唱歌，就萌发了“分流”之想？就有了他们的另一个明丽的人生？我想，更重要的是，您是心系学生的，且懂得学生成长规律。从这个意义上说，一个真爱学生且真懂教育的校长，既是学生当下之福，也是他们一生之福。

课堂："建模"为用，"弃模"为本

【王少辉】是的，感谢古人造了这个"福"字，简直像是为我们教育工作者专门造的，一祈部一口一田，可以这样解读："心中有信仰，口耘舌耕，为学生培植福田"，学生之福即教师之福，学校之福。见笑了，请陶老师批评指正。

关于课堂改革涌现出的诸多模式，现在教育界议论纷纷，各执一端，争论的焦点是"模式到底要不要"。我个人认为一种经验的诞生是基于各种繁杂因素下的结果，南橘北枳，尺短寸长，经验可以借鉴，或叫嫁接更形象些，但不可以全盘"复制"，教育经验不是工业产品而是精神产品，精神文化只有与借鉴人产生强烈共鸣，心灵共振才能被真正吸纳。对于模式我的观点是"学习你认为最适合你的"，只有适合的才是最好的，用模式的高一级境界是"弃模"，因为教无定法。上周我校派人员到某成绩上升很快的中学交流学习，回来我们开了一个学习心得座谈会，很多干部老师在发言中都提到要学习该校的"稳、准、狠"的做法，说这样一抓就灵，成绩提得快。我说，"稳、准"两字可以学，但是对老师"狠"这不能学，人家学校"狠"有"狠"的环境，我们学校的定位是"要有农村中学的勤奋朴实，又要有现代城市学校的科学规范"，长清区是一个城市化进程很快的县区，凡事要按照规范进行，综合的长久的可持续发展才是真正的发展。

【陶继新】任何完全的"拿来主义"，都不可能产生真正的效应。因为每个学校都有其自身的情况，把不同于自己学校的成功经验与教学模式原封不动地套在自己学校上，大多没有好的结果。您所说的那个典型的"狠"，真的是应当研究的。这并不是说严不好，古人就有"严师为难"之说，关键是严在外而爱在内才行。而"狠"少了人文性，即使在一段时间内显现出效果，从长远看，也一定要出问题的。所以，学习要因校而宜。即使同一所学校的某个教师已经成为全国的典型，其他教师也无法复制他的经验。因为这个教师与那个教师的文化积淀、教学风格等不一样，所教的学生水平也不一样，是无法将名师典型移植的。我认为，这里面有两个关键：一是教师的观念要变，要充分相信学生具备自主学习的能力，从而变教会为学会，再变学会为会学；二是教师要有很高的思想与业务素养。这样，才能更好地指导学生成长与学习。

【王少辉】我们的课堂模式是基于“学生为主体”（生本）的“自主选修，分层教学，小组合作，探究互动”，还有更细致的“十八字”教学方针“低起点、小步子、精讲解、严要求、勤反馈、重落实”，其中物理和数学学科实施的“五环四步教学法”在我市还颇有点名气。但我们自觉还不是太成熟，许多环节还要反复锤炼，离“弃模”的境界还差之远矣！

【陶继新】你们的课堂模式是根据自己学校的特点研究出来的，当然是有意义的。至于能不能“弃模”，一方面需要时间，一方面也要因人而异。即使是构建模式者，也有可能“弃模”，因为大凡优秀者，都会“苟日新，日日新，又日新”的。

【王少辉】“弃模”之后课堂还有更高的层次，那就是“文化”。现在的课堂过于单调，失去了“文化味”，课堂非考场，文化是其根。长清一中是一所百年老校，建校迄今已历经 108 年的风雨磨砺，文化积淀很深厚，但作为一个县级中学，我们要达到文化管理的层面尚须做长期艰苦的努力。2009 年我校入选教育部“全国百所特色高中”示范校，以《普通高中课堂文化构建的研究与实践》为核心进行实践研究，力求打造有着一中特色的课堂文化与校园文化。承担这个课题的主要目的就是借力上升，借文化促文化，打造有“文化味”的课堂。

【陶继新】文化建设，当是学校魂兮所系。精神文化是学校文化建设的核心要件。精神文化建设好了，就会形成一种积极向上的风气，负面能量就没有了市场，正面能量则会走进人们的心里，从而让学校有了不竭的发展动力。

你们在学校文化建设方面已经迈出了可喜的一步，相信你们会因“文化味”的愈来愈浓，走向一个新的境界。

课程：生本生活，生动生态

【王少辉】最后谈一谈“课程”吧。课堂是阵地，课程是载体；课堂是田地，课程是作物，“种瓜得瓜，种豆得豆”。我们在“国家、地方、学校”三级课程体系的基础上，初步建立起了适合一中特点的多层面、多维度的课程架构。特别是校本课程形成了自己的特色，在课程开发上，以“生本、生活、生动、生态”为原则，注重了“三个结合”：与学校实际结合，与教师特长结合，与周边资源结合。我校借邻近山东艺术学院的优势，建立了自己的陶艺馆，开设了陶艺课程。我校的陶艺馆集制、画、烧、展于一体，可以烧制青花和釉下五彩，为济南学校中少有，全国一些有名的陶艺师也常来访问交流。这些学术资源的进入，让我们大开眼界，也让学生受到高层次的人文熏陶。我们还利用我校是“山东省现代科技教育专业委员会”秘书处单位的优势，开设了“创造与发明”课程，成立师生共同参与的“科技创新教育协会”，涌现出了一大批热爱科技创新的学生，成功申报了国家专利400余项。今年我校就有多名同学因持有专利而成功取得多所大学的自主招生资格。

我们还积极发挥教师的个人学术和特长优势，在教师中开展了“专业成长6+1”活动，其中就有一项是“指导一个社团或学生研究活动”；在学生中开展了“快乐成长3+2”活动，其中要求学生要加入一个社团，参加一项研究活动，有效地将教师专长和学生兴趣对接到一起。比如我校的李现新老师长期致力于研究长清地方历史文化，曾积十年之功创作了27万字的《散记长清》一书，在社会上引起很大反响。我们借势开设了“长清地方文化”校本课程，同学很感兴趣，有些学生也加入到研究家乡文化的队伍中来。

我自己也毛遂自荐，结合自己的经历和思考，给高一到高三学段的学生们开设了“让校园生活充满阳光”的校园生活指导课。我们还创建了济南市第一个新疆内地高中班，突出了民族特色，发挥了民族共建的优势，我还每周给新疆学子们开设一节“现代汉语课”。

【陶继新】校本课程的开发，从空间结构看，课程发展走向了立体化和动态化；从时间结构看，学生的学习已不只是局限于有限的几门学科的课堂学习，而是扩展到学校的整个生活世界之中，呈现出百花争艳的态势。那些有利于学生学会学习、学会思考、学会合作、学会创新和发展的课程资源，在新的教育价值观的引导下，在课程改革中正逐步发挥主导作用，这必将为你们学校的可持续发展提供强大的后劲。我参观过你们的陶艺馆，很有特色，你们不但外聘了高层次的教师，也培养了一批很有发展潜质的学生。

【王少辉】最后是我的一点教育感悟：教育就如用心雕琢美玉，要用追寻的眼光去发现，用睿智的眼光去雕琢，用赞许的眼光去欣赏。总之，教育的真实力量来自于内心，“一切为了学生的发展”是我们追求的永恒主题！

【陶继新】《学记》有言：“玉不琢，不成器；人不学，不知义。”看来，古人早就将学生视为可堪雕琢之“玉”了，关键是如何琢之成器。因此，就要学，要让他们学到必要的知识，同时，还要让他们知“道”。中庸开篇就说：“天命之谓性，率性之谓道，修道之谓教。”我觉得，您是深得其中要义的，是在“修道”，是在让你们的学生成为真正对社会有用的人才。

（原载于《中国教育报》，2012 年 4 月 14 日，第 4 版；作者：陶继新、王少辉。）

开放之教育　包容之胸怀

——青岛市实验幼儿园办“回归儿童天性”的教育扫描

［宁征校长简介］

宁征，1982 年 7 月参加工作，1993 年 8 月至今任青岛市实验幼儿园园长。先后获得“全国优秀教师”“山东省富民兴鲁劳动奖章”“山东省特级教师”“青岛市专业技术拔尖人才”（两届）等称号二十余项，兼任中国学前教育研究会第七届常务理事、2011 年被山东省教育厅推荐为教育部学术委员会成员。当选青岛市第十、十一届政协委员。

2012 年 2 月 7 日，她作为中国学前教育界的唯一代表和全国各界的其他 11 名群众代表走进中南海，参加了由温家宝总理亲自主持召开的国务院政府工作报告座谈会。会上向温家宝总理等国家领导人就今后学前教育的改革与发展提出 4 点建议，发言得到温总理的充分肯定。

编者按：青岛市实验幼儿园创建于 1993 年，隶属于青岛市教育局。由于其优质的办园质量，先后创办五所幼儿园，实现了优质教育资源的不断拓展。

开放教育是该园的一张亮丽的名片，回归幼儿的天性是开放教育的归宿；走向大自然、走向大社会是开放教育的重要主张；让幼儿在开放、自主、温馨、有序的环境中主动发展是开放教育的追求；在爱的世界里相遇共同成长是开放教育的核心文化理念。由此，开放教育培养了大批善于交往、乐于合作、敢于表达、勇于创造的优秀幼儿，受到家长及社会各界的高度认可。

智者，立足之本

【宁　征】我想从如何做一名有智慧的园长谈起。尽管有句话大家已经很熟悉了，但是，我还是很喜欢："一个好园长，就是一所好幼儿园。"我认为有思想、有智慧是当好园长的前提，也是幼儿园健康、持续发展的关键。园长要扮演好自己的角色，如教练、培训师、导航员、伯乐等，首先是科学规划幼儿园，其次是科学有效决策。

【陶继新】一个有思想与智慧的园长，可以将幼儿园由小办大、由弱办强；相反，一个没有思想与智慧的园长，则会将幼儿园由大办小、由强办弱。在采访您与参观你们幼儿园的时候，我就有一个深切的感受，您是一个很有思想与智慧的园长。您的思想引领了全园教师的成长，您的智慧成就了青岛市实验幼儿园的发展。

【宁　征】谢谢您的鼓励。今年是我职业生涯的第三十年，我深深地体会到您方才说得非常对。一个人如果没有思想和智慧，生活和工作将失去方向。我崇尚苏联伟大的教育家苏霍姆林斯基说过的一句话："校长，首先是教育思想的领导，其次才是行政上的领导。"30年来，我就是秉承着这样的思想和理念去追求自己的价值目标。无论是我在乡镇做幼教辅导员的10年里，还是在青岛幼儿师范附属幼儿园做园长的1年里，乃至我从1993年起做青岛市实验幼儿园的园长至今，我的信念就是要做一名有思想、有智慧的老师和园长。在乡镇的10年，我做了很多创新的工作，如统一招聘教师、统一在全镇调配教师、统一发放教师工资，对园长、教师进行系统的培训等，使原本名不见经传的乡镇，成为全县一类幼儿园最多的乡镇。我清楚地记得，因为工作成绩突出，青岛市的农村幼儿工作现场会在我所在的流亭镇召开，我被评为青岛市优秀教师。此后上级领导又要授予我"全国优秀教师"的称号，那时我觉得自己已经是一名公办教师了，就把这个机会给了一名园长。结果这位园长也因为有这个称号，成为90年代初期青岛民师免考青岛幼儿师范学校的唯一学生，她现在已经退休，成为一名真正意义上的公办退休教师。1985年，我把上级给我的“青岛市优秀园丁”奖项也给了一位园长，她当年就转为正式的公办教师。每每想起这些，我心里充盈着幸福和快乐。

【陶继新】有思想与有人格是联系在一起的。您的两次获取荣誉机会的“转让”，则昭示了您高尚的人格。世界上的不少大师，不但拥有超越常人的思想，也多有常人没有的人格。我之所以特别敬仰孔子，就是觉得他是一个真正意义上的智者，也是一个真正意义上的思想家，而且，他的人格特别高尚。他期待“老者安之，朋友信之，少者怀之”，他说君子应当“求诸己”，还说“己欲立而立人，己欲达而达人”。正是因为这样，孔子周游列国14年，经历了很多磨难，可他的弟子却一直跟随着他。这种人格魅力，当是世之罕见。看来人格有着无限的能量。由此我想到您，为什么能够将实验幼儿园办得如此之好？当是思想、智慧与人格集于您一身的必然结果，而且，您的精神人格又感染了老师们，让他们也有了对真善美的追求。当绝大多数教师都有了不断升华的人格之后，就没有办不好的幼儿园，就不可能不既好又快地发展。

开放课程：内涵发展之本

【宁　征】其实在青岛市实验幼儿园的这19年里，我特别感谢局领导对我的信任和关怀，让我在这片土地上耕耘了这么长时间。如果没有这么长的时间，很难形成当下“开放教育”的园本课程体系。因为园本课程的建设不是一朝一夕、一蹴而就的工程。我认为园本课程应该是园领导和教师们以幼儿发展为本，在真实的教育实践中不断地探索、反思、总结、完善、提升所形成的具有明显个性特征的思想、理念和策略的课程。它的本质是为幼儿创设适宜的教育环境，使幼儿在各种丰富的活动和游戏中，通过与环境互动、与同伴互动、与教师互动，主动学习，获得有益经验的过程。好的园本课程是成就幼儿和教师的阶梯。

【陶继新】建构“开放教育”的园本课程体系，当是一个比较大的工程。不过，任何幼儿园如果没有自己的特色课程，就不可能形成自己的品牌。现在，很多幼儿园在搞文化建设，而文化建设的一个重要载体就是园本课程。优质园本课程的形成，要经历一个比较长的时间，正是在这个过程中，教师的教育水平提升了，孩子们受到的教育也更好了。

【宁　征】孔子的思想之所以传承了 2500 多年，以至现如今在国际范围内创建孔子学院成为一种趋势，就是因为他的博大精深的思想启迪了人们的灵魂世界，使人受益良多。在这方面您是专家，我读了您的《做一个幸福的教师》《让幸福与经典同行》《经典教育让生命有根》等专著，我好感动。对于园本课程文化的建设，我们真的是在边工作、边实践的过程中慢慢总结、沉淀、提升形成的。

建园初期，我们只有正副园长和三名幼师毕业的学生。然而，市教育局要求我们把实验幼儿园办成青岛市的实验、示范基地，发挥龙头引领作用。怎样使这所新建园成为龙头园，是我思考最多的问题。我们已经处在了一个开放的时代和社会，开放的时代，必然呼唤开放的教育。中国的改革开放，给青岛这座美丽的城市带来了崭新的发展机遇，它最先被国家确定为沿海开放城市之一。青岛已步入一个开放的时代，我们必须开启新的时代的大门，迈向开放的教育。

回顾自己童年时代的成长经历，尽管那时农村没有幼儿园，自己也不知道幼儿园是个什么样子，但是，农村独具的自然环境却给我带来无穷的乐趣和快乐。下雨了，和小伙伴们到大街和河沟里接受雨水的洗礼；下雪了，我们一起打雪仗、嬉戏；春暖花开的季节，我们去山上采野花；秋季里，我们和大人们去田野里收获果实……四季轮回。童年的时光在呼唤着我，现在，如何让城里的这些“小皇帝”“小公主”们远离水泥地、柏油马路和封闭的家庭、幼儿园，是我做实验幼儿园园长开启开放教育的前奏。于是，解放孩子们的时空、解放孩子们的头脑、解放孩子们的手脚、解放孩子们的嘴巴等陶行知的教育思想被我们借鉴和应用到教育的实践中。由此，我们开始把孩子们带到大自然、带到社区里，去探寻春天的秘密；把孩子们带到远离市区 50 里的郊区农村，去感知大自然带给孩子们的惊奇；带他们到水上飞机场，去亲近水上飞机和气垫船；带他们到火车站，去了解火车带给人们的快捷；带他们去海边的名胜景点，领略青岛的城市风貌等。这些举措带给孩子们的体验令我们震撼，孩子们更愿意更高兴来幼儿园了，在教室里他们有话可说，有事可做了。孩子们谈论、交流的话题无不与他们的真切感受相关联，他们所言说的无不是对大自然、大社会的真切体验。家长们高兴了，老师们开心了，孩子们变化了。这就是我们开放教育园本课程初探的结果。

【陶继新】一望无际的蓝色大海为青岛这个开放城市注入了生命的活力，教育也应当有一个海纳百川的胸襟。作为教育起始阶段的学前教育，就要让小孩子有一个开放的视野。所以，开放教育当是时代与青岛这个特殊城市的必然产物。

您谈到农村的自然环境，令我激动不已。因为我是从农村走出来的，那里的一草一木、一土一石，都会令我产生无限的联想。想当年，农村没有幼儿园，更没有幼儿老师。可是，我们在天然的农村环境里，玩得极其开心。现在的孩子，居住在城市里，对于农村几乎一无所知了，其他很多自然的东西也与他们渐行渐远了。当人们疏离大自然的时候，大自然也就与人疏离了。而人与大自然是分不开的，一旦分开，人就会缺失很多东西。所以，开放教育，就要让孩子亲近大自然，走进大自然，热爱大自然。海滨城市有其得天独厚的条件，在那里，孩子们会有无限的快乐。可是，现在因为安全问题，很多幼儿园已经不敢再让孩子走出园墙，孩子被紧紧地封闭起来。于是，开放的视野没有了，开放的心胸也没有了。从小没有了开放的视野与胸怀，就没了“千里之行，始于足下”的可能。

当然，你们所说的“开放教育”还不止于这些，它是一个全方位的开放。不但要走进大自然，还要走进社区，走进工厂，走进其他地方。即使在幼儿园里，也是开放的，因为孩子们的心灵没有被束缚，他们的行动是自由的，他们的发展是全方位的。上次在你们那里采访时，我们欣赏了一些孩子写的春联，其奇特想象令我们大人匪夷所思、惊叹不已。他们为什么有如此好的表现呢？因为他们的心灵是舒展的，自由的，开放的，所以，他们可以天马行空地展开奇思妙想，在儿童的天空里翱翔，去勾勒属于他们的那一方神奇天地。

儿童：回归自然

【宁　征】2012年3月9日，受青岛市教育局之邀，中国学前教育研究会理事长、南京师范大学博士生导师虞永平教授，向全市负责学前教育的干部、园长、骨干教师做关于“幼儿园课程建设的基本路向”专题报告，我也在现场听课。他对我撰写的《幼儿园开放课程》这样评价：“落实了一种不断扩展的空间、时间、资源方式、经验和心灵的取向。”我觉得虞教授全方位地诠释了我们对开放教育探究的理论和实践。我们所追求的开放教育就是让幼儿在开放的生态环境中，运用各种感官充分感知和体验，真切自然、创造性地表达自己的愿望，在充满乐趣的活动中体验快乐、感受幸福！

【陶继新】关注孩子们的心灵取向非常重要。幼儿的心灵是纯净的、透明的，所以，老子主张“复归于婴儿”。因为大人在增长知识与经验的同时，也受到了社会的不良影响与污染，原有的纯净没有了。人如果没有了这些天然而又可贵的品质，是极其可怕的。所以，不应当让这种纯净与透明消失，而应让其久存与再生。同时，他们的心智是发展的，自然而纯净的心灵还需要不断地走向更高的境界。《中庸》开宗明义：“天命之谓性，率性之谓道，修道之谓教。”所以，心灵的开放，一方面需要道，因为“道也者，不可须臾离也，可离，非道也”。同时，还要让率真的心灵升华，即“修道”。因为一个人的心灵优劣，将决定其生命的质量与发展的走势。

【宁　征】这里的空间就是依据孩子们的兴趣和需要，为幼儿的学习和生活提供无边缘的机会和条件。他们的探索和体验或许在幼儿园，或许在家庭，或许在大社会中的某个场所，或许在大自然中感知其神奇的变化等。它体现的是对孩子们空间的解放。在幼儿园强调为幼儿创设适宜的、开放的、自主的、创造的空间环境，让孩子们学会自我选择，自我判断，自我创造，自我发展。主张把大自然、大社会作为孩子们的活教材，让孩子们在与大自然、大社会的亲密感知中获得有益经验。如在小班幼儿中开展的《有趣的大海》这个主题，就是从老师或爸爸妈妈带领孩子们，去海边赶海捉小鱼、捉小虾、捡小海螺切入的，之后再拓展到“我喜欢的海鲜”“海里的小动物”“我爱大海”等活动的感知和探索。在中班幼儿中开展的《好朋友》主题，孩子们在观察好朋友的外貌特征和喜好的基础上，周末轮流到好朋友家中做客，在学会如何邀请、招待好朋友的方法策略的同时，学会分享、合作、沟通等良好的社会性人格品质。在大班幼儿中开展的《海洋之舟》主题，孩子们在爸爸、妈妈的陪同下，利用周末乘快艇游览，或乘客船到西海岸出游，或去海军博物馆参观等，发起对该主题的探究。

【陶继新】没有空间的开放，就没有真正意义上的开放教育。孩子对世界充满了好奇，有着无限的想象力。让他们走向更加丰富的世界，可以有效地开发他们的想象力。小时候的想象力如果被压抑，不但会让他们失去儿童的灵性，还会在他们心里埋下压抑的种子，让他们由此缺失生命的张力。在小班幼儿中开展的《有趣的大海》主题活动，会让幼儿快乐不已。热爱小动物是幼儿的天性，在与这些动物接触的过程中，自然而然地培养了他们喜爱与爱护小动物的感情。人的可贵之处，在于不仅爱自己的同类，还要爱人类之外的其他生命物种。这种可贵的品质如果能够“造端”于儿时，“及其至也”，则可以发展于未来。在中班幼儿中开展的《好朋友》主题是让孩子学会交友之道、合作之道。现在的孩子大多为独生子女，他们在家庭里多被家长宠爱，养成了以“我”为中心的思维惯性。可是，孩子是要成为大人的，他们是要走向社会的。一个以我为中心的人，是不可能立足于社会的。你们从小培养他们的合作意识、交友之道，让他们学会谦让，学会合作，学会共享，长大之后就会受益终身。在大班幼儿中开展的《海洋之舟》主题则可以让孩子领略大海的浩瀚与美妙，初识军事世界的奥妙与神奇。小孩子有的时候是幼稚的，但他们在不少方面又有令大人难以想象的能量。你们很好地开发了他们的能量，从而让他们有了长足发展的可能。

【宁　征】这里的时间指向的是，每一名幼儿都有其独特的个性品质，他们对事物的探究思维方式和行为方式各不相同。我们首先要对幼儿的健康、和谐、全面发展担当责任，因此，提出了“一日活动即课程”的思想，即要优化孩子们的一日活动时间，保障幼儿的活动符合动静交替，室内、室外有机结合的原则；保障幼儿有充足的自主活动或游戏的时间和条件，有利于他们在活动中彰显个性。如我们必须严格按照国家的规定，幼儿在户外运动的时间一定要达到 2 小时以上，不可以设置违背幼儿身心发展特点的所谓“特长班”课程，在同一时段的学习过程中，允许幼儿按照自己的想法选择、参与活动，允许幼儿对活动持续探究。如个别幼儿在制作区选择了自制喜欢的军舰的活动，在上午的区域活动中没有完成，他（她）可以在下午的区域活动时段继续制作，甚至于第二天的区域活动时段依然可以继续活动，只要孩子需要就可以。这体现的是教师对幼儿人格和权利的尊重。

【陶继新】欣赏您所说的对幼儿的健康、和谐、全面发展担当责任。幼儿期是其身体与心智成长的关键期，你们的“一日活动即课程”有效地促进了孩子的发展。健康是第一位的，如果没有足够的课外活动时间，就很难保证孩子的健康。您所说的“和谐”，不但有相得益彰的课程安排，还有心灵上的和谐。身心和谐是最重要的，一个人心理状态的好坏，很多时候是由儿时引发的。小时候有一个和谐的心灵，就等于为其一生栽种下了一颗心理阳光的种子，到了适宜的机会，就必然生根、开花与结果。而要想健康与和谐，就要让孩子全面发展，而不是某个方面发展。只有各个方面协调发展了，孩子才是真正健全的，生命才是真正美好的。

【宁　征】关于资源、经验和心灵的扩展，我理解的“资源”不仅是社会资源，还有幼儿成长过程中的家长资源、教师资源、同伴资源等，这些都是不可或缺的资源，对每一个生命个体的成长起着至关重要的作用。社会环境资源是孩子们探究生活世界的重要源泉，给孩子们带来探究的欲望和惊奇。而人际资源又是孩子们现实生活中的重要他人，开放的、良好的人际关系将有助于孩子们的成长。当今的家长资源与过去发生了很大的变化，他们的成长背景不同，学历水平高，从事的行业领域多元，幼儿园理应与家长建立起良好的互动关系，充分挖掘那些在课程实施中有价值的家长资源，为孩子们所用。教师资源更是孩子们身心成长的助推器，营造民主、自由、和谐的师幼关系可以让幼儿的心灵得到释放。同伴资源的利用是开放教育理念所追求的重要资源。孩子们从独立的家庭来到幼儿园的集体生活中，因为受多种因素的影响，他们还不能游刃有余地与同伴一起生活和学习，需要在“试误”中尝试获得与同伴建立合作、互助、交往、友善的关系，需要教师们高度关注他们的互动交流。另外，每一名幼儿都有其独特的个性差异，在生活和学习的过程中，教师们要将那些充满灵性的幼儿创造及时分享给全体幼儿，使同伴的个体经验共享为团体经验。当孩子们感知到来自物质和人际两方面的资源后，他们所获得的经验是丰富、多元的，他们的心灵将得到升华和释放。我相信，孩子们的创造力、想象力将得到激发，他们的求知欲将得到满足。我想，在这样的环境中成长起来的孩子，一定会成为中国伟大复兴的接班人。

【陶继新】没有亲身的经历，就形不成属于自己的经验。孩子经历还少，可是，作为其一生有用的经验是要一点一点地积累的。不要小视这一点点，因为“合抱之木”是“生于毫末”的。你们所开展的这些活动，就是让孩子们逐渐地积累经验。不过需要说明的是，这里的经验是明显烙印着孩子特征的，与大人所说的经验是有着某些差异的。可是，这些经验对于他们一生的成长却起着巨大的作用。

没有充足的社会资源，孩子就永远认识不了社会。不认识社会，就无法在社会中生存。而教师呢？他们在孩子的心里是无可辩驳的权威。所以，教师不但要真正了解幼儿的心理特征及成长规律，还要有一颗深爱孩子的心。不然，这种权威就会成为破坏孩子成长的“杀手”。家长亦然，他们永远是孩子的“老师”，一个不经意的话语，一个不在意的举动，都会成为孩子学习的对象。孩子的模仿力之强，是超乎大人想象的。所以，不但要开发家长资源，更要优化家长资源。古人说：“近朱者赤，近墨者黑。”好的“榜样”，会让孩子变得更好；不好的“榜样”，也会让孩子变坏。

您所说的“试误”很有意义。小孩子不可能不失误，也不可能不犯错误，大人都做不到的事，小孩子更是做不到。不过，孩子有了失误与错误的时候，不能听之任之，而应当循循善诱地让其知道以后不能这样做，力争让他们走进“不贰过”的境地里。当然，三次、四次改过也是可以的。

每一个孩子都是“这一个”，都有其独一无二性。所以，孔子的“因材施教”要在幼儿教育中加以有效的实施。比如那些具有音乐与美术天赋的孩子，如果着意培养，多能脱颖而出，有出类拔萃的表现，甚至未来可能成为艺术家。当然，这里所说的个性也不止于这些方面，还要尽可能地满足孩子的需求，尽可能地让他们走向自由发展的需求，尽可能地让每个孩子都得到发展，这样，孩子就会走进一个理想的境界。

成人：儿童成长的重要他人

【宁　征】品味您的回复，有一种“润物细无声”的魅力。我被您的论述深深打动着。您在关注儿童心灵成长的同时，像是给园长、老师和家长们做了一场精彩的育儿专题报告。相信读者读到您传递的这些内容后，心灵一定会得到启迪。其实，儿童的教育真的需要成人去呵护、浇灌、滋润、修剪。因为孩子们幼小的心灵较脆弱，易受伤害，像一棵棵幼苗，经不起风吹雨打，需要成人的关爱和理解，就像园艺师那样，对这些幼苗要不断地浇水、施肥、修剪，才能使其长成参天大树。

如果我们不了解儿童心智发展的模式和特点，不了解儿童的兴趣和爱好，就谈不上教育。因此，作为成人的我们真的应该尊重儿童，走进儿童，理解儿童，解读儿童，启迪儿童。记得伟大的作家和教育家列夫·托尔斯泰说过："孩子自出生到5岁的这段年龄期内，在他的智慧、情感、意志和性格诸方面从周围世界中所摄取的，要比他从5岁到一生终了所摄取的多许多倍。"苏联教育家马卡连柯阐述过同样的观点，人到5岁时成为什么样的人，将来也就是那样的一个人。可见，我们对儿童的教育任重而道远。

【陶继新】幼儿教育当是整个教育的基础。我们老家有句俗话："3岁看大。"这虽然出自农民之口，却是一个经典语录。3岁之前，是孩子形成习惯的关键期，也是孩子智力发展的核心时段。一个孩子，出生之后一两年时间，就会说一个国家的语言。在香港，两三岁的孩子都会说三种语言：粤语、普通话、英语。为什么呢？3岁之前，孩子的听力是惊人的，而听后植入大脑的记忆也是超人的。只要给他们一个语言环境，他们就会在无意识的学习状态下学到大人数年甚至十几年学不会的东西。经研究发现，儿童时期学习语言，时间短、收效快。入小学之前，孩子的记忆依然非常好。他们背诵经典，即使不懂，也会很快背会，却不易忘记。而长大之后是记得慢忘得快。所以，《学记》有言："时过然后学，则勤苦而难成。"

既然如此，幼儿时期，就不单纯是让其玩之复玩，还要在玩的同时，让他们形成良好的习惯，让他们记忆一些必需的东西。当然，不能让孩子学这些东西的时候感到不愉快。儿童不快乐的时候，不但学习东西会慢，而且会损害其心理，甚至扭曲其心灵。相反，在他们快乐的时候，即使学习了很多有用的东西，也会乐此不疲。为孩子生命成长计，就要研究儿童成长规律，就要让他们快乐而又真正地发展。

挑战：创新的源泉

【宁　征】前面您谈到关于组织外出活动所存在的风险和挑战，的确是当今很多园长（校长）所要面对的问题。因为在我们的体制框架里和社会中，往往孩子们在校园里出现的所有大大小小的事故，家长大都把责任推给学校或幼儿园，导致园长（校长）作为法人，首当其冲要被问责。其次，在纠缠不完的司法事件中需要耗费大量的时间和精力。为此，因为怕出事，而少组织一些外出参访感知活动，尽量让孩子们呆在教室里就成为了普遍现象。可是我认为，不能因为怕出事就剥夺了孩子们的好奇心和求知欲，就将他们圈在幼儿园或教室里，泯灭他们的天性，这是犯罪。当然，作为园长要考虑孩子们的生命安全，且要把生命安全放在第一位。在组织外出参访感知活动时，首先要选择具有严格资质的用车公司，与其签订合作协议，确保车辆安全行驶；其次，教师要对所要参访的地点作出细致分析，确保幼儿安全的同时，引导孩子们获得有益体验；再者，为参访班级配备足够的人员，或邀请家长志愿者参与，确保孩子们的安全。我经常告诫自己，做园长就是要为社会承担责任和使命。我也经常向来访的国内外专家、学者、同仁们说这样一句话："我所倡导实施的开放教育，就是要为中华民族的伟大复兴尽到自己应该尽的那份责任。"还有一句话："我们不能以牺牲幼儿健康快乐的童年为代价，换取所谓的特色（诸如在幼儿园举办英语班、绘画班、蒙台梭利班等等）。"这话听起来似乎挺口号化的，但是，它是我的内心写照。我是这么说，也是这么做的。

据了解，在日本的幼儿园里，园长经常组织幼儿开展马拉松长跑活动，让孩子们在有阳光照耀的房间里光着上身吃饭，组织一岁左右的婴幼儿进行爬行比赛，定期开展地震、火灾逃生演练。这些难道不值得我们好好反思吗？

【陶继新】现在一对夫妇大多只有一个孩子，对这个孩子安全的关注，成了家庭的重中之重，这是可以理解的。可是，不少家长同时又走进了一个误区，他们认为只要圈在幼儿园里，让教师牢牢地看住，就不会有任何安全隐患了。甚至有的园长与老师也有同样的看法。其实，他们不知道一个起码的常识，孩子小的时候，是培养其安全意识最好的时期。他们不可能不走向社会，如果整天就在家里与幼儿园里，在大人的看护下才能生活的话，这样的孩子就永远离不开大人，永远不会有真正的安全。相反，如果让他们不断地走出家门与幼儿园，与社会、自然等接触，并由教师指导着学习安全知识的话，久而久之，他们也就学会了如何保护自己，如何适应环境。这会不会有安全隐患呢？还是有的。所以，很多园长与校长就采取圈养的方式，你不出门，不就没有安全问题了吗？可是，如此而为的结果，却让孩子永远没有安全意识，永远不会自我保护，与他们钟爱的大自然及社会隔离。您之所以敢于让孩子走出去，关键是您在为他们一生更好的发展思考，并采取了应采取的所有严密措施，让安全隐患几乎降低到了零。不过，这要耗费很多精力与时间。可是，您作为一个对孩子一生成长负责的园长，却一直无怨无悔地行走着。这令我对您多了一份敬意，相信家长也会为这些孩子能在您的幼儿园里而感到莫大的欣慰。

【宁　征】记得2011年的春节刚过，台湾某电视台的执行营运官等5人来我园参访，其目的就是想通过我的认可，推销台湾的教材和学具。谈话间，我得知他们的教材和学具与国家纲要和我园的开放教育价值取向有差异。我对他们的做法表示不接纳，并告诉他们，我们同属一种文化，同样在为中华民族培养子孙后代，我们不可以把眼睛盯在家长的口袋里，只想向家长索取钱。一席话后，客人们临走时，拉着我的手不断地道歉：“我们今天受教育了！”

【陶继新】如果办园是为了赚钱的话，你们的幼儿园就不可能有着如此蒸蒸日上的发展态势。因为世间有一个看不见的规则，那就是有德方有果，无德必自毁。一些学校与幼儿园的起始阶段办得如火如荼，可当老百姓发现他们是为钱而为的时候，便一个个离之而去了。结果，钱没有赚到，反而负债累累，甚至倒闭关门。《周易》有句话说得非常好："积善之家必有余庆，积不善之家必有余殃。"你们能有今日之发展，当是德为先而结下的硕果啊！

科研：园本持续发展之本

【宁　征】园长的责任不仅仅是上述我谈到的。实验幼儿园从创办到今天，由于各级领导的关怀支持，办园质量的优质，我们的优质资源得到不断拓展，先后开办了 5 所幼儿园，横跨青岛东西南北和新老城区，缓解了百姓入好园难、入园贵的状况。不断地拓展优质教育资源，无论是园长、园领导群体、还是教职工们都是要担当责任和付出代价的。拓展后如何确保高质量办园，如何让教职工充满激情地工作，如何让团队中的每一个人实现自我价值，如何提升每一名教职工的工作、生活幸福指数，又是我思考的新问题。

【陶继新】您的高追求与新思考，让我想起了孔子的高足曾子的一句话："士不可以不弘毅，任重而道远。仁以为己任，不亦重乎？"没有最好，只有更好；没有满足，只有前进。那么，如何更好，如何前进呢？其中一个关键就是要提升教职工工作积极性与幸福指数。当一个人认识到自己工作的意义与价值，且感到快乐幸福的时候，工作就不会感到辛苦。要想成就一番事业，你首先热爱它，有了爱，才有努力；有了努力，才有成果；有了成果，才有幸福。

【宁　征】我在"九五""十五"期间，利用十年的时间，对"幼儿园开放教育研究"进行了全方位的研究，取得了阶段性成果。先后出版了《开放教育文集》（第一、二辑）、《开放的时代，开放的教育》《让童稚的心灵拥有开放的空间》《幼儿园开放课程》五部专著。"十一五"期间，我主持确立了"幼儿园创建高品质团队研究""基于人本主义的发展型教师培养研究"两项研究课题。历经五年的研究取得了令我较满意的成果。其中“幼儿园创建高品质团队研究”课题成果获两项国家一等奖。记得在“幼儿园创建高品质团队研究”结题会上，来自中国学前教育的前任理事长、副理事长北师大的冯晓霞教授和南师大的虞永平教授，对此课题作出这样的评价：“此课题的研究在学会中取得了高质量的课题研究成果，充分体现出青岛市实验幼儿园‘行有道、园生辉’的办园思想和成果。”2010 年 11 月份，中国学前教育研究会在青岛举行换届暨成果表彰会，我园接待了来自全国各地专家、学者、同仁 600 余人的参访，会议期间，我向与会代表作了“构建园本文化、提升团队品质”的专题分享报告，受到参会人员的高度评价。我之所以要作这两方面的课题研究，是因为我们的办园规模在不断扩大，教职工的人数迅速增加，人的问题是关系到幼儿受教育质量的问题。在考虑成就幼儿的同时，必须把促进教职工的专业成长放在重要的位置。幼儿园的可持续发展不是靠园长的单枪匹马，靠的是我们团队中的每一个人。研究中我们定位园长、园领导的角色是教练，引导和帮助每一名教职工获得专业成长，实现自我价值；是伯乐，发现教职工长处，扬长补短，使其做最合适的工作；是乐队指挥，带领团队成员团结协作，实现跨越。

【陶继新】“种瓜得瓜，种豆得豆。”这是一个不变的真理。您和你们的教职工奋斗不止，才有了这么多的成果。而且，您要“更上一层楼”，就不能满足于现状，就要实现新的跨越。要想如此，除了您所说的让教职工实现自我价值之外，您本人也要实现新的突破。我发现，您是一个永远追求卓越的园长。这是您的性格，也是您的责任。性格与责任也是在播种“种子”。我期待着您更加丰硕的收获，事实也将给我一个更大的惊喜。

（原载于《创新教育》，2012 年第 2 辑；作者：陶继新、宁征。）

“做人第一”的原生态德育教育

——寿光市营里镇中心校“道德为本”的发展之路

[吉孟国校长简介]

吉孟国，生于1968年8月，潍坊市优秀教师，寿光市营里镇中心校校长。历任小学教师、初中教导主任、寿光市孙集镇中心校业务主任、寿光市孙集一中校长。在任寿光市孙集一中校长期间，积极推行教学常规改革，全力推进德育育人，学校管理、教学改革成为寿光市的一面旗帜。

任寿光市营里镇中心校校长之后，推动学校均衡发展，建设营里镇两大教育中心，实现了办学条件的大改善、教学资源的大整合、教学效益的大提高；同时抓育人，促内涵发展，坚持“有大德才有大智”的育人观，走“从道德走向智慧”的育人之路，以校园文化建设、德育活动、习字等为依托，构建了立体的德育教育网络。

编者按：教育的根本问题就是围绕解决培养什么样的人、怎样去培养人的问题。纵观若干年来的教育改革，改革的初衷无疑是正确的、与时俱进的，但实际效果却不尽如人意，总体上没有发生太多可喜变化，特别是教育的“丢根”现象比较突出，没有达到期望的效果。而吉孟国校长多年来一直致力于思考人的培养问题，秉承“立德树人”的教育理念，坚持从道德走向知识的育人之路，潜心进行“原生态的德育”的实践与探索，并提出了“凭良心办教育”的口号。如此的执着与坚守，实属难得与不易。陶继新先生实地考察了寿光市营里镇德育教育的开展情况后，被吉孟国校长的“德育为本”的教育理念所吸引，对他在育人方面所做出的思考、实践感到钦佩。陶先生与吉孟国校长通过QQ进行对话交流，对该校开展的“追寻做人第一的原生态德育”进行了细致扫描——

育人第一，道德为本

【吉孟国】我一直从事农村教育工作，干过小学教师、初中教师、教导主任、初中校长，到现在的中心校校长。回顾工作历程，我自认为特别注重思考、特别关注细节、特别追求完美，也一直致力于教育的改革与探索。随着工作阅历的增加，面对浮躁的教育，我更增添了几分焦急、几分无奈。那就是教育如何走出功利，何时才能回到本质，真正做到以“道德为本”，为孩子当前发展和长远发展积蓄力量。

【陶继新】育人是教育之本，孔子之学，除了积极入仕的思想之外，另一个核心内容就是修身做人。他的教学总纲“志于道，据于德，依于仁，游于艺”中，前九个字谈的都是如何修身做人，后三个字与修身做人也不是毫无关联。可是，现在的教育，很多已经变异成了纯粹的知识教育。没有了“道”“德”“仁”的教育，会让人心浮躁，急功近利。所以，回到育人本质，当是教育之本，本立才能道生。

【吉孟国】的确！古代传统教育有许多值得我们借鉴的地方，可是当前受社会大环境的影响，教育也逐步感染浮躁风，功利主义渐盛。学校教育存在于上级评价之上，而不是建立在为孩了成长的出发点上，这背离了教育的本质。实际上真正的教育应去掉浮躁，抛弃功利，回归到本质，那就是一种影响，一种良好习惯的影响，一种良好人格的影响，而这种影响的终极是一种力量，一种来自人的本性的力量。我认为教育特别需要“良心”。2009 年我提出了“凭良心办教育”口号，就是要摒弃任何贪图名利或急功近利的思想，将出发点与落脚点落在如何让孩子更好地成长上。

【陶继新】欣赏您“凭良心办教育”的口号。目前社会上出现了这样那样的令人很不满意的问题，这些问题大都浸入到了教育之中。一个教育工作者，如果没有一个内在的良心规则，就有可能“无所忌惮也”。就说一个校长吧，他需要听上级领导的指示，同时，他更应当考虑教师与学生的发展，他的心中，应当有一个“道德律”。这样，在做任何决策的时候，就不会脱离教育的本质。相反，如果没有良心在，就有可能一味地唯上是举，一味地为了个人的升迁与荣誉，一味地为了自己小团体的利益，结果是教育生态遭到了破坏，师生发展受到了阻隔。所以，“君子必慎其独也”，凭着良心，干好工作。这样，教育就会逐渐回归到它的本位上。

【吉孟国】陶行知先生有言：“道德是做人的根本。没有道德的人，学问本领愈大，就能为非作恶愈大。”2003 年担任初中校长后，我将工作重点放在了学生的习惯养成和品行教育上，重点开展“八个一”活动，收到了很好的成效，可以说尝到了甜头。基于学校管理的基础，2008 年我到营里镇中心校工作，开的第一个全体教师会就是“德育教育启动大会”，提出了“追求做人第一的原生态德育”工作主题和目标。实际上道德教育是具有强大生命力和有效的育人策略，那就是从道德走向知识。

【陶继新】“做人第一”说得好！做人的问题解决不了，教育就是完全的失败。关于做人教育，一些学校还是停留在口头上，甚至有的口头上都很少说。您如此关注做人教育，如此力推做人教育，真是难能可贵。这个定位准了，教育问题就会由复杂变得简易。现在教育上出现了很多令人担忧的问题，追本溯源，大都是在做人教育上出了问题。要想解决教育上的一系列问题，最有效的方法是从本上入手。本的问题解决了，枝叶问题就会迎刃而解。从这个意义上说，教育是老大难问题，又是不太难的问题。看来，“从道德走向知识”，当是一个教育上的大智慧。

【吉孟国】“从道德走向知识”是张志勇副厅长提出的观点，这方面我们已经做了很多思考和实践，可以说我们的做法与领导的观点不谋而合，所以更加坚定继续做下去的决心，“教会学生做人”从新课程改革的目标来说，就是培养学生的情感、态度、价值观，也就是培养学生的心智潜能，它为学生的发展提供了可靠的保障；从教育教学策略来说，我们选择的是从侧面智取，学生道德的发展会促进学生更有效、持久、积极地学习，会保障学生知识的发展。我总认为一个品行不端、自由散漫的学生，是很难在学习方面有所成就的。正如您所说的那样，抓住了道德就抓住了教育的本质，就抓住了做人的根本。

【陶继新】前几年，我提出了“道德高效”的论点，与您的这个说法也是不谋而合。当下在研究高效课堂的时候，人们往往忽略了一个最为根本的高效之源，那就是道德。一个人如果人格高尚，具有百折不挠的精神，学习就一定是高效的。不但当下高效，未来也高效；不但是高效率，更是高效益。因为这样的人在教学与学习中，不会在困难面前裹足不前，也不会因一时成功而忘乎所以，而是始终保持一种向上的积极态势，高效也就有了必然之势。那些只抓智而不重德者，也许一时取得一些表面的高效，可是，到头来，大多都走进低效甚至负效的泥潭里而不能自拔。看来，抓根本，才能有人的根本的成长与持续的发展。

【吉孟国】深有同感！我们一直在走务本主义的道路，顺应学生成长规律和教育自身发展规律。老子曾说：“人法地，地法天，天法道，道法自然。”“万物以自然为性”。也就是说，万物所遵循的是其内在的自然本性。顺应自然，就可以得到生存和发展；违反自然，就要遭到自然规律的惩罚。“做人第一的原生态德育”就是顺法自然。几年来，我坚持以德育教育为核心，以做人教育为主线，抓德育氛围的营造、抓德育阵地的建设、抓德育活动的开展，将德育的“知、情、意”与“真、善、美”巧妙结合，采取了一系列的措施，初步尝到了“育人为本、德育为先”的甜头。

【陶继新】人的成长，是有一定规律的。那么，这个规律是什么？就是要培育好根，即做好人；人做好了，知识以至智慧都会随之而来。这种生命成长的规则，千古未变，这就是“道”。所以，《中庸》开篇就说：“天命之谓性，顺命之谓道，修道之谓教。道也者，不可须臾离也；可离，非道也。”现在不少学校的教育已经不再关注“道”了，甚至是逆“道”而行，这样，就违背了生命成长的规律。所以，当下教育的当务之急，就是要好好地“修道”，很好地育人。

有了真善美，加上知识与智慧，才能算得上真正意义上的人。

细节决定成败，坚持就是特色

【吉孟国】是啊！很多学校教育确实是丢了根，走错了道，急需固本求源。从教20多年来，经历了教育上的多项改革，诸如新课改等，有的甚至轰轰烈烈，但我觉得教育实质性的变化还不大，还没有从根上去解决问题。比如德育喊得比什么都重要，但做得比什么都少，“假、大、空”现象依然存在，根本原因还是思想深处没有理解人的“生命成长的规则”，导致没有有效做法。“道虽迩，不行不至；事虽小，不为不成。”育人就要从最基本的小事做起，以小事正思想，以细节促提升。在日常教学工作中我坚持把学生的发型、服装、佩饰物等作为要事、大事来抓，我始终认为外表是内心的体现，要想抓好学生的内心首先要抓好学生的外表，一个连学生的外表都抓不好的学校很难会抓好学生的内心，学生的做人教育更无从谈起。另外，也特别关注一些校园小事，从学生列队、关紧水龙头、捡起脚下的一片纸开始，常抓不懈，学生的品德修养在一件又一件小事上得到提升。陶老师，我说的这些小事感觉有点不好意思说，但我觉得这是育人最基本的和最起码的，这些小问题如果解决不好，就是学校教育的失败，也很难谈得上育人。

【陶继新】老子有言：“天下大事，必作于细；天下难事，必作于易。”表面看起来，您抓的是小事，是易事；可是，恰恰是大事，是难事。这些小事易事做好了，学生就会形成良好的行为习惯，就会积淀成优秀的品质。这才是真正意义上的德育，才是真正意义上的育人。不过，有的学校也抓这些小事易事，为什么没有取得良好的效果呢？而你们一抓就灵，一抓就好呢？我觉得主要有两点：一是你们领导与老师带头去做这些事情，这样，学生就会“学而时习之”。二是你们一抓到底，持之以恒。毛主席说：“抓而不紧，等于不抓。”三天打鱼，两天晒网，当然形不成习惯。如果只是为了迎接检查，就更加可怕，它会让学生觉得做这些事情的目的不是自己生活的必需，而是领导的需要。这样，做起来不高兴，做之后又反感，非但形不成习惯，还会产生一种抵触情绪。所以，不能有功利色彩，而要扎扎实实地为学生自身的成长去做。这样，才能收到实效。

【吉孟国】陶老师的话真是一语中的啊！古人云“学高为师，身正为范”，孔子就是身教的典范，做人第一有两层含义，前提是教师要做好人，以教师的言行来影响感染学生。

张瑞敏说过：坚持把简单的事情做好就是不简单，坚持把平凡的事情做好就是不平凡。对学校管理来说，坚持非常重要。认准的事就要坚持，坚持就是特色。特色并不是特殊，也并不是别人没做，我们做了就是特色，而是某一项工作或工作的某一个方面比别人做得更好，更加完美。特色就是工作的坚持，特色就是常规的积淀，真正的特色应反映教育的本质。教育需要创新，但创新并不是改变其本质，而应该是坚持其本质，创新做法，使其更加符合本质。因此，不要挖空心思地去想特色，而要静下心，竭尽全力地去做实事，做最根本的事，更需“凭良心办教育”，不能为特而特，而是立本促特，所以抓道德教育就是最有内涵的特色，是最富有意义的特色，是本质的特色，是最有生命力的特色。比如写字是我们的特色之一，“字品如人品，观其字可识其人”，写字的意义不仅在于其本身是一种技能，更在于让学生学会做人做事。我们采取了“全员参与、全程练习、全部展评”的“三全”措施，使写字育人活动落到了实处。“全员参与”是要求所有学生全部参加，而非特长学生；“全程练习”是学生每天到校先练习书写20个字，从一至九年级持之以恒。“全部展评”是班级每周组织一次优秀作品展评、定期组织作业和试卷展评，也就是将写字育人纳入了日常管理、日常教学中。

【陶继新】您在这里谈到了道与创新的关系。老子说：“道可道，非常道；名可名，非常名。”又说：“道生一，一生二，二生三，三生万物。”那么，这个道是不是可以变呢？我认为，道是不能变的；但是，却可以因道而生出人与物的万千变化。这个不变的是道，这个变的是人与事的创新。比如魏书生，他说自己搞教育几十年不变。其实，他就守住了民主与科学这个道，种好自己的心田这个本。这也就守住了教育的大道规则，人的心灵优化之本。所以，他说不变是这个道不变，而他所教的学生，他所管理的学校等，却有了日新月异的变化。看来，教育是需要道的支撑的，是不能随便变动的。同时，还要依道而行，让人与事发生一个又一个的生命变化。那么，您的道是什么呢？那就是教育的发展规律；您的心灵支撑是什么呢？就是“凭着良心办教育”。这些是不能变的，越是牢固，教育就越能发展，人的心灵就越能升华。如何变呢？那就是在这个基础上，让师生“修道”而教而学，于是，就有了您所说的写字特色等一系列的创新之举。这些特色，也因悟透了“字品如人品，观其字可识其人”写字的意义，也就是说与道有了内在的联系之后，才有了良性的发展，才有了人正与字美的结果。

以活动影响人，以实践锤炼人

【吉孟国】是的！世界上的一切事物皆处在变化之中，但万变不离其宗，我们确立并始终坚持“求实但不守旧，创新但不追风，争优但不浮躁”的工作方针。除写字之外，我们还坚持观看教育影片。爱因斯坦曾说过：“电影作为一种对人类精神幼年时期的教育方法，是无与伦比的。”我们绝大多数人都曾遇到过，当在电视或电影上看到感人的情节和故事时，我们也会被感动，眼睛湿润或泪流满面，一部好的电影，教育意义远远大于无数次先进人物报告和无数次的说教。很多学校一谈看电影就看百部爱国主义影片，对此我并不完全赞同。我认为看影片一定要有针对性，要贴近学生的生活实际和成长需要，为此我们精心搜集了《感动中国人物颁奖典礼》《汶川大地震》《共同关注》《天下父母》《道德观察》等有教育意义的视频材料。观看视频时，一幕幕感人肺腑的场景，一个个扣人心弦的情节，感人至深，好多学生边看边擦眼泪，寂静的现场一片啜泣声；回到教室后，往常喧闹的教室鸦雀无声，人人坐在位子上低头沉思。通过每周观看一次电影，让学生有情感、有怜悯之心、有善良之心、知耻知荣、知恩图报，学生的心灵不断得到洗礼，久而久之就催生了对真善美的向往和追求。

【陶继新】学生学习的内容，不能只是教科书，还应当有图书报刊、电影电视等更为丰富的文本。叶圣陶先生说："教材只不过是一个例子。"可是，现在有的学校的教材却成了教学内容的全部，除了教科书之外，别无所学。甚至美其名曰："减轻学生负担。"从形式上看，是减轻了，学习的内容少了嘛！可是，学生的学习正如身体成长一样，是需要多种营养的。如果没有更多丰富的精神大餐，就很难更好地成长。而且，有的时候，学习内容少了学生未必负担轻，学习内容多了学生未必负担重。何以言之？因为只学教科书上的内容，教师再啰啰嗦嗦地一讲到底，学生听起来就会味同嚼蜡，就会在心理形成一种负担，就会很累。相反，如果添加上观看电影的内容，尽管占了一些平时学习的时间，可是，却因影视内容入乎其中，感乎其心，动乎其情，往往会成为平时学习的一种调节剂，甚至是一种兴趣催化剂。况且，您所选的影视片，既有思想内涵，又富艺术形式，学生是乐在其中且会受到教育的。为什么说乐此不疲呢？快乐是不累的。为什么说"随风潜入夜，润物细无声"？因为这种潜移默化的教育，可以在不知不觉中走进学生的心灵之中，并悄悄地扎根、发芽、开花与结果。诸如您所说的有情感、有怜悯之心、有善良之心、知耻知荣、知恩图报等，恰恰是学生生命成长最需要的营养。这些在平时的教学中难以实现的目标，却通过这种载体走进了学生的心里。从这个意义上说，尽管每周增加了一次观看影视片的时间，但是，却让学生感受到了学习的乐趣，并受到了最好的教育。

【吉孟国】不光是影视，我们还注重音乐熏陶。子曰："兴于诗，立于礼，成于乐。"凡长期经过音乐熏陶的学生，其性情、精神、气质都会发生明显的变化，这种变化能让其一生获得健康的心理、良好的行为习惯。在日常教育教学中，根据实际情况选取一些感恩父母的歌曲、有教育意义的革命歌曲推荐给学生，可以让学生学会感恩、学会做人。我们精心搜集了《父亲》《母亲》《爱的奉献》等歌曲，同时把学生行为习惯和一日常规改编成《三大纪律、八项注意》，组织学生在大课间演唱。让学生在音乐旋律中感受父母的养育之恩、老师的教诲之恩、祖国和社会的关爱之恩。除此之外，我们还组织音乐会、歌咏比赛、诗歌朗诵大赛。课余闲暇时间，我们还播放轻音乐，给校园营造一种温馨、人性化的氛围，进而熏陶学生心灵。

【陶继新】学校，本来就应当是有歌声的地方；可是，由于“应试教育”的逼迫，这种声音已经渐行渐远。古代教学，特别是诗的教学，都是配乐吟唱的。《诗经》305首，都有乐曲相应，孔子就说自己是“吾自卫反鲁，《雅》《颂》各得其所”。如果再往远处说，是先有乐曲才有文本性诗歌的。在《六艺》中，就有“乐”啊。因为音乐之中蕴涵着丰富的思想，正是在“口之吟之，手之舞之，足之蹈之”中，实现其教育意义的。可是，现在的音乐歌曲，已经有了变异，即有了不少不健康的靡靡之音。你们选取一些很有品位的乐曲，让这些既有思想性又有艺术性的歌曲走进学生，不但让他们领略到音乐之美，也使他们在无形中受到了良好的教育。

【吉孟国】是啊！无论是电影还是音乐都有很多不适宜于学校教育。学校育人急需有教育意义的素材，逼得我们到处搜索寻找。

刚才您谈了影片和音乐对学生成长的意义和价值，同时还指出“学生学习的内容，不能只是教科书”，的确如此。另外，读书的重要性以及对孩子成长的作用，怎样说都不为过。我曾经在全镇教师会上说过这么一句话：“孩子的习惯很重要，好习惯终生受益，应注重习惯的养成，但最最重要的习惯有两个，一是读书，二是写字，只要养成了这两个好习惯，就抓住了关键元素。”德行天下，智赢人生，德是人脉，而读书就是文脉，二者相辅相成。为让孩子更好地读书，我们近两年投入40余万元为学校配备图书，全镇图书全部超过配备标准，我们学校最大的特殊用房是图书阅览室，堪称全市一流。在创造读书条件的同时，我们开展了一系列读书活动，如“读书报告会”“读书演讲比赛”“读书笔记展评”“我写我读”等，《弟子规》《千字文》《论语》等作为重点书目让全体师生诵读，坚持始终，从而使读书成为学校的主旋律、主风尚。读书成果在学生成绩上也得到了体现，我校初中连续五年语文成绩位列全市前茅。

【陶继新】读书的好处简直太大了！读书有一个规则：“取法乎上，得乎其中；取法乎中，得乎其下。”也就是说，读世界大师的上乘之作，人们虽然很难抵达大师的境界，却可走到中层；如果读中等的书呢，就只能在下层徘徊复徘徊。因为经典作品中既包含着丰富的智慧，也摇曳着思想的光华。读得多了，读得久了，以及背诵得多了，其间的思想与智慧，就会慢慢地走进读者的心里，就会“化”成自己的东西。如果读一些三流四流作家的作品，读那些思想情趣低下的作品，非但提升不了自己的人生境界，反而会因“近墨者黑”而步入迷惘甚至更坏的境地。你们在全镇为师生配备这么多有品位的图书，开展这么多有意义的读书活动，对于师生的成长，一定会起到课堂之上难以起到的作用。而且，当师生爱上读书的时候，也就有了人生的新的起点，不但可以考出好的成绩，还可以驶进人生的更高境界。

【吉孟国】陶老师的认识太深刻了。陶行知曾经指出“行动是老子，知识是儿子”。我们不仅关注学生的道德体悟，更重视学生的道德实践。育人不仅在学校，社会、家庭也是重要组成部分。为此，我们设计了主题化道德作业，让学生学以致用。我们设置了以洗刷、被褥整理等最基本的生活习惯为主要内容的德育家庭作业。要求学生每天回家帮家长做力所能及的家务活，如洗碗、扫地拖地、叠被子等，星期天帮家长做复杂的家务，例如整理房间、洗衣服、买菜炒菜、干农活等。孩子们在父母干活回家身体劳累时给他们送上一杯水，在父母生日、母亲节、父亲节、自己的生日这天为父母送上温暖的祝福。如此做，并不是让学生干多少活，也不在于干的好坏，而是为了培养学生自理自立的好习惯和做人的优良品行，让学生学会感恩。

【陶继新】孔子主张“君子欲讷于言而敏于行”和“敏于事而慎于言”，在孔子看来，是言大于行还是言行一致？这是检验一个人品格高下的重要标准。

一些有道德人格的人之所以“言之不出”，是“耻其躬之不逮也”。现在，有的人夸夸其谈，而行之不及，所以，当一个人说了某些话后，还要让人“观其行”方能相信。有这种问题的人，有的是形成了好说少做的习惯，有的则是品质有问题。所以，从小培养学生“敏于行”的习惯，对其一生的成长都是很有益处的。你们关注了学生的家中之行，又特别关注了学生的孝行。有无孝心与孝行，是检验一个人品格高下的试金石。孔子的高足有若认为，孝是人的立身之本，“本立而道生”。一个人如果连自己的父母都不爱的话，更遑论爱集体爱祖国了。而爱父母的学生，才能更好地爱他人，爱国家。“千里之行，始于足下”，从小一直“行”者，长大成人后，也一定可以行之千里的。

【吉孟国】为了促进原生态德育的有效和长期开展，我们还建立保障和评价机制，实施德育工作专项评价，充分发挥评价的杠杆和导向作用。学生方面用多把尺子衡量，开展了“文明之星”“礼仪之星”“感恩之星”等“十星”评选活动；开展了“感动校园人物”评选活动。老师方面采取“一岗双责”“德育一票否决制”，除评选教学能手外，还评选育人能手和道德模范。

【陶继新】要做好育人这篇大文章，没有相应的评价机制是不行的。你们对学生采用多把尺子衡量的评价办法，几乎让所有的学生都可以在德育这个评价系统中找到自己的位置，在得到肯定的时候，也有了自信及“更上一层楼”的心理向往。对老师采取的评价办法，特别是“德育一票否决制”，让德育不再是一种空洞的说教，而成了人人都必须经历的一个“关口”。当老师们的道德意识越来越强的时候，这种“关口”就不再是一个难关，而是变成了一个自然而然就可以跨越的门槛。而且，自觉主动地进行自身修养之后，也会慢慢地形成习惯，于是，育人，就走进了一个高层境界，教育，也就回归到了它本然的位置上。

［原载于《基础教育论坛》（小学版），2012 年 1、2 期合刊；作者：陶继新、吉孟国。］

“闲暇”出智慧

——济南市营市东街小学“左岸”工作室的故事

［房彩霞校长简介］

房彩霞，汉族，中共党员，济南市党代表，现任济南市营市东街小学校长兼槐荫区政府副处级督学。先后荣获“全国教科研先进个人”“全国优秀校长”“山东省百名科研创新校长”“山东省德育工作先进个人”“山东省教育科研先进个人”“市青年技术创新能手”“市建功立业先进个人”“市三八红旗手标兵”“首批济南市优秀教育管理者人选”“槐荫区十大杰出青年”等荣誉称号。2009 年入选“山东省县中小学教师继续教育专家团队”，曾多次接受山东教育电视台以及济南教育电视台《教育时话》等栏目的采访。

编者按：“校长的日子是数着过的”，这句话后面该加“。”还是“?”？有人说“校长的日子是数着过的”，不是因为美好，是出于无奈，校长的日子经常是忙碌的，疲于奔命，忙碌得让你忘记一切，这是责任带给校长的压力。校长的日子究竟应该怎样过？以上给出的是否就是正确答案？面对“。”“?”这两个不同的标点符号，如何选择？济南市营市东街小学的房彩霞校长选择了“?”。因为这种选择，便有了思变。诚然，作为一校之长，有些工作终归是要做的，但是，如果换一种工作形式，变一种工作状态，改一种思维方式呢？结果又会怎样？于是，诞生了他们的“左岸”工作室。这个小小的工作室也引发了陶继新主编浓厚的兴趣。于是，他们通过QQ，相约“左岸”，开始了以下的对话……

“左岸”的由来

【房彩霞】您好，陶老师，今天我们的对话就从我的个性化签名说起吧。我的QQ取名为“暇”，通过上次的谈话，不知道您能联想到我们学校的哪一项特色工作？

【陶继新】“暇”者，闲暇也，有优雅闲适之意，而且有一定的品位。这烙印着您的生命个性，如果与学校工作联系起来，您是不是要谈一下你们学校的“左岸”工作室？

【房彩霞】是的。“我是相信闲暇出智慧的，庆幸能够拥有片刻的小暇”是我QQ的个性化签名，也是我取名“暇”的潜在意识。“在紧张中寻找闲暇，在闲暇中生成智慧”则是“左岸”工作室的定位。

【陶继新】工作要紧张，也需要放松，正所谓一张一弛，文武之道也。闲暇不是散漫，更不是懒散，而是留一片安适给心灵。处于这种状态之下的心灵，往往可以生成意想不到的智慧。看来，“左岸”工作室当是一些志同道合之人于紧张之中寻找闲暇并聚合智慧的场所。

【房彩霞】是的，正如您所说，一群志同道合者凑到了一起，又心有灵犀地共同选定了“左岸”这一名字。有很多人都曾经问过我与“左岸”的室主——我校的教科研主任丁莉为什么取这个名字，看来大家对于“左岸”都颇感兴趣。“左岸”起源于法国，因为被塞纳河分开，于是有了“左岸”一词，因为特殊的时代因素，“左岸”被赋予了悠闲与浪漫的含义。我想，其实每个人在严谨工作的同时，都希望能够拥有一份闲暇，于是诞生了“左岸”这个既严谨又浪漫的工作室。自2008年以来，“左岸”这个由一群来自一线的教师组成的工作室，在学校的发展中真的发挥了不可估量的作用。“相约左岸”对我来讲，真的已经成为了一份美丽的期待。我常想，也许正是由于这是一个真正来自一线教师的特殊团队，才可能对教师具有这么大的吸引力吧。

【陶继新】不少人认为，教师工作紧迫，只有奉献与付出，以至有了“春蚕到死丝方尽，蜡炬成灰泪始干”的诗句。没错，教师是在付出与奉献，是在成就一批又一批的人才，可是，他们在成就他人的时候，也应当发展自身，在让他人愉悦的时候，自己也理应幸福甚至是诗意地生存着。从这个意义上说，“左岸”工作室的成立，就是让教师在不断地付出与奉献的时候，有了另一片神奇的天空，有了诗意的生活，有了特殊的创意，以及在这种创意之下涌动起来的自信与欣慰。而且，有了这种自由舒展的心灵，即使工作紧张一些，也会感到其乐无穷，以至抵达特蕾莎修女所言的“工作是最大的休闲活动”的审美境界。

【房彩霞】您说得太对了，“左岸”成立之初，只有四五个人，我是作为CEO（老师们戏称）强力加盟的，其他“左岸”的成员均为市区名师或学校骨干教师。我常想，名师虽有盛名，也往往会为名所累，在高负荷的工作状态中，在一成不变的工作氛围中，产生倦怠情绪总是难免的。如果换一种工作形式，变一种工作状态，改一种思维方式，结果又会怎样呢？不谦虚地讲，这三种改变在“左岸”都实现了。因为改变，他们的工作有了您所言的“另一片神奇的天空，有了诗意的生活，有了特殊的创意，以及在这种创意之下涌动起来的自信与欣慰”。在改变他们工作状态的同时，也发挥了名师的作用，借助这些平台促进老师们共同成长。时过三年，我欣喜地看到：星星之火，已经燎原。

【陶继新】一旦“为名所累”，就会扭曲生命常态，就会失去生命本应有的快乐与真实。在这种状态下工作与生活的名师，是很难快速发展的。没有自然与真实、安适与快乐，工作效率势必低下，效益之低更是可想而知。“左岸”工作室改变了一些名师的生命状态，让他们感到工作原来可以这样富有情趣，自己竟然具有这么大的创造力，生命原来可以如此精彩。所有这一切，都是教师成长的生命之源。“问渠哪得清如许，为有源头活水来。”没有源头活水，名师将会名存实亡，最后连名也不复存在。相反，有了生命活水，就会具备持久的发展动力，就会名实相符，甚至越来越有名。更重要的是，工作与生活会越来越有情调，生命越来越有意义。

相约周一，相约“左岸”

【房彩霞】用“左岸”工作室主丁莉主任的话说，在“左岸”工作室常常能看到这样的镜头：捧一杯清茗，沉浸在书中的世界；畅所欲言，碰撞思维的火花……于是，一个个教育观点在争论中分享，一个个创意精彩跳出。于是，在下周的“相约左岸”，又有了教育智慧与大家共同分享。“左岸”自称，他们是一块方糖，放在咖啡里，增添的不只是滋味，更有芬芳。它体积虽不大，但是，如果把它放在咖啡或水里，等它融化时，整杯水、咖啡都会变甜。在“相约左岸”这个平台上，处处能感受到他们思想的弥漫。他们打造的“聚焦”“精彩推荐”“精彩阅读”“共同关注”“课题在线”等一系列的活动，无不传递着他们的教育智慧与思想，同时也向每位教师传递着这样的信息：来吧，做个有思想、有个性的教师！

【陶继新】知识和智慧不在一个层面上，知识只关乎事物，智慧则可以反观人生。你如果有了知识，看见一块石头就是一块石头，一粒沙子就是一粒沙子。但是当你有了智慧之后，你就可以从一块石头里面发现一道风景，从一粒沙子里面发现灵魂所系。你们“左岸”工作室的教师，在拥有知识之后，也在生成智慧。

那么，智慧生成的条件有哪些呢？当然非止一端。从教师成长角度看，至少有两条是不可缺少的。一是阅读积累，特别是经典文化的诵读积累。没有高层次的文化积淀，就很难生成智慧。因为这些经典文化，都是世界大师的作品，其中不但流淌着思想的要义，也摇曳着智慧的光华。不断诵读，就等于不断地听大师上课，不断地从他们身上汲取生命的智慧。久而久之，就会“化”成自己的智慧。二是需要智慧者与智慧者的思想碰撞。《学记》有言："独学而无友，则孤陋而寡闻。"其实，教师也需要"友"，通过"以文会友，以友辅仁"，提升人格品质，生成生命智慧。

【房彩霞】在营东小学，"做智慧型教师"一直是我的努力方向。"左岸"工作室的老师可谓先行者，他们在不断地学习积累与交流碰撞中日益成长。我一直以来都有着这样一个办学理想：让每位老师都觉得营东小学是个有吸引力的地方。我深知，要具有吸引力，就要有思想，有智慧，有创意。要做到这一点，必须常规工作出创新，否则教育教学活动对师生来讲就没有了吸引力。"左岸"的先行，给老师们搭建了平台。最枯燥乏味的全体教师会，也因为"相约左岸"燃起了大家的激情。

【陶继新】要让学校成为吸引教师的伊甸园，校长首先就应当是一个很有品位与魅力的人。而您的人格魅力与优雅品位，对教师已经形成了一个磁场。他们会自觉不自觉地"择其善者而从之"。同时，您还将您的这种品格与气质扩而大之，让更多的教师也更有品位与更加优雅。邓小平说："发展才是硬道理。"老师们在营市东街小学工作几年之后，不是在原地徘徊复徘徊，而是都有了不同程度的发展。"左岸"工作室的教师，则是教师团队发展的先行者，是群体的榜样。"星星之火，可以燎原。""左岸"的人员会增加，"左岸"之外的教师会自主地发展，营市东街小学也就有了蒸蒸日上的景象，也就有了名师辈出的土壤。于是，学校之于教师，就有了依恋感与归属感，当然也就有了人生的幸福感。

【房彩霞】做一位"有品位与魅力"的校长是我的追求，虽不能及，心向往之。因为"左岸"，我真的越来越感受到校长工作艺术的重要性。其实，"左岸"也是我的一个平台！作为一名校长，让人生厌的管理说教总是难免的。然而，因为"左岸"，说教也变得生动起来，真是如此。当有老师无视学校纪律时，我会在"左岸"这一平台的"精彩推荐"栏目中推出《闲说权利文化》；当有老师自视过高时，我会推出《没有人不可以替代》；当有老师不思进取时，我会推荐《一个木匠的故事》。虽然仍含有说教的味道，但是因为换了一种形式，便多了几分委婉，几分含蓄，几分包容，几分人文。老师们的眼神告诉我，我说的，他们都懂。也许，在他们心目中，更喜欢这样的校长。

【陶继新】思想与文化会让一个校长在教师中真正拥有话语权。因为思想与文化可以更好地走进教师的心里，达到“化”人的作用。权力也可以让校长具有话语权，可是，那是表面的、强制的，没有深入教师心里，它会随着权力的消亡而消亡，甚至权力在的时候也没有了力量。教师表面的听从背后，是心里的抵触，是内在的抗争。

认识您很多年了，特别是通过前些天对您的采访，我感到您是很有思想、文化与人文情怀的一位校长。您有自豪的资本，您也可以让教师对您唯命是从。可是，您没有坐拥这种资本，而是站到教师的立场上想事情，考虑教师的心理感受，让您的思想与文化“润物细无声”地走进他们的心田，从而化您的思想为他们的思想，化您的言行为他们的言行。也许您的话语少了，也许没有声嘶力竭，可是，它却有了无坚不摧的力量。

【房彩霞】陶老师，你过奖了。虽然和您对话我一直很忐忑，但是最终还是鼓足勇气坐在电脑前，因为这是一份对学习与提升的期待。我从事校长工作已有六年了，深知这一岗位对学校发展的重大作用，我一直非常认真尽职地做好“手电筒”工作，随时准备照亮应该照亮的地方。随着时间的推移，我发现，很多时候这个“手电筒”不能光让校长自己充当，如果校长一味把这一角色扮演下去，那是一种无助与无奈。我希望更多的人与我共同照亮营东校园的每一个角落，毕竟，我可以发出的只能是一束光亮，您说呢？所以我希望更多的人能与我发出同样的声音，“左岸”即是！从某种意义上讲，“左岸”就是校长的智囊团。

【陶继新】其实，我的话是从心里流出来的，对您，我真是太欣赏了！前些天在潍坊与省教科所的陈培瑞又一次谈到您，感慨良多，我认为只要有十分之一的校长能达到您的水平，全国的教育就会有一个极大的飞跃。

我相信，在您和“左岸”精心营造的氛围中，营东小学的老师们一定能心领神会。“左岸”工作室，就有了很多束很有色彩的光亮，而且已经显现了奇特的色彩。我想，您的期待不会落空，未来的营市东街小学，一定会有更多的教师放射出令人神往的耀眼的光辉的。

【房彩霞】我想，营东小学的老师们，包括我在内，要想拥有自己职业生涯中的一份精彩，成为一个因为工作而美丽着的智慧型教师，很重要的一个前提就是要学会思考。有人曾经问过我这样一个问题：你是怎么想到在每周例会开设“相约左岸”这一栏目的？我当时有着这样一种思考：我觉得许多老师已经习惯了每天低头耕耘，而缺少了耕耘之后的“盘点”，更忽视了对“研究”二字的仔细“端详”。有句话说得好，“思考做正确的事”比“正确地做事”要重要得多，所以必须要让老师们学会思考。于是就有了每周一的“相约左岸”，其初衷就在于让老师们在潜心研究、悉心梳理的基础之上，利用这一平台，以全新的、轻松的形式，推介自己的思考，展示自己的精彩！

【陶继新】孔子说：“学而不思则罔，思而不学则殆。”波斯纳还总结了一条老师成长的公式：“经验＋反思。”看来，思考之于教师，真是太重要了。可是，很多教师正如您所言，恰恰缺少这一必需的过程。我在采访全国一些名师的时候就发现，他们不但讲得好，而且思考得也好。其中一个重要的呈现方式就是，他们写了大量的文章，甚至出了很多书。这些通过自己的“盘点”而“端详”“研究”出来的文本，就因有了思考的介入，有了一定的品位，不再是自己经验的平面呈示，而是有了立体的建构，进而形成了自己独有的东西。遗憾的是，不少校长对于这种思考的价值思之甚少，甚至对自己的经验也没有多少反思。所以，这样的校长多是在原地打转，教师也多是在“匠”的层次滑移。可是，校长与教师在一所学校工作若干年，如果没有很大的发展，既对不起自己，也对不起学生。因为一个发展缓慢或不发展的校长与教师，其生命质量一定是低下的，学生发展潜力也很难得到有效的开发。

【房彩霞】三年来，很多不同学科的老师先后成为“精彩推荐”的主讲人，同为语文老师，在作文方面各有思考；同为美术老师，在艺术方面各有专攻；同为数学老师，在教学方面各有妙招；同为营东教师，却在不同领域演绎着各自的精彩。“精彩推荐”，推荐精彩。“左岸”给了老师们一个小小的平台，老师们同样给了我们一个又一个惊喜。这份精彩的背后是老师们的思想在闪光，那是智慧的光芒。我会把这份精彩继续下去的，因为我知道长此以往，受益的不仅仅是老师，更有老师们每天面对的一批又一批的学生。

【陶继新】“精彩推荐”的主讲人，一定会特别认真地准备，因为他们不想辜负大家的期望。这个准备的过程，也是对自己的经验梳理总结以至升华的过程，是一种深层次思考以至创造性思考的结晶。同时，主讲也是一个难能可贵的展示自己的机会。主讲需要的不仅是思想与经验，还需要技巧与智慧，需要良好的口头表述能力。这又是一次难能可贵的锻炼机会。充分准备之后的主讲一定是精彩的，一定会得到老师们的称道。这在无形中会生成自信力，以至迁移到其他工作与生活中，从而变得自信与快乐。这种状态，还会在潜移默化中影响到学生。而听讲的教师在听到自己的同事有了如此精彩的主讲之后，也会产生跃跃欲试的讲课欲望。于是，人人都想争当主讲，人人都在准备，人人也都在成长。成长中的教师，必然带动成长中的学生。于是，学校就有了蒸蒸日上的气象。

【房彩霞】“成长中的教师，必然带动成长中的学生”，的确如此！我校的曹丽娟老师曾经在该栏目中推荐了她的金点子——举一反三错题集。毕业的学生在和她交流时说过这样一句话：“初中生活有了疑惑的时候，所用的办法其实都是小学那些极不起眼的、被我们视为无所谓的小习惯。”这句话给我留下了深刻的印象。什么是教育？著名的教育家叶圣陶曾说过：“什么是教育？简单一句话，就是养成良好的习惯。”曾经有人说过这样一句话：“当学生将所学知识淡忘以后，留下的便是教育的痕迹了。”其实，我们现在所做的一切，都是在向着这一目标努力。因为我们深知：学生只有真正具备这些能力与习惯，我们的教育才真正满足了学生发展的需求！而只有善于思考、善于动脑的老师才能够帮助学生成长。去年，我校承办了山东省首批教学示范学校教育教学成果展示，在“相约左岸”的不同版块中，有近30名教师进行了现场交流与展示，在会议总结时，市教育局的一位领导给出了这样的评价：“今天，在营东小学打动我们的不仅仅是一个点，带给我们震撼的也不仅仅是哪一位老师，营东的教师团队给我们留下了深刻的印象。”那一刻，坐在台下的我深知：是“左岸”给老师们搭建了一个发展的平台。

【陶继新】学会与会学不一样，错了一般化的改正与“不贰过”也不在一个层面上。教学的上层境界，是学生自己会学，是错了“不贰过”。举一反三教学法，就是让学生自己会学且又“不贰过”的好方法。会了这样的方法，不但会做某个题，会纠正某个题的错误，而且还会做类似的题，会纠正相似题的错误。这就是能力，就是习惯养成。而有了能力与良好的习惯，学习就会变得易如反掌。从这个意义上说，曹丽娟留给学生的是一生受用的能力与习惯。当然，你们学校不止一个曹丽娟，还有一批这样的优秀教师，他们都在培养学生良好的习惯和能力。那么，全校学生就有了长足的发展。学生的发展，还会反作用于教师的发展。这种良性的发展，必然会给学校注入生生不息的生命动力。所以，你们近30位教师在山东省首批教学示范学校教育教学成果展示中才能个个精彩，令人们赞叹不已，从而显见了你们学校整体发展的实力，昭示了营东小学名校的风采。

【房彩霞】“我们班的阅读银行”“点出特色，评出精彩——优化习作评改方法谈”“让单词动起来”“小小日记本，循环出智慧”“剪出精彩世界”“回田习字教学”——这一个个“金点子”在帮助师生成长的同时，也再次印证了“左岸”的信念——只要用心去做，相信每个人都会变得更加精彩。“左岸”改变了很多人简单的思维方式——两点之间，可以有很多种连接方式，如何找到适合自己的，如何找到最高效简洁的办法，是我们今后做事的努力方向。我喜欢“左岸”很重要的原因之一，就是它的智慧！

【陶继新】是的，用心与不用心结果是绝对不一样的。而且，用心也反映了一个人对工作的一种态度，甚至显现出一个人的责任心。长期的用心，就会形成习惯，也会增强责任感。一个有责任感的教师，工作必然是认真的，效益必然是优质的。另外，能够找到适合自己的高效办法，是提高工作效率的捷径，也是形成办事效率的一种品质。《周易》有言："易简而天下之理得矣。天下之理得，而成位乎其中矣。"世上一个看不见的成功规则，就是"大道至简"。很多问题，在一般人看来，比较复杂与难以解决的时候，其实，它自有其内在的密码，如果智慧地破解这个密码，就会变得非常简单。而您，正是让老师们去获取这个密码，从而让他们的人生变得更为简约与快乐。

"左岸"的故事——100天盛开的花

【房彩霞】也许正是因为用心去做了，所以今天的"左岸"才能让大家津津乐道。大家谈论到"左岸"的话题会有很多，但是肯定很多人都会心有灵犀地谈到2008年营东小学与原来的槐南小学合校后的那段日子，它记载着"左岸"与新校共同成长的一段历程。在我的记忆里，那段日子中的许多教育故事，几乎都有着"左岸"的印记。陶老师，您能想到在合校之初，在那段特殊的发展时期，"左岸"要肩负着什么样的使命与责任吗?

【陶继新】合校是一个复杂工程，由此而产生矛盾与出现问题者比比皆是。但据我了解，你们的合校非但波澜不惊，反而凝聚了人心。我想，作为校长，您一定起到了巨大的作用。在我的眼里，您没有解决不了的问题，而且往往是一边解决问题，一边享受破解问题的愉悦。这是您工作的艺术，也是智慧。可喜的是，您的这种艺术与智慧也在传播，特别是在"左岸"快速地传播着。于是，他们就也有了这种艺术与智慧。可以想象，您的智囊团——"左岸"工作室，在这个合校过程中，也一定起到了很大的作用，这其中定然有很多精彩的故事。我愿意倾听这些故事，也愿意分享你们的成功。

【房彩霞】谢谢您的盛赞，我并非如您所说的那样"没有解决不了的问题”，只不过是提前思考了一些我后来认为必须思考的问题。我深知，在合校之初，师生能否在最短的时间之内融合，老师能否尽快明晰学校发展的目标与方向，这对于营东小学今后的发展至关重要。我坚信这样一句话：伤神比费心、费力要麻烦得多！在合校第一年的管理中多动脑、多费心，学校以后的发展可能会顺利得多，反之则不然。所以，这 300 天里，我们做了许多，天天都在努力，在我的工作日志中，每天除了做好常规工作之外，几乎都会有一项或几项其他事情要做。在那 300 多天里，如您所言，“左岸”的故事精彩无限，的确留下了很多值得珍惜的回忆和令全体营东人感动的瞬间。我相信，每个经历过这一切的老师，都会用心去记忆这段时光，更会不经意地想起发生过的点点滴滴，这份情感如果给它取名，那么应该叫作“珍惜”。

【陶继新】我听一些校长谈过合校的痛苦甚至失败的经历，原因之一，就是没能未雨绸缪。很多可能发生的事情，如果不预先想到，不预先想好解决这些问题的方略，出现问题是必然的。《学记》有言：“禁于未发之谓豫。”你们的“豫”做得太好了！这不仅有谋略，也有责任意识。合校之中的“形合”是表面的，如果达不到“神合”的境界，就会出现貌合神离的境况，就会在以后的工作中埋下隐患，就会有接踵而至的一件又一件的“伤神”之事。而两个学校教师之间的貌合神离，必然严重影响到老师之间的团结，严重影响到教育教学工作。有的教师因神不安与心不顺就会反应到言行中，特别是会折射到学生身上。不消多长时间，名校也会名存实亡。这方面的教训并非个案。有的名校在与一般或薄弱学校合并之后，出现了一系列的问题，结果原有的名校也“薄弱”起来了。你们学校是名校，槐南小学合到你们学校之后，也成了名校，他们的教师也因身在名校而有了自豪感。这不只是双赢，还是双方精神世界的飞跃与提升。

【房彩霞】我还是挺幸运的，合校后的营东没有出现您所说的“貌合神离的境况”，所以没有“在今后的工作中埋下隐患”。在我们的见证下，营东小学在一天天变化着，营东的校园在改变，营东的学生在改变，我们大家也在改变！在那段日子里，有一种美，不说自明，我知道我们大家一直把它深藏在心底，那是一种和谐之美！这种美是“左岸”工作室的室主丁莉主任以及所有成员合力缔造的。为了能够让来自各个学校的老师尽快地了解彼此，加深感情，“左岸”工作室在全校开展了“我的小档案”“闪亮登场”“我眼中的她（他）”“我爱我师”等一系列活动，通过自我介绍、同事互访、学生诉说等多个角度欣赏每位教师，寻求老师身上的闪光点，收到了很好的效果。在赠送给全校师生的合校纪念卡上，我在最上方首先写下的就是“合作”二字，真心祝愿这份美丽能够充盈在我们工作中的每一片空间！

【陶继新】哲人言：“和谐即美。”一所学校，没有了和谐，休说发展，就是维持现状都不可能。如何才能和谐呢？我认为，首先校长要有一个和谐之心，要有一个让大家更加和谐的心。您的内在心灵是和谐的，外化出来就是一种美。您不但没有歧视从外校来的教师，反而更加厚爱他们。这种心理的和谐之美，不是只靠言说就能拥有的，更多的是靠思想与行动。因为每个教师都是聪明的，他们会“听其言而观其行”。他们看到，您说的是和谐，思的是和谐，行的也是和谐。他们原来也许有些未必会被接纳的心理阴云，很快就烟消云散了。取而代之的是，他们也自觉自愿地融入这个和谐的集体，也敬仰您这位和谐的校长。“左岸”呢，则是您的和谐之说与和谐之心的“推波助澜”者。他们对您的思想心领神会，主动积极地工作，于是，就有了形成和谐场的创造性的工作。在某种程度上说，来自这个教师团队的和谐言行，有的时候还会起到校长难以起到的作用。看来，“合作”难，也不难，只要大家心往一处想，劲往一处使，就会变难为易，就会出现奇迹。

【房彩霞】让老师们更加深刻地感受到这种和谐之美的，是谁也忘不了的那朵“100 天盛开的花”。那是一个我永远也忘不了的清晨，那天盛开了我与“左岸”秘密策划的“100 天盛开的花”。清晨，老师们意外收到了一束迎着朝阳怒放的百合花，还有写满我祝福的贺卡。晚上，一个盛大的庆典再次带给大家一个惊喜，突然出现的大蛋糕把气氛推向了高潮。那天，老师们听到的是刘欢的那首《我和你》，看到的是“左岸”制作的大幅展板《我和你》。精美的短片《100天，我们这样走过》把老师们带回到了过去的日子里。记得当时，我说了这样一段话：“这100天，在营东小学的历史轨迹中实在算不了什么，但是对于今天的营东，对于今天的我们，这100天却显得十分重要！因为在这‘100天盛开的花’里，有你有我，有我们大家每个人的笑靥！今天这句话我对老师说了一百多遍，虽然话语是重复的，但是由于面向的人不同，所以每句话也就有了不同的内涵！我是真心感谢在这100天里为营东的发展默默付出的每个人!”我看到了台下老师们晶莹的泪光。那一天，相信每位教师都会读懂展板中《我和你》的那句话：我和你，无数的四季；手牵手，灌溉坚定的友谊!

【陶继新】“100天盛开的花”极富创意！其实，细细一想，是出人意料，却又在情理之中。这100天，有太多太多感人的故事，也有太多太多动人的乐章。它已经深深地镌刻到了每一个人的心里，特别是镌刻到了您的心里。如何来更好地“纪念”它，就成了您与“左岸”思考的一个课题。我想，这肯定不是唯一的方案，一定还会有其他方案，也可能有与之同样精彩的方案，只是选取了这样一个而已。有心者，事竟成。达成和谐可成，“纪念”这个和谐也必然可成。有趣的是，你们用这种特殊方式，让所有教师都记住了这一天，都为拥有这一生命的节点而欣慰与幸福。所以，它虽然是合校100天的最后一天，可更是彼此合作的又一个开端。因为有了和谐合作之心，就必然会结出和谐合作之花。我想，您与老师们付出得越多，也就有了越多的收获。生活与工作在这样的学校里，谁不感到美在其中，乐在其中呢?

【房彩霞】如您所言，用这样一种特殊的方式，真的是让老师们都记住了这一天，老师们不仅读懂了“100天盛开的花”，还回报给了我们一份惊喜——一首自创小诗《百合花》。

琴韵悠扬，书声琅琅，

绿荫开阔，百合花悄悄地长；
淡淡的黄，浓浓的香，
师生的笑脸，沐着温暖的冬阳；
挚爱生根，责任成干，
枝枝叶叶相拥，营东百日花芬芳。

这首小诗是我校的于晓霞和吴春蓉两位老师在“100 天盛开的花”活动结束之后，有感而发，激情创作的。每次吟诵，我都感慨万千。在营东小学一天天发展的同时，“左岸”也一天天成长。在那段特殊时期里，“左岸”在我心中留存的印象便是“和谐的化身”。

【陶继新】刘勰说：“夫缀文者，情动而辞发。”没有和谐的心灵与真切的感受，就不可能创作出如此富有和谐之音的诗来。而且，这首诗不但写出了于晓霞和吴春蓉老师的心理感受，也写出了营东小学全体教师的心声。其实，这种和谐的乐章无处无时不在，只是表达的方式不同而已。一张笑脸，一个手势，一支歌曲，一次握手，都在弹奏着和谐之音，都在书写着新的诗篇。所以，您一直在称颂并感慨于“左岸”这个“和谐的化身”。其实，很多教师也在感慨于您在这 100 天里的巨大付出，有爱，有行，有言，也有结出的令人欣慰的硕果。

“左岸”的故事——“30 年，激情燃烧的岁月”

【房彩霞】老师们的情感互动，给了我和“左岸”莫大的鼓励，也点燃了我们的创作热情。于是在三年多的时间里，“左岸”带给了我们一个又一个温馨的故事。“左岸”留给我的故事真的太多了，深深地吸引、打动我的还有一段“光阴的故事”。如果说“100 天盛开的花”留给我们的是一份和谐之美的话，那么“30 年，激情燃烧的岁月”则让在场的每位老师都有了一份对幸福的守望。陶老师，在我没讲述这个故事之前，不知您能否想到这会是一种怎样的幸福？

【陶继新】房校长又在考我了，不过，我很愿意应考。我想，“30年”，对于一个教师的生命来说，是很长的一段，也可能是最重要的一段。开始工作，一般都20多岁了，30年之后，有的已经退休，有的则成了老教师。看来，这是专门为老教师设立的一个“项目”。可是，老教师一般比较沉稳，缺少激情。看来，只有回忆过去，才能有“忆往昔峥嵘岁月稠”的无限感慨。不过，对于为何激情，何以激情，对我来说，还是一个谜，也是一个诱惑。所以，愿闻其详。

【房彩霞】恭喜您，答对了！如您所言，这是专门为老教师设立的一个“项目”，这次创意活动的确激起了老教师们曾经的热情与激情。2009年5月18日，“左岸”工作室再次举行大型深入精彩传承活动——“30年，激情燃烧的岁月……”，本次活动是献给为教育奉献毕生心血的一线老教师的精心之作。活动中制作的年度大片用“与教育结婚三十年”“三十年美丽人生”“三十而乐”等五个篇章记录了五位老教师用汗水、心血浇灌出的丰收的喜悦。访谈中高潮迭起，与往日学生现场电话连线、昔日学生突然出现、师生深情拥抱……青年教师的一首《长大后我就成了你》让台上的老教师激动不已，您看像不像朱军主持的《艺术人生》？

【陶继新】这个“项目”太有创意了！不愧是“左岸”的“手笔”。单看这五个篇章的题目，已是匠心独运了。如果让“左岸”为朱军主持的《艺术人生》设计栏目与题目，一定会让朱军及观众惊叹不已的。尽管我没在“30年，激情燃烧的岁月……”现场，可是，通过您这么一说，一幅幅生动感人的画面已经在我的眼前浮现。如果我是一个老教师，并成为你们“项目”的主角，绝对会记忆终生，感动不已的。有些学校在着力培养青年教师的时候，冷落了那些曾经也是青年教师、为学校做出过贡献的老教师。他们也许无怨无悔，可是，当下的校长心中会不会有愧疚之情呢？每一个人都需要关注，特别是那些现在已经退出“历史舞台”的人更是需要关注。而且，关注他们，更彰显出一个校长的人格与品质。我认为，能够关注与关心那些当下对自己作用不大的教师的校长，一定是一个有良知有道德者，是特别值得人们信赖与敬仰的领导。

【房彩霞】我和“左岸”之所以关注老教师，策划“30 年，激情燃烧的岁月……”这样一次活动，是因为他们带给了我们一份幸福的守望。30 年，如果与营东小学的教育事业相比并不算长，因为营东小学今后的路还很长很长；可是如果与一个生命相比，30 年足足占了其生命历程的 1/3！他们就是这样用 1/3 的生命执着地守着心中那方小小的阵地。那是一种幸福的守望！在活动中，幸福的笑容写在他们的脸上，那是因为他们已经看到了一张又一张幸福的笑脸，他们用 30 年的时间为一批又一批的孩子们撑起了属于自己的那一片天！这对于年轻教师来说，是多么生动的教育啊！

【陶继新】我从来不无缘无故地夸奖人，既然夸奖，就一定是我特别欣赏的人了。

从您的这段文字中，流淌着您对这些老教师的一份真情意。古人说：“文如其人。”从您的文中，透视出来的是您这个人的品格。这些老教师虽然拥有 30 年的“幸福守望”，可是，有的时候也会有寂寞，也会有慨叹。他们之中，有不少人是当年学校的精英人物，有的则是远近闻名的名师。可是，一年又一年的时光，洗刷去了他们的岁月，也冲洗掉了他们当年的光辉与亮色。揭开历史的帷幕，让大家再去看他们过去的光华，对于他们来说，该是何等的美好与幸福啊！而且，正如您所言，对于青年教师来说，也是生动的教育。他们从老教师身上，学到了兢兢业业的精神，学到了“劳而不伐，有功而不德”的人格之重。可以说，这是一堂极有意义的人生课啊！

【房彩霞】令他们再次激情燃烧的原因，可能正如您所言：揭开历史的帷幕，我们再次看到了他们过去的光华，这的确是他们一直期待的美好与幸福！坐在台下，在观看《与教育结婚三十年》时，我们清晰地记住了他们年轻时的那份美丽，也记住了他们在三尺讲台上的那份激情与投入。这种记忆已经很难抹去。虽然他们曾经的年轻如今已不在，但是他们仍然拥有一份美丽，那是岁月留给他们的人生中更为珍贵的从容与淡定、静美与庄重！而这是任何一位教师都要走过的生命历程，尽管今天的你依然年轻。

【陶继新】“与教育结婚三十年”很有诗意，很有品位，也是这些老教师与营东小学魂魄相系的形象记录。他们过去的美丽，如果只是独自欣赏，尽管也可以激起对过去的回忆，可是，当在校长的带领下，全校教师都在欣赏他们过去的美好时，就有了特殊的感受，因为营东小学没有忘记他们，他们生命中的美丽，不但用影像的方式留在了学校里，更深深地印在了全校教师的心里。当然，老师们对他们的深情，也深深地叠印到了他们的心里。这种感觉，会生成一种无形的力量，会成为学校发展的生命动力。

【房彩霞】您所言极是！在活动即将结束时，我说了这样一段话：“今天，我们与他们共享‘30年，激情燃烧的岁月’，共享他们成功的喜悦，共享他们对教育的执着，共享他们对学生的挚爱，共享他们对营东小学那一份深厚的情意！屈指算来，我也已经是一位与教育牵手近20年的老教师了，我们在座的每一个人，都会有自己的10年、20年、30年甚至40年，就让我们和他们一样，怀一份柔情，寄温情育桃李芬芳；怀一腔热情，展豪情绘教育人生！让我们与他们共同守望心中那份作为教师所特有的幸福！”我想，此番话已经清晰地点明了这次活动的又一主题——薪火相传！让我们十分感动的是，光临活动现场的张怡局长还为此次活动赋诗一首：“从容淡泊三十年，桃李不言守杏坛，百年树人为菩萨，几多期许在青年。”他的美丽作结，给我们此次活动画了一个意味深长的省略号。

【陶继新】您的活动结束感言，会撞击在场的每一个人的心弦。因为您的话很真，很美，很有情，很有内涵。这何止道出了这次会议的主题！还向大家传递了一个感情信息——校长是多么爱以前的老教师，多么爱现在的青年教师，多么爱这所富有生机的学校。您的生命，已经与这些教师、这所学校紧紧地维系在一起了；而且，大家的心也紧紧地维系在一起了。所以，这也感动了在场的张怡局长。没想到他会作出如此有情味的诗来。他是一个政府官员，可是，诗中却流动着一种淡泊宁静的心怀，这份心灵的安适，是极其可贵的。他对青年教师寄予了厚望，可是，如果心灵有了噪音，就不可能走远；如果没有"为菩萨"的无私之情，更不可能成就自己的人生，也不可能对教育作出更大的贡献。

【房彩霞】您的一番解读，让我加深了对这首小诗的感悟，真的很受益，我也一定会转达您对张怡局长的高度评价。谈到这里，我想您可能会和我有同感，很多时候，"左岸"留给我们的不仅仅是活动的现场，更多的是激情过后对故事的品味，回味无穷——这也是我喜欢"左岸"的又一个原因。我常想，其实无论什么事物，当它有了深度与品位的时候，就很容易成为永久的记忆了。

【陶继新】尽管没有见过张怡局长，可是，他的教育情怀，以及非同一般的教育谋略，已经不止一次听人谈过。我已经做好准备，9月份，将对他进行采访，做一个大型报道。

能在激情过后回味者，定然是有思想者。因为这个活动从设计到实施再到结束，不是图一时的热闹，也不是为了取悦老教师，而是为了在整个学校营造一个尊敬老教师、热爱学校的氛围，从而让大家感到献身教育，会使生命更有光彩与意义。所以，品味其中的内涵，就会有一种余味无穷的感觉。

《品·营》——品味营东、品味"左岸"

【房彩霞】"会回味者，定然是有思想者"说得真好！营东小学一直希望老师能成为一个有思想的教书育人者，这也是"左岸"一直以来的工作目标。说到品味，就不得不提及"左岸"出品的《品·营》。《品·营》是学校校刊的名字。我为《品·营》写了这样一段创刊语：

也许在每个营东人的心中，学校早已成为了我们共同拥有的又一个家。因为一天中，大家有三分之一的时间在这里工作与生活，人生百味尽在其中。

持《品·营》一份，细细品味吧……

品味你我用时间与智慧研习着的工作中的精彩与甘甜；

品味你我用慧眼与心情领悟到的生活中的惬意与悠闲。

品味着营东，我们一路走过，虽然脚步匆匆，但却因为一个“品”字，让我们在摒去“劳累”二字之后，发现自己竟收获了许多……

言语之间，“品”的味道就在其中了。

【陶继新】《品·营》创刊语可“品”者有三：一是品工作之味。工作因精彩而在心中有了一份特别的甘甜之美，没有付出，哪有收获？没有收获，哪有这种美在心间的感觉？二是品生活之味。在很多人看来，教师拥有惬意与悠闲是不可能的，有的只是劳累与付出。可是，生命中少了惬意与悠闲，也就少了生命的真味，少了别样的精彩。三是品“劳累”之味。教师如果心里不安全，彼此矛盾与斗争，即使工作量很小，也会心累心烦甚至生气，也会感到特别痛苦。虽然你们的教师也累，可是，由于工作起来很舒心，自己的工作能够得到领导与师生的认可，就感到工作得很有意义，正所谓“乐此不疲”者也。

【房彩霞】三种味道全都被您品全了！用您的话说“会品味者，定然是有思想者”！一份小报，老师们真的品味颇多！《共同关注》新闻版：“在我们的身边，每天都会有教育事件发生。说出我的观点，期待你的关注。”大家品读到的是学校发展的主旋律，是需要每个人都用心关注的大事要事；《前沿快递》《课题在线》《智慧采撷》教学版：大家品味到的则是来自身边的教学智慧，课堂改革的精彩纷呈；《班主任心情》、*let's talk*、《学一招》育人版：老师们品味到的则是班主任工作的苦乐甘甜。

【陶继新】看了你们报纸设计的栏目，令我这个长期办报刊的人敬佩不已。报刊的品位高下，栏目优劣是一个关键。你们的这些栏目很有特色，没有思想与文化，没有对学校的整体深度把握，是不可能设计出来的。另外，也反映了设计者的一种心境与境界。他们爱营东小学，他们爱这份刊物，爱在其中，当然也就特别用心了。品位与用心的合二为一，就有了《共同关注》的特别精彩。

【房彩霞】您太谦虚了，您的水平大家是有目共睹的。如果我们在创刊之初请教请教您，相信《品·营》会带给大家更多的精彩，改天专程拜访，还望您不吝赐教，我和“左岸”将不胜感激。

【陶继新】一些在非市场经济下诞生的报刊，如果绝大多数领导与编辑没有市场意识，一味依靠行政干预力量的话，就会办得了无生气。其中一个重要的显现形式就是栏目的匠气与陈旧。您与“左岸”是一批生机盎然、没有框框的富有创意的青年人，所以，虽然没有办报办刊的经验，反而从一开始就将报纸办得有声有色。

【房彩霞】您夸奖了，不过，也许就像您所说的，因为《品·营》的读者是我们自己，没有框框束缚，所以在策划中倒是多了几分自如。既然是“左岸”出品，自然少不了休闲与浪漫的味道。在《品·营》第四版“生活版”中，大家品味到的则是另一番情趣了。在《真水含香》《诗意情怀》版块中我们可以品读到老师们的美文与小诗，这是于晓霞老师的一首小诗：

眠

搂着睡枕/听窗外的叶落/冬日/懒洋洋的/即便醒着/也严严地包裹/冬日/是睡的季节/做棕熊吧/或者/极不情愿地做蛇/隐没/任北风刮过/嘘——/别吵醒我/我真不愿做/疲倦的行者

读罢此诗的老师都说，一首小诗带给大家的是全身心的放松。而该版块的《图说营东》《营东宝宝秀》也能够让老师们在工作之余开怀一笑。在老师们的心目中，除了智慧，除了品位，“左岸”还是教师快乐的缔造者。

【陶继新】于老师的小诗《眠》写得非常形象，让人不由得产生遐想，慵懒地睡觉，照样有诗的妙趣，依然有美的享受。其弦外之音是什么呢？长期生活在紧张工作之中的她，并没有失去快乐与审美的心情。即使睡眠，也有很美的情调。另一方面，也可以看出于老师是一个当代才女，不然，何以有如此的妙笔生花？何以用寥寥数语，就传神地写出彼时彼地那种特有的神态与心境呢？

【房彩霞】于老师很有才思才情，她曾经笑称：此诗只赠与心灵相通者！您的解读应该最符合她当时的心境了，我想她一定会很想结识您的。于老师多次做客“左岸”，采访她时，曾经说过这样一段话：“可能由于忙碌，我们很难做到时间上的闲暇，但我们完全可以追求一种闲暇的心境，一种从容、淡定的内心状态，这样就可以让自己快乐起来。也要感谢‘左岸’给了我这样一个平台，给了我工作中不可或缺的快乐心情。”

【陶继新】忙者，心死也。如何才能做到心活、心乐、心闲呢？我的经验是，不管工作多么紧张，心里一直是从容的。我经常外出采访与讲课等，几次延误了乘机时间。可是，我没有急，因为我知道，我再急也没用；所以，那个时候，我不慌不忙地给订机票的地方打电话，让他们给我改签另一个班机。这三年多来，我的讲课、听课、评课与采访的任务一直居高不下，每个月至少要有半个多月的时间奔波于外地，写作的任务也很重，每月至少要发表 4 万字以上的文章。是不是特别忙呢？行动上看是忙，可是，心里一点儿也不忙，是闲适，是快乐，是从容，是幸福。我觉得，您和“左岸”与我的精神状态有点儿相似，忙而不乱，忙中有乐，一直诗意地生活在大地上。

【房彩霞】您的诗意栖居是我们一直向往的，不是自谦，我们还远远达不到您的境界，我从心底里敬佩您。但是，我和“左岸”在一路成长中深深知道了，快乐对于一个忙碌的人来说有多么的重要。

【陶继新】是的，有快乐心境的人，不但自己生活与工作得快乐，还会将这种心境传递给与自己相关的人。您的优雅与“左岸”人的快乐，已经形成了一个场，并且不断地扩展，让营东小学更多的人也快乐起来。

“左岸”的故事——甜甜蜜蜜又一年

【房彩霞】为了实现您刚才所说的“让营东小学更多的人也快乐起来”，“左岸”还在原有的成员中增加了一个席位“娱乐总监”，由我校音乐教师钱蓬老师担当。于是“左岸”又有了一个个充满欢声笑语的故事。2010年元旦，左岸创办“甜甜蜜蜜又一年”元旦联欢会，全校老师欢聚一堂，每个节目“左岸”都添加了创意，用尽了心思，会场精彩纷呈，笑声不断。我曾经和“左岸”资深成员吴蓉老师谈到过这次活动，她的一句话至今令我记忆犹新：“这次活动就像是给老师们一年繁忙的工作扎了一个美丽的蝴蝶结。”是的，这个美丽的“蝴蝶结”不仅仅扎住了老师们一年的辛苦忙碌，同时也让每个人用开心的笑容迎来了新一年的开始，快乐地工作，快乐地生活。

【陶继新】学校不但要满足教师必要的物质需要，更要很好地满足教师的情感需求。老师们忙忙碌碌一年，很需要一些“间接刺激”，很需要放松一下心灵，“给老师们一年的工作扎一个美丽的蝴蝶结”。“左岸”创办“甜甜蜜蜜又一年”元旦庆祝联欢会，就在某种程度上满足了教师的情感需求。那么，之所以整个庆祝会上笑声不断，除了极富创意的节目之外，另一个内在的原因就是，老师们在紧张并快乐的一年之后，也需要为自己庆祝一下。所以，我相信，那笑是发自内心的，是快乐情感的一种自然而然的释放。“左岸”的创意，正契合了这种“自然”，从而让老师们真真正正地“美丽”了一番。

【房彩霞】是的，“左岸”也读懂了老师们的笑容。于是，又相继策划了“爱唱才会赢”“非常知识竞赛”等一系列活动，“左岸”也在笑声的陪伴中，摇身一变成了老师们的开心果。我深知，营东的老师任务重，压力大，让老师尽最大可能快乐起来——快乐工作，快乐生活，也是我们管理工作中的一个着力点。现在已有消息称，衡量一个国家成功与否的最佳指标应该是快乐，而不是GDP。我想，“快乐指数”对国家的发展都会有如此之大的作用，更何况对我们一所小小的学校呢？您说呢？

【陶继新】快乐不仅呈现于心理层面，也呈现于老师们的言行中。一个不快乐的人，不管如何努力，工作的效率一定是低下的。而且，这种不健康的情绪，还会在自觉与不自觉中传递给学生，从而让学生也少了快乐。而没有快乐的学生，高效率的学习一定不会实现。更重要的是，小时候的长期不快乐，会积淀到他们的心里，从而形成一种忧郁的性格，进而跟随其一生，让人生变得很少快乐。所以，从学生的未来发展着想，老师们也要快乐。从这个意义上说，“左岸”可谓功德无量，这是在为孩子一生谋划幸福啊！

【房彩霞】是的，有人说过这样一句话：教师的快乐是会传递的，同样，坏心情也会传染给学生。说到教师的快乐，往往就会提到职业倦怠。因为职业倦怠感的升级，才使得学校越来越关注教师工作的“快乐指数”。其实，不仅仅是教师，校长又何尝不是呢？有人说校长的日子是数着过的，不是因为美好，是出于无奈，你预想不到的事情随时可能发生，经常会让你措手不及，这是责任带给校长的压力。校长的日子经常是忙碌的，疲于奔命，忙碌得让你忘记一切。对于这种说法，我是有同感的。我觉得，“左岸”让老师们快乐的同时，也带给我莫大的收获，对于这一点，可能是“左岸”自己都始料未及的。

【陶继新】有责任，才有压力。有的时候，压力也是一种好事，因为有压力，才会有动力。不过，有的时候，压力也会将校长压垮。所以，校长要学会自我调节心情。去年11月，华东师范大学出版社出版了我与魏书生的对话集《种好心田——魏书生与陶继新的幸福教育》一书。在与他对话的时候，我感到，魏书生是一个很有责任心的人；同时，他又是一个始终快乐的人。因为他非常善于让快乐走进自己的心田，即使是一般人认为的坏事，他也会将其转化成好事。这个转化，更多是心理上的转化。其实，我觉得，您就是一个很会心理转化的校长。当然，“左岸”的积极快乐，也会传递给您，也让您更加快乐。其实，您想没想过，从深层上看，您的心灵是健康的，所以，他们的快乐传递，才会轻而易举地被您接纳。同时，您的快乐，也春风化雨般地走进了他们的心田。

【房彩霞】我觉得，您所提到的心理转化问题，对于我们做校长的来说，真的是太重要了。曾经多次聆听魏老师的报告，他的“松、静、匀、乐”给了我很多启示。如您所言，做校长真的要修好心理这门课程。我很庆幸2008年拥有了“左岸”，在“左岸”成立初期，我并没有预想到它会带给我们如此之多的收获，“左岸”改变了我的思维方式，创设了新的工作氛围，搭建起了多元化的管理平台。在“左岸”这个平台上，我是以不同的形象出现在大家面前的：在《共同关注》中，我正襟危坐，因为我传达的是学校办学的理念；在“爱唱才会赢——三八节庆祝会”上，我可以诙谐幽默，仿写扎西拉姆·多多的《你见或是不见》，逗大家一乐；而在咖啡屋里，我和“左岸”成员坐在一起，那是朋友之间的交谈。一路走来，我相信，人是要思变的，三年前的一个决定，收获是如此之多。

【陶继新】这才是您，一个真实而又丰富的您。由此可见，校长要学会给自己的角色定位。但这个角色不是一成不变的，要因势因时因地而变。变的目的，是让大家感觉您更像校长，也更像一个真善美的人。正是在这种变中，呈现了一个校长的品位与风度。看来，这个变是大有学问可讲的。有的校长也在变，可是，如果没有真与善，不管如何在技巧上玩花样，都不可能有美，也不可能被老师们接受。您的外在之美，已经融入了真与善之中了。所以，不管如何变，实质之美没有变，变的只是形式而已。所以，您的变有“天然去雕饰”的从容与美丽，当然也就有了老师们对这种美的接纳与欣赏。

才华满腹的“左岸”人

【房彩霞】陶老师，我们谈了这么多关于“左岸”工作室的话题，相信您一定很想认识一下我们“左岸”的每个成员吧？

【陶继新】 当然喽！这也是我的期待啊！

【房彩霞】 我选择让他们最后精彩亮相，是因为我觉得有了前面对“左岸”的认识，大家才会对他们有更加深刻的了解。

CEO房：房彩霞，校长，有思想有深度，理性兼具感性，“左岸”之核心。

室长丁莉：数学教师，学校教科室主任。济南市名师人选，槐荫区名师，在数学方面有着自己的见解，散文化的课堂，数学文化蕴含其中。

首席资深教师吴蓉：语文教师，班主任工作已是墙内开花墙外香，先后多次受邀为济南市以及外地城市的班主任进行经验介绍，所带班级与她一样，腹有诗书气自华，深受学生、家长的喜爱。思考问题，运筹帷幄，有思想，有深度。

创意总监陈娜：语文骨干教师，年轻有思想，参加工作没几年，就已经走上全国语文课堂，课堂上激情四射，课堂下创意无限，且有着年轻教师少有的执着与认真。

super star 陈娟：英语骨干教师，年轻漂亮，干练，英语教学有着自己的独到之处，效率高，表现力超强，“左岸”形象大使。

郝团长郝延文：语文老师，级部组长，所带级部团结合作，朝气蓬勃，有超强的组织协调能力，做事雷厉风行，“左岸”之组织部长。

心理总监陈曦：语文教师，山东省唯一的一名小学心理骨干教师。擅长心理辅导，围绕学生开展一系列心理活动，团队辅导，亲子互动，生动有效。

娱乐总监钱蓬：音乐老师，有创意有热情，诙谐幽默，有感染力，擅长制造氛围，“左岸”开心果。

闪客马红梅：美术教师，擅长FLASH，在专业上善于钻研与学习，学校大活动之震撼的片头均出自她手。

文美双伟：张伟、张善伟两位老师。张伟，语文教师；张善伟，美术教师，两位教师言语不多，却都出口成章，满腹才华。

阳光编辑尹张莉：语文教师，年轻新教师，文采好，有活力，温柔细腻。

陶老师，以后有时间我会把他们一一介绍给您的，他们都是非常优秀的教师。

【陶继新】看这些“左岸”人的“职务”与特殊才能，就让人感到有一种“风光无限好”的况味。我突然有个想法，为了更好地继续下面的对话，我想申请参加一次你们“左岸”的活动。看看这些有志有才者，是如何在这个神奇的地方挥洒才思的。当然，这需要 CEO 的批准；同时，还要在我有时间的时候。我讲课与采访的预约已经基本安排满了，不过，对参加这样的高品位、高享受的活动，我依然怀着极大的期待。

【房彩霞】求之不得，欢迎您做客“左岸”工作室。我们对“左岸”的评价已经很多了，我觉得，不妨听听置身其中的“左岸”成员他们自己对这个团队的解读吧。

陈娜：走入“左岸”，我们就成了一个团队，一起工作，一起欢笑；

马红梅：“左岸”，就是一个平台，为每个有智慧的营东人搭建；

郝延文：“左岸”，是一种工作状态，团结协作，精益求精；

陈娟：“左岸”，还是一种生活状态，在忙碌中寻找闲暇，在闲暇中生长智慧；

尹张莉：“左岸”，一个有花，有茶，有咖啡，有朋友的地方；

陈曦：在“左岸”，可以放松一下心情，寻找一份久违的浪漫；

吴蓉：“左岸”，一个有故事，有交流，有碰撞的地方；

钱蓬：“左岸”，一个可以激情四射，创意出百般欣喜的空间；

丁莉：欢迎走进“左岸”，与我们一起分享，一起超越，一起相约“左岸”！

【陶继新】“左岸”人的解读不但有思想，也有文采，不但各有千秋，还都有很高的品位。我想，你们相约“左岸”，是一种幸福的相约。因为在这里，大家寻到了属于人的本质力量的东西，寻到了那份久违的幸福感。每个人不但诗意地活动在这里，也成长在这里。因为这是一批精英“部队”，人人身怀“绝技”。有人说，读万卷书，不如走万里路；走万里路，不如听高人语。你们个个都是高人，个个都有惊人之语。每个人都在释放智慧，每个人也都在收拢智慧。于是，就有了更快的成长，也就有了更多的精彩。深深地祝福你们，相信在以后不长的时间里，你们又会创造出新的奇迹，会有更多的“左岸”人脱颖而出，不但会成为营东小学的骄傲，也会成为槐荫区教育的骄傲，以至成为济南市、山东省乃至全国教育的骄傲。我坚信，这一美丽的期盼不是梦想，现实将给我一个更大的惊喜。

我与“左岸”共同成长

【房彩霞】您的评价对“左岸”来说是莫大的鼓励。我常常沿着时间的轨迹，去回顾“左岸”走过的900多天，更准确地说，应该是我与“左岸”共同成长的900多天。有时候会突然冒出这样一个想法：作为学校的管理者，可能有很多工作终归是要做的，如果没有“左岸”，是否还会拥有这样的心情？答案是否定的。三年过后，在我心中“左岸”已经有了一个立体的构架，而不是一个平面体，它已经与学校的发展息息相关，已经与我、与每位教师交织在了一起。我们需要严谨、智慧、激情、快乐、休闲、浪漫，所以，我需要“左岸”！营东小学需要“左岸”！

一个快乐的教育工作者要拥有两岸，河的右岸写着“严谨与智慧”，左岸写着“休闲与浪漫”，而中间流淌着的则是永不停歇的创业激情！正如“左岸”工作室。陶老师，这样评价，不知恰当否？

【陶继新】您的评价何止正确，还特别富有诗意！因为您就在其中，没有谁比您更了解“左岸”，“左岸”已经成了您心灵的栖息地，已经成了您思想的集散地，甚至可以说，它已经成了您的生命维系。因为它成长的快慢，与您的生命质量，与整个学校的发展速度已经息息相关。所以，营东小学需要“左岸”，“左岸”也需要营东小学。学校成了“左岸”人创业与创造的一方圣地，“左岸”则为这片圣地增添了持久不衰的精彩。身为学校的校长，兼任“左岸”的 CEO，您该是何等的幸福啊！

【房彩霞】尊敬的陶老师，今天的对话，自始至终我都在激动与兴奋中，如我所期望的，和您对话，非常受益，谢谢！最后用“左岸”室主丁莉主任的一句话来做结吧：行有界而心无疆，相信“左岸”必将不断超越自己。

【陶继新】超越需要努力，也需要智慧，还需要心灵的安适。相信你们在超越中，一定会收获事业上的成功，且收获心灵上的丰盈的。

“校长的日子是数着过的。?”看到这句话后面的两个标点符号，也许你会认为这是一个印刷错误。其实不然，这是有意而为之。有人说“校长的日子是数着过的”，不是因为美好，是出于无奈，校长的日子经常是忙碌的，疲于奔命，忙碌得让你忘记一切，这是责任带给校长的压力。校长的日子究竟应该怎样过？以上给出的是否就是正确答案？面对“。”“?”这两个不同的标点符号，如何选择？济南市营市东街小学的房彩霞校长选择了“?”。因为这种选择，便有了思变。诚然，作为一校之长，有些工作终归是要做的，但是，如果换一种工作形式，变一种工作状态，改一种思维方式呢？结果又会怎样？于是，诞生了他们的“左岸”工作室。

房彩霞，济南市营市东街小学的校长兼副处级政府督学，一个立志要为两千四百多个孩子撑起一片多彩天空的年轻女校长。她勇于求新，善于思变，小小的“左岸”工作室便可见一斑。

（原载于《创新教育》，2011 年第 12 辑；作者：陶继新、房彩霞。）

让每个人都拥有幸福人生

——“培养真正的人”的章丘市汇泉小学

［**郑春艳校长简介**］

郑春艳，山东省章丘市汇泉小学校长、中学高级教师，曾获“山东省教科研先进个人”“济南市优秀教育工作者”“济南市十大优秀青年教师”“济南市教学能手”“济南市优秀教师”“济南市电教先进工作者”“济南市语文学科带头人”“章丘市首批青年学术技术带头人”“章丘市十大优秀青年”“章丘市十佳女能手”“章丘市优秀校长”称号。提供各级各类示范课、观摩课数十节，被评为济南市优质课，二十余篇教育教学论文在市级以上刊物获奖或发表，主持的三项省级课题、四项市级课题均顺利通过鉴定结题。郑校长以“让每个人都拥有幸福人生”为办学宗旨，努力践行幸福教育，促进学校快速发展，使汇泉小学成为了章丘市的优质教育品牌，先后被评为山东省规范化学校、山东省绿色学校、济南市教学管理示范学校、济南市课程改革先进学校、济南市教育科研先进单位、济南市优秀家长学校、济南市少先队工作示范学校、章丘市素质教育先进学校。

编者按：囿于历史原因和社会原因，当前教育存在诸多弊端，严重影响着素质教育往纵深方向发展：应试教育根深蒂固，学校发展缺乏特色，教师职业倦怠严重，师生的幸福感下降，学校生活的幸福正在校园中不断消失。

这些问题都要求我们要实现教育本质的回归！回归到教育的原点，激发教育发展的终极动力，推动教育科学发展：追求幸福教育，为学生一生的幸福奠基，让每个教师领略教育的幸福，让每个父母享受成功的喜悦。章丘市汇泉小学从 2004 年开始实施的“幸福教育”，恰恰切合了当前的教育现状，提升了师生的幸福指数，推动了学校高速发展。

幸福：教育的理想与追求

【郑春艳】陶老师，您好。从事教育事业多年，我一直在苦苦思索：教育的价值在哪里？什么是教育的归宿？通过阅读一些教育经典著作，结合自身的思考，我终于找到了答案——幸福。就像世界著名教育家苏霍姆林斯基所说："理想的教育是：培养真正的人，让每一个从自己手里培养出来的人都能幸福地度过一生。这就是教育应该追求的恒久性、终级性价值。"可见，教育以幸福为目的既是一种实然事实的存在，也是一种应然价值的追求。所以，我们学校确立了"让每个人都拥有幸福人生"的办学宗旨，全面推行幸福教育。对此，很想听听您的见解。

【陶继新】非常欣赏您的这个办学宗旨。教育的最终目的，不是让受教育者有更多的知识，而是让他们拥有更高的幸福指数。尽管知识的多少与幸福也有一定的联系，但是幸福的真正要义，要丰富得多。我认为，所谓幸福，就是久存于生命个体心中的那种具有高尚情结的快乐。幸福多呈现于心理层面，幸福者，必然是快乐者；可是，快乐者，不一定是幸福者。如果幸福瞬间即逝，就算不上是真正意义上的幸福，幸福应当是长期定格在人的心里的一种感觉，甚至是一生都挥之不去的。同时，它还有高尚的况味，你有高官厚禄，如果贪污腐败，那不是幸福；如果家财万贯，但吃喝嫖赌，也不是幸福。有了这种认识，加上教育的智慧与不懈的追求，就能让我们学生真正抵达幸福的彼岸。

【郑春艳】我非常认同您的观点，虽然心理学强调的是人的主观感受，但我认为，真正的幸福脱离不了现实所赋予它的价值与意义。幸福应该是快乐与意义的结合体。

【陶继新】意义的核心要素之一就是高尚，当然，高尚不是流于口头的述说，而是要落实到行动之中。孔子说："君子欲讷于言而敏于行。"他强调行比知更重要。从王阳明到陶行知，都特别强调知行合一。没有这种“合一”，幸福是不存在的。

【郑春艳】对，所以我认为教育不应走平庸路线，教育者心中应该永远高扬一面理想的旗帜，仰望星空，坚守信仰。即使面对体制的束缚、舆论的苛刻和应试教育的阻碍，我们也要“带着镣铐跳舞”。而幸福教育就是我的理想与追求。对我而言，幸福就在追求幸福教育的过程中。

【陶继新】您的坚守与奋争，对于个人来说，有的时候可能是痛苦的，以致要付出一定的代价。可是，由此却为孩子当下与未来的幸福积蓄了能量。这当是神圣的使命使然，有着高尚的况味。在您的影响下，更多的教师也在坚守与奋争。于是，你们的孩子走向幸福就不再是神话。

【郑春艳】是的，现在我们很多的老师和学生已经有了追求幸福的意识。我想，这是一个好的开始。那么，关于幸福教育您又是怎么理解的呢？

【陶继新】幸福教育，简而言之，就是让师生人格升值、心灵和谐的教育。没有人格升值，就没有了高尚；没有和谐，心灵就会失衡，就感受不到本然存在于心的那份快乐，甚至会积淀成痛苦与悲愤。

【郑春艳】我们认为，幸福教育就是要把教育的目的回归到人，体现教育对人的关照，培养人的幸福情感和幸福能力，培养能够发现幸福、创造幸福、享用幸福的人。一方面，教育的结果是为了人的幸福；另一方面，教育的过程是人体验幸福的过程。教育就是幸福地教育学生如何得到幸福的生活。换句话说，教育是让每一个人都拥有幸福人生。

【陶继新】伟大的艺术家罗丹说过：“美是到处都有的，对于我们的眼睛，不是缺少美，而是缺少发现。”其实，对于幸福又何尝不是如此呢？尽管现实还有很多令人不尽满意之处，可是，令我们感到欣慰的地方也是比比皆是啊！发现令我们感到幸福的东西，是一种能力，更是一种品格与心态。没有高尚的品格与良好的心态，就很难发现身边的幸福。不会发现幸福的人，就不可能去创造幸福。而一个会享受幸福的人呢？其生命状态一定是优质的。有了这种优质的状态，不管在哪里工作与学习，都会有种其乐也无穷的感觉。特蕾莎修女，这个令世界之人都敬仰的诺贝尔奖获得者说得好："工作是最好的休闲活动。"

【郑春艳】由于角度不同，我们考虑更多的是操作层面的一些东西，而您直抵幸福教育的本质，关照的是人心灵的高尚与和谐，是优质的生命状态，而这，正是我们容易忽略的。谢谢您的点拨。

【陶继新】操作同样重要啊！没有操作，再好的理念也只能是空中楼阁。所以，形上与形下都需要。关键是如何将其和谐起来，即理念内化于心，见之于行。

【郑春艳】是的，理念的优良能决定行动的成败，所以我们首先进行的是理念的提升。我们确定了"让每个人都拥有幸福人生"的办学宗旨，实施"文化领校、民主管校、质量立校、科研兴校、特色强校、多方建校"的办学策略，在长期探索中逐渐形成"以幸福教育促进师生发展，提升办学品位"的发展理念。并以此为指导，确立了我校的办学目标、学校精神和校风、校训、教风、学风，使之成为一套完整的理念系统，并印制了我校的《理念文化手册》。

【陶继新】理念决定行动，行动决定成败。你们有这么好的教育理念，也就有了成功的可能。而将理念汇集成册，让教师好好学习，当是一种理念内化的过程。理念一旦内化到教师的心里，就会产生"不令而行"的美好结果。真正大的企业与著名学府，几乎都有自己的理念文化，而且，也都在内化上下了很大的功夫。这是他们走向卓越的关键。你们深得其中的要义，也有走向全国名校的"士不可以不弘毅"的远大志向。你们都有一个共同的期待，那就是使汇泉小学走向新的辉煌。

专业化发展：成就教师的幸福之路

【郑春艳】为了将幸福教育的理念化为现实，我们采取了许多措施，其中最为重要的就是培育专业化的师资队伍。我认为，专业化发展是教师谋求幸福的主要途径。只有具备专业精神，教师才会锲而不舍、孜孜以求；只有具备专业能力，教师才会轻车熟路、游刃有余，才能真正体验到育人的幸福。

【陶继新】孔子说："工欲善其事，必先利其器。"教师专业发展了，才能"利其器"，教学的时候，才能游刃有余。这还会生成一种自我欣赏与认可的正向能量，工作起来就会感到更有意义与乐趣。而有了这种高超的专业水平，学生听起课来就会如沐春风，就会百学不厌。可以说，提高教师专业素养，是提升师生幸福指数过程中绕不过去的一个坎。

【郑春艳】对，教师的专业素养既决定着自身的幸福，也影响着学生幸福感的提升。我们致力于教师专业化发展，大力倡导"学习即工作，工作即研究"的工作方式，构建"工、学、研"一体化的教师发展模式，使工作规范化、学习自主化、研究常态化，着眼于培养"精、深、博、雅"（业务技能精、道德境界深、知识视野博、生活品位雅）的教师队伍，实现教师队伍的整体快速发展。我感觉近几年老师们的进步还是相当大的。

【陶继新】"学习即工作，工作即研究"说得好！没有持续的学习，工作就只能在原地徘徊复徘徊。因为学习会使教师得到更好的提升，特别是对于经典文化的学习，更可以让教师快速成长起来。因为这些作品中蕴涵着大师的思想与文化，"学而时习之"，就会慢慢地走近大师，进而拥有了属于自己的高品位的思想与文化。这当是教师工作发生巨大变化的根基，根深才能叶茂。如果在教育教学一线，再不断地研究，就会更敏感地发现问题，研究出属于自己的成果来。所以，您所说的"精、深、博、雅"型教师也就越来越多了。

【郑春艳】确实，我们非常重视教师读书，因为一个人的阅读史就是他的精神成长史，还因为读书能提高人的幸福感。阅读，不仅能增长知识，开阔视野，更能陶冶性情，滋润心灵，让人拥有思想之自由和人格之独立，从而让校园充满活力。因此，我们大力倡导学习，努力构建书香校园、学习型校园。老师们自发成立了一个民间组织——学习研究会，学校配备了高标准的教师阅览室，为教师购置大量图书和报刊，组织开展教师论坛和学习沙龙，每学期都要评选学习标兵，校刊《思旅》也已印发了8期。现在，读书已成为很多老师的习惯，学习已成为优秀教师的享受！学习对于教师成长的巨大助推作用正日益显现。

【陶继新】教师读书多少，品位高下，是一所学校发展快慢与否的关键。不读课外好书的教师，只是鹦鹉学舌地将教参上的东西不加消化地“拿来”，所以，讲课的时候没有自己的话语，没有生命的张力，教师教起来索然寡味，学生学起来味同嚼蜡，当然也就没有了幸福感。相反，大量阅读大师作品，甚至背诵经典，就等于在不断地为自己积累思想与文化，时间越长，也就越有了内在的丰厚。讲课的时候，就有了属于自己的生命话语，也有了属于自己的思想与品位。于是，就有了“腹有诗书气自华”的从容与优雅，学生听起来也就有了审美的享受。这，不就是在自觉与不自觉地提升师生的幸福指数吗？

【郑春艳】自主规划和自我定位是教师成长与发展的第一步。通过不断的自我分析来认识自己，不断的自我设计来规划自己，这是教师专业成长的重要手段。因此，每学年我们都要求教师制订自己的个人成长计划，通过“把握角色：我是谁？——分析现状：我的状况如何？——确定目标：我要到哪里去？——制订策略：我该如何走？”正确给自己定位，选择最适合自己的发展路线，不盲从、不追风，让老师们坚信：自己成长的路就在自己的脚下。

【陶继新】“人生也有涯”，未来是阴云密布，还是晴空万里，全然掌握在自己手里。教师要为自己未来的生命负责，就要制订相应的个人成长计划。你们设计的“我是谁”“我的状况如何”“我要到哪里去”“我该如何走”计划方略，可操作，也有哲学的思考。不着眼于教师生命成长，没有时不我待的紧迫感，就不会谋划出如此精彩的人生规划。

【郑春艳】是的，要实现教师的专业发展，首先他们自己要有发展的欲望。其次，提供广阔的多样化的平台也非常重要。为此，我们以课堂教学改革为突破口，为老师们提供了丰富的展示自己的机会。三年一轮课堂评估，中间穿插优秀教师示范课、新教师摸底课、青年教师优质课、组内同课研讨等各种专题研究课，通过“集体备课—资源共享—课堂实践—课后反思—教研学习—自暴缺陷—参与讨论—指导实践—撰写反思”流程来促进个人发展。每节课都是如此，大家平等参与，畅所欲言，我们俗称“磨课”。我感觉这种形式能使教研成效最大化。

【陶继新】课堂是教师“作战”的“主阵地”，只有不断地“磨课”，才能在“战斗”的时候百战不殆。在这个“磨”的过程中，也许会有一些“阵痛”；可是，没有“阵痛”，就不可能“再生”。而且，这期间也会有愉悦与兴奋，因为在“磨”后有了精彩的表现，会得到大家的认可与称赞。这会在教师心里积淀自信，自信又可生成幸福感，幸福感又会促进对“磨课”的欲望与期待。这种长期的良性运转，会让教师百炼成钢，会让他们步入名师的殿堂之中去享受更大的幸福。

【郑春艳】是的，作为一名从骨干教师成长起来的校长，我从中获益匪浅，所以，今后我们会坚定不移地继续推行下去，让老师们都能体验到这种成长的快乐。教师论坛、学习沙龙也是我们常见的研讨方式。有自选主题，也有专题研讨，有一线教师，也有领导干部，有经验丰富的老教师，也有初出茅庐的“小青年”，他们有的讲述自己的教育心得，有的阐述自己的研究成果，还有的提出自己的困惑与思考。从一开始的“缩手缩脚”，不敢上台，到后来的争先恐后，侃侃而谈，老师们的自身素质得到了明显提升。如五四青年节开展的“青春激情，幸福成长”青年教师演讲比赛，有的青春洋溢，有的幸福流淌，有的幽默诙谐，老师们在欢笑、感动中体会到了倾心交流的温馨与共鸣，既触动了老教师，也促进了新教师的进步。

【陶继新】在论坛与沙龙上，教师可以自由地发表自己的感受与意见，并可以得到及时的赞许与建议，当然，有的时候还会有唇枪舌剑的争辩。为此，

“上场”之前，老师们都会精心准备，不然，就有可能在“场”上失利。可以说，“场”上教师之言，都有一定的思想含量。英国大文豪萧伯纳说：“你有一个苹果，我有一个苹果，我们交换一下，一人还是一个苹果；你有一个思想，我有一个思想，我们交换一下，一人就有两个思想。”这么多教师的思想交流，会让每个教师都能获取很多个思想。正是在这一次又一次的精神盛宴中，老师们品尝到了精神的大餐，提升了教育教学的水平，拥有了更为丰富的人生体验。

【郑春艳】对，正如我们两个人的对话，精神的交流、思维的碰撞是多么令人愉悦啊！这是一种高层次的人生体验，尽管它呈现为不同的形式。

【陶继新】思想交流不同于一般交流的特点之一就是品位高，有意义。老师们在这种幸福的交流中，有了持续的成长。当感受到自己的成长之后，老师们就有了乐此不疲的参与热情。与之相应的，交流的品位自然也就水涨船高了。

【郑春艳】教师发展既要高品位，又要多元化。只有多元发展，才能全方位地享受教育的幸福。我们坚持以发展的眼光对待每一位教师，用赏识的目光期待每一位教师的成长。为此，学校设置了“首席教师”“师德标兵”“学习标兵”等多个奖项，多层次、多角度、发展性地评价教师，对每一位教师进行个性化成长的考核。我们还设置了教育教学特色奖和特殊贡献奖，对大胆创新、成果显著的教师进行单独奖励，鼓励教师推陈出新。还为优秀教师举办“我的教育思想研讨会”，为其成为名师、大师搭桥铺路。让每位教师找到适合自己的路，从而实现了个性化与群体共同发展的双赢，实现了“百花齐放，各有千秋”。

【陶继新】孔子主张“因材施教”，教师发展也不能是同一个模式，而是您所说的多元化发展。在这个发展过程中，每个教师都可以走向自己的发展目标。这其间有一个关键，就是校长要有“欣赏的眼光”。对发展特别快的老师需要欣赏，对发展缓慢的教师也要欣赏，甚至对某个阶段不发展的教师也要欣赏。因为失去了校长及同事的欣赏，有的教师，特别是发展慢的教师，就少了自信，少了动力。而且，欣赏一旦形成氛围，还会“择其善者而从之”，会走进每个人的心中。这一积极的能量场，对于构建良好的校风、教风等，都会起到巨大的支撑作用。看来，您的“多管齐下”的目标指向是统一的，那就是让每个教师都能找到自己的发展方向，并能如愿以偿地实现既定的目标。

【郑春艳】是的，我们正是关注全体，着眼于个体。只有每一个教师都进步了，才能实现教师的群体发展。无论对于群体还是个体，教师实践智慧的提升都尤为关键，所以我们鼓励教师搞行动研究，针对教育教学中出现的问题，确定具体、实用、周期短、见效快的小课题，重点在促进反思、提炼、推广经验上面下工夫，激励教师锐意改革、大胆创新。各小课题组如能出示课题研究的相关资料，并有显著成果，经学校鉴定后可在期末考核中给予适当加分，并向上推荐，争取更高一级的鉴定。由于这些课题来源于教师的教育教学实践，针对性强，教师研究的积极性非常高。对其中表现出色的则作为重点课题进行提升。近几年，我校有两项国家级子课题、两项省级课题、四项济南市级课题均顺利通过鉴定结题，可谓硕果累累。研究，真正让教师走上了专业化成长的道路。

【陶继新】对于你们的小课题研究，我有着浓厚的兴趣，因为这些课题大都是基于教育教学中的问题而产生的，而不是大而化之且没有多少价值的大课题。每一个小课题的诞生，都是教师新的研究、探索的开始。而探索的过程，也就是梳理思想与解决实际问题的过程。这是对自己的挑战，也是提升自身的最有效的方法之一。你们对这些小课题的推广，是对研究者的认可，同时又可以让大家分享其研究的成果。给这些小课题研究者“加分”，会让大家更加积极地进行研究。而且，久而久之，教师就会在这种研究中找到研究的路径，进而产生浓厚的兴趣，从而获取更有价值的研究成果。这其中还有一个隐性的作用，那就是学生成了最大的受益者。教师研究的不断深入，几乎都是与教育教学联系在一起的，都会促进教育教学水平的提升。由此观之，这也是提升教师与学生幸福指数的一个有效方略。

【郑春艳】陶老师，我感觉人性化管理也是教师获取幸福的重要保障。一是实施阳光工程，打造阳光校园。奉行民主、公开、公正、透明的原则，坚持校务公开，人人参与学校建设与管理，让师生享有充分的知情权和决策权，像评先树优、考核晋级、入党提干、重大工程建设等重大事项均充分听取广大教师的意见，反复讨论，经学校教代会或全体教师会通过后方可执行。二是注重沟通，密切交流，干群之间以多种形式展开对话。通过全体教师会、组长例会、班主任例会、学生座谈会、个别谈话等方式与广大师生进行有效的交流，了解其思想、工作、生活状态，给予其必要的指导和帮助，大力倡导“学会尊重、学会感激、学会宽容”等为人处世之道，在心与心的碰撞中、情与情的交流中达成共识、融洽感情、增进了解。三是实施“暖心工程”，为广大教师排忧解难，如为教职工集体购房、维修宿舍楼顶和配套房，为生病或生活困难的教师捐款等等；教师过生日，学校会赠送蛋糕；每逢教师节，都会为每位教师亲手书写一张贺卡。现在，每当教师思想上有了困惑、生活上有了困难、工作上遇到了难题，他们都会主动向学校寻求帮助。在老师们心中，学校已实实在在成了他们可以信赖、可以依靠的家。

【陶继新】教师队伍是一个知识分子群体，一个重要的特点就是士可杀不可辱，他们特别关注自己是不是受到了尊重与信任。让他们享有充分的知情权和决策权，既有尊重，也有信任，加之凡事特别是大事民主、公开、公正、透明，他们就会对学校领导特别感激与信任。由此生成的是工作的积极性和热情。交流则是消除隔阂的有效方式，其中的核心是真诚。教师是最不好欺骗的，他们个个都是“火眼金睛”，学校领导对他们的真爱，他们会在一个又一个小小的细节中感受出来，并用各种各样的形式回应这种真爱。另一个关键是宽容。教师会有这样那样的缺点、错误，您不是只盯着他们的这些不足，而是以宽容的心对待他们、帮助他们，从而使他们不断地改正与进步。这种宽容的结果，不但会使老师们感动，也会在他们的心里生成宽容的气场，从而也来宽容自己的学生。“暖心工程”解决的都是教师实际需要而他们自身又无能为力的事情。他们会在这个过程中，感受到校长时时都将他们放到心上，并处处想方设法帮助他们解决这些难题的用心。您之所以能够做到这些，除了责任感与事业心之外，一个重要的因素就是“正”。孔子说：“政者，正也。”校长有“正”，教师就会心服口服，就会生成“士为知己者死”的奋争精神。

自主发展：为学生一生的幸福奠基

【郑春艳】幸福教育最终指向的是学生的快乐成长，我们学校有两千多个孩子，我深感责任重大。围绕学校培养目标，我们致力于超越原有的课程思维方式，走向反思与重建，以学年度作为一个研究单位，对每天、每周、每学年的课程进行统一的规划，形成了基础性课程、实践性课程、拓展性课程三个课程系列，将常规的课堂教学与各种教育活动进行合理整合，互相促进，融为一体，努力打造富有我校特色的幸福课程体系。我们的一天——充实、健康、活泼；我们的一周——规范、实用、特色；我们的一年——全面、多彩、进步。让幸福充盈于校园生活的每一天，既保证了学生当下的快乐，又为其今后一生的幸福奠定了坚实的基础。

【陶继新】孩子需要学习，更需要快乐。没有快乐的学习，不但不可能实现学习的高效，还会导致未来心灵的缺氧。而构建属于你们学校的幸福课程体系，不但会让学生学习更加快乐，还会延伸学习的宽度，让他们的生命活力得到伸展。叶圣陶先生说：“教材只是一个例子。”可是，有些学校则将教材当成了学习的全部。其结果是，学生的学习视野得不到扩展，生命的激情得不到释放。而有了幸福课程，教材就不只是一个例子，孩子的学习也不再死气沉沉。心理学研究发现，儿童时期是不是快乐，涉猎的知识是不是宽博，往往直接影响着其未来的成长。儿时快乐者未来往往有一个良好的心理，童年知识宽博者未来大多有一个宽阔的视野。由此可见，你们的幸福教育课程不仅立足于学生当下的快乐，还指向了他们未来的幸福。

【郑春艳】您说得很有道理，儿童时代需要打基础的不仅仅是学业，良好的心理更能决定成年后的幸福。因此，我们的课堂不仅关注知识的获取，更重视学生个性和人格的成长，我们要求每一位教师要用真情、关爱、欣赏构建学校的“快乐课堂”。“自主课堂”——我做主，我快乐，让学习真正成为学生自己的事情。“趣味课堂”——我探究，我快乐，让学习真正成为一件有趣的事。“互动课堂”——我合作，我快乐，我们积极创设和谐、宽松的课堂氛围，努力创建民主、平等的师生关系。课堂上，小组合作、师生互动，其乐融融。师生享受到被尊重的幸福、交流的幸福、成长的幸福，学习真正成为一件快乐的事。什么时候孩子们由衷地喜欢上课堂了，我们的教育就真正成功了。

【陶继新】自主学习让学生感受到自己就是学习的主人，而主人与奴隶的学习效果是有天壤之别的。因为主人的心灵是自由的、创造是积极的、成果是得到大家认可的。当然，主人也会感受到自己的成长幸福。“兴趣是最好的老师”，“趣味课堂”则让学生的学习富有兴趣。学习不再是心力交瘁的一场苦役，而是生命个体探索未知的幸福之旅。课堂上的趣味也是可以迁移的，它会使学生的课外生活也有了情调。有无情调，也是有无幸福感的一个重要因素。互助合作同样重要，不仅自己发展了，还会帮助别人发展，这样，就会形成一种合力，正如《周易》所言：“二人同心，其利断金；同心之言，其臭如兰。”课堂上的长期合作，还会生成一种合作意识，从而让孩子们习惯分享，而不是单独得到。小时候能够分享于他人者，长大成人后也能够分享于人；于是，别人也愿意分享于自己。分享于人又能得到大家的分享者，就可以得到大家的拥戴，就能够立足于社会，以至更好地发展。

【郑春艳】能够自主学习是幸福的，能够自主管理也是幸福的。自主管理能有效、充分地调动人的积极性，提升人的幸福感。我们改变以往传统管理的老办法，转而采用“事事有人管，人人有事做”的自主管理模式，全面推行校园实践岗位招聘制和班干部轮换制，全面设岗，人人竞岗，让学生在自主管理中实现自我成长。红领巾执勤岗、小交警、小记者、环保小卫士、小主持人、校长助理，组成了一个真实的“小社会”，孩子们在“选岗”“上岗”“下岗”的轮回中，强化了责任意识，提高了公民素养，享受到了为他人服务的使命感与责任感，而这些，正是幸福感的重要组成部分。

【陶继新】学生本来就有自主管理的能力，可是，一些教师却在无意间扼杀了他们的这种能力，从而让孩子从小就失去了管理的才能。全面设岗，人人竞岗，就给孩子们提供了一个学会管理与施展管理才能的舞台。小时候的管理能力，具有再生性与发展性的特点，这为他们走向社会提供了先于他人的优势，进而有了可以自豪的精神资本。“选岗”“上岗”“下岗”的意义在于，让他们从中学会良性竞争，习惯能上能下。上者尽心尽责，下者无怨无悔。这样，彼此之间少了嫉妒，多了理解与信任；少了敷衍塞责，多了担当意识。“千里之行，始于足下”，小时候的这些优秀品质，必然为学生未来走向社会奠定下良好的基础。

【郑春艳】是的，我们的出发点就是让学生从小学会参与，勇于担当。一个幸福的人首先应该是一个具有责任感的公民。

【陶继新】一个合格的公民，利己而不害人，甚至损己而利人。你们的学生在参与管理的过程中，自己会发展，也会付出；有的时候，还会受到非议，影响学习等。可是，正是责任在身，才会虽失犹得啊，这才是一个有责任感的公民的精神啊。

【郑春艳】公民意识的培养、公民精神的形成需要长期的积淀，需要一个漫长的教育过程。为此，我们为学生提供了广阔的活动舞台，开展丰富多彩的活动，让学生在实践中锻炼、成长。学校注重开展“节日文化”，年年都要举办“五节”，即体育节、艺术节、读书节、英语节、科技节。另外，还依托其他节日或有意义的日子开展综合实践活动：远足、军训、湿地考察、劳动体验等等；另外，我们还开发了46门兴趣课程、18门特长课程，让学生打破班级和年级界限自由选择，力求让孩子们的生活丰富多彩，力求让他们的校园生活充实而快乐。

【陶继新】如果说举办“五节”富有意义的话，远足、湿地考察就更有价值。因为现在不少学校担心学生的安全问题，从而取消了他们本应拥有的校外活动。从眼前看，安全的“隐患”似乎少了，可是，未来的“隐患”却埋下了。这种急功近利的思想与行为，显然不是指向学生未来幸福的。当然，你们也会承担一定的风险，可是，做好各种准备，消除安全隐患后，完全就可以举办一系列的校外活动。只不过责任大了些，工作重了些，担心多了些罢了。如果连这点责任担当的意识都没有，我们能培养出未来合格的公民吗？而大量的兴趣课程与特长课程，则让具有各种爱好与特长的学生有了各取所需的可能。在高中“选课走班”尚且让人感到比较困难的情况下，你们小学大胆尝试，且由此让学生得到了很好的成长，真是难能可贵啊！

【郑春艳】陶老师，不知您有没有这种感觉，就是实际上小学的素质教育落实得更彻底一些，课改推行的力度也更大一些。我们小学培养出了各具特长的孩子，但一进入初中就荒废了，对此我们感到非常遗憾。您认为这是什么原因造成的呢？

【陶继新】这是课改的不均衡性造成的。小学改革如火如荼，初中却是偃旗息鼓，这必然导致前功尽弃。即使同是小学，改革也并非同一步伐。从这个意义上来说，区域改革至关重要。不然，星星之火非但不能燎原，反而有可能在有了点星之火的初期，就被大风扑灭了。

【郑春艳】对此，我深有感触。我们推行幸福教育同时也是想尽可能地影响其他学校，推进本区域课程改革和特色学校建设。其中改革力度加大的一项就是在全市率先取消了三好学生评选，采用多元化评价，开展了“雏鹰争章”活动，将培养目标具体细化为五个方面十个项目，每项以不同颜色的奖章为标志，学期初每个学生根据自己的爱好、兴趣、特长等确定自己要争取的章，期末通过展示、演讲、平时表现，在班级内进行评选，从而获得“班级”级别的“章”，做到人人有“章”。表现突出者授予“十佳少先队员”称号。推荐若干名单项特别突出的参加“校园之星”的评选（包括环保小卫士、劳动小能手、读书小名士、体育之星、艺术之星、科技小博士、学习之星等），并为当选者在全体学生会上进行通告、表扬、颁发证书，同时在学校宣传栏中宣传其事迹。除以上项目外，各班还可以根据自身实际情况自行确定各类奖项，如学习进步奖、岗位小能手、班级贡献奖等。这些评价贯穿学年始终，不断激励孩子，让孩子们不断发现自身的价值，时时体验成长的快乐。

【陶继新】鼓励可以产生正向能量，这对于孩子尤其明显。“人人有章”，也就是说人人都可能得到奖励，人人都能够接受正向能量。而传统的三好学生评选，只有寥寥几个学生得奖，绝大多数学生只能望而兴叹。尽管得奖者得意洋洋，可是，更多的学生却在无形之中受到了刺激，无形之中接受了负面能量。研究发现，一个不断接受正面能量的学生，会逐渐形成一种积极健康的人格与心理，从而拥有越来越好的生命状态。俗话说：“种瓜得瓜，种豆得豆。”小时候良好的状态，往往是未来生命发展的一种前奏。从这个意义上说，你们是在为孩子一生的幸福打基础啊！

【郑春艳】是的，决定孩子们今后能否幸福的因素有很多，其中读书至关重要，对小孩子的影响尤为大。所以我们大力倡导读书，努力构建书香校园。每周设一节阅读课、一节国学课、两节晨读，分学段制定阅读书目，规定学生阅读量，各班设图书角，将学生阅读情况纳入个人综合评价和班级量化考核。让孩子们品读经典，触摸时尚，广泛浏览，重点研读；每学期都为学生购买大量图书，倡导孩子们订阅报刊；在每周的升旗仪式上增加“好书推荐”栏目；每学期评选“读书小名士”；坚持出版校报；举办大规模的读书节；经常性地组织朗诵、作文、制作书签等各项比赛；评选书香家庭，开展亲子阅读活动。这些措施使孩子们真正喜欢上了阅读，并养成了良好的阅读习惯，我希望这会让他们受益终生！

【陶继新】能否形成读书习惯，与小时候的培养有着直接的关系。小时候不断读书的过程，也是培养其读书兴趣的过程。久而久之，读书就会成为一种生命的必需，就会一读起书来便乐此不疲。相反，一个小时候不喜欢读书的孩子，长大成人之后，也多是对书没有兴趣的。而一个不读书的人，是不可能具有长足发展动力的。同时，读书品位的高下，也直接维系着一个人的成长。经典是经过大浪淘沙、时光流逝，仍然定格在有思想与有品位的人的心里的精神风景，书读得多了，人的精神世界会特别丰富，心灵也会相对安宁。所以，你们让孩子诵读经典，无疑是在为他们输送精神营养。如此坚持下去，他们便会受益终生了。

【郑春艳】在推行这项工作的过程中，我们也时感无奈，比如如何消除一些低级、庸俗书刊的影响，如何发动家长共同读书等。但是，为了孩子们的健康成长，我们会克服各种困难，一直坚持下去！

【陶继新】目前社会上读书的品位普遍不高，但是，长期的低位阅读，会消解人的灵魂，腐蚀人的精神。你们深知阅读的要义，知难而进，坚持不懈，这才取得了很好的阅读效果。

【郑春艳】在一次听课活动中，我发现英语课在提高人的自信心和人际交往能力方面独具优势，因此，我们将“快乐英语”作为办学特色加以着力突破。包括把英语口语课列为学校课程，从一年级开始开设；每个学段都开设了英语兴趣课程，周三周四下午活动。我们充分挖掘、利用各种社会资源，联合办学，和美国康涅狄格州的一所学校结成了友好姊妹学校，美方四次来访，和师生进行零距离接触，极大地促进了我校英语教学。另外，我们鼓励学生利用节假日参加社会上高质量的英语培训班，这对学校英语教学也起到了很好的补充作用；我们还组织丰富多彩的学科活动，创办了“英语节”，时间为期一周，既有外教授课、朗诵比赛、演讲比赛，又有圣诞联欢、英语沙龙，内容丰富，形式多样。另外，我们还经常性地开展英语角、英语广播站、手抄报比赛、英语大卖场等各种活动。几年下来，我发现孩子们的精神状态有了明显改善，变得更加自信、更加快乐了。

【陶继新】儿童时期是学习语言的最佳时段，《学记》有言："时过然后学，则勤苦而难成。"你们为孩子创造各种各样的条件，让他们更好地学习英语，就有了"当其可之谓时"的可贵。学习外语，不但需要记诵等，更需要外语语境。有效地为孩子学习英语提供优质的环境，就会产生事半功倍的效果。因为学习语言的时候，无意识记忆往往比有意识记忆更见效果，还会有记忆时间长，以至终生不忘的特点。而且，孩子们在这种环境中的无意识记忆，还会在无形中增强他们的自信心，让他们感到，一般人学起来非常困难，甚至望而却步的英语，他们学起来竟然如此之快，如此有趣。这种自信心，反过来又会对孩子学习英语起到一种心理推动作用，进而出现高效的奇观。这种良性互动，会让孩子的学习变得轻松而快乐。

【郑春艳】我们所做的这些，都是为了促进孩子们健康成长和快乐发展，现在已初见成效。我最引以为豪的是，自实行幸福教育以来，学生的精神面貌发生了巨大的改变：孩子们比以前更自信、更快乐了。在这里，每一个孩子都得到了老师的关心和帮助，每一个孩子都得到了同伴的激励和友谊，每一个孩子都得到了进步和成功的机会；在这里，只要有才能，就会有施展的舞台，只要肯努力，就会体验到成功的快乐；在这里，孩子的人格得到尊重，个性得到张扬，身心得到解放，生活充满了七彩阳光。在汇泉这片沃土上，孩子们像花蕾般茁壮成长，竞相绽放。

【陶继新】孩子的这些变化，显现于当下，更会呈示在未来。从这个意义上说，你们的幸福教育，是的的确确让孩子幸福了。30年代，面对摧残孩子的教育，鲁迅就有了"救救孩子"的呐喊。你们不只是呐喊了，行动了，而且已经取得了丰硕的收获。如果鲁迅在世，也当感到莫大的欣慰吧。

【郑春艳】您过奖了，我们所做的并非惊天动地，我们所说的也并不高调张扬，但幸福教育的实施，确实促进了教师、学生和学校同步、协调发展。

幸福教育强化了师生的主人翁意识，充分调动起他们参与管理的积极性，增强了全校师生的凝聚力，师生的精神动力化作了学校发展的助推力，促进了学校快速发展：教师专业化成长迅速，幸福指数显著提高；学生精神面貌发生了巨大改变；学校整体办学水平也明显提升，树立起了良好的社会形象。以“幸福”文化为核心的汇泉小学几年来走品味人文、特色办学之路，焕发出了蓬勃生机，步入了健康快速发展的轨道。

【陶继新】教师幸福与否，必然会影响学生；学生幸福与否，也自然会影响到教师。当教师与学生都感到幸福的时候，就会生成一种良好的幸福互动效应。其实，人人都希望自己幸福，可是，有的学校却牺牲师生的幸福而大搞“应试教育”。这样做的结果，受害的不只是师生，还有教育的形象。而你们呢？受益的不只是师生，也为教育树立了一个幸福品牌。如是发展下去，未来定当更加美好。

【郑春艳】我们认为：幸福教育不是一种方法，而是一种理念；不是一种模式，而是一种境界；不是短期目标，而是终极旨归。现在，幸福教育在我校已经成长为一棵参天大树，它丰富着师生的精神世界，唤醒了师生的精神力量，使广大师生积极、主动、充满自信地走上自我发展的道路。“让每个人都拥有幸福人生”是我们的梦想，相信在不久的将来，它会成为现实！

【陶继新】“合抱之木，生于毫末；九层之台，起于垒土；千里之行，始于足下。”相信你们有了美好的开始，就会一路走下去，就会在行走的路上收获一道又一道的风景，就会让“让每个人都拥有幸福人生”的梦想变成现实。

（原载于《创新教育》，2011年第8辑；作者：陶继新、郑春艳。）

德育：教育的灵魂

——安阳市人民大道小学以德育人的成功探索

［姚文俊校长简介］

姚文俊，中国教育学会小学教育专业委员会荣誉理事长，河南省安阳市人民大道小学终身名誉校长，河南省安阳市殷都区首席教育总顾问，《基础教育论坛》（小学版）主编。

编者按：手捧对话，一种震撼油然而生。姚文俊校长在教育教学的道路上，频频出招。20年前，探索出享誉全国素质教育六大成功模式之一的“主体教育”。进入新世纪，又创新性地提出了“主体多元”教育思想。接着以踏石留印，抓铁有痕的劲头，把德育教育搞得红红火火。他敢为天下先地把脉德育的灵魂，构建起德育的三五格局，成功唱红了三部曲。对话，达到得心应手、俯仰自如的圆熟，以智慧的光辉感悟人生高度。可以看出他的一套拳路是守中有攻，稳中求胜。

如果把陶继新先生的对话单独拉出来，整组对话成为立体宝塔，穿透生命的血脉直达灵魂。那境界、那思想、那哲理……是不是在雨中起笔在雪中疾书？不然，怎会让人感觉到德育就是人生过河所需的渡口？

两位大家实力组合，彰显出他们合二为一的深厚功力，雕刻出一尊思想的雕塑——托起明天的太阳。

知行统一　传递真爱智慧

【姚文俊】有人说德育是“软任务”，不像其他学科一样可以通过教师的教学艺术把知识技能传授给学生，学生学会了，教学任务也就基本完成了。

【陶继新】德育之“软”，在于它的“化”，即要内化于心，才能外化出一道又一道的风景。当然，“化”既需要真心，也需要智慧。而您，就是二者“得兼”的一位校长。

【姚文俊】陶老师，您过奖了。但也确实说到了我的心坎上。我热爱德育，爱孩子已经注入我的灵魂。但光有爱，靠付出自己的汗水和心血还是不够的，更需要人的智慧和才能。我是学政治的，原来是中学的政治老师和团委书记。从中学到小学以来，我致力于德育的学习、研究、实践和创新，70年代末就编写了一个号称全国第一家的《少年儿童思想品德教育提纲》，并认真实践探索，取得了突破性的成果。

【陶继新】当校长有三种状态，一是作为职业，即为稻粱谋，是为工资而来的；二是作为事业，即为了学校的发展，为了教育事业；三是志业，不但有了事业心，而且将整个生命融入其中。我觉得，您就属于有“志业”精神的校长。自从与您结识之后，我就为您的这种精神与爱所感动。而且，您不但心中有爱，也有有效传递爱的智慧。有爱不一定会让被爱者感到爱，有的父母爱孩子，孩子非但体会不到，反而会产生逆反心理。所以，爱需要丰富的内容，也需要与之相得益彰的艺术形式。

【姚文俊】是的，心中有爱还得有相得益彰的爱的艺术。我这大半生就是热爱这份事业，而爱需要丰富的内容和艺术。爱心人人有之，但在小学光有爱心是不够的，还必须有童心，爱心必须建立在童心的基础上。老师应该把注意力放在调查了解学生、分析研究学生上，从每一个孩子的生理、心理特点出发，用欣赏的眼光、理解的心态、宽容的方法、善待的行为对待孩子的各种感受、想法和行为。在现实教育实践中也有一些教师口口声声讲要爱孩子，但是常常出现一些过激和过失行为，如，两只眼睛老盯着孩子的缺点毛病，把批评、训斥、限制、防堵作为常用的教育手段，结果学生的独立人格得不到尊重，自主权利得不到保障，个性差异得不到承认，兴趣爱好得不到充分的发挥。我认为这是“目中无人”的教育，没有把孩子当成“发展中的人”来对待，这种不是爱，是以爱的名义在伤害。

【陶继新】大人往往用成人的眼光看孩子，其实，孩子自有他们的生命世界。如果不懂这个世界的“奥妙”，往往好心办坏事。您说的“童心”，则是沟通大人与孩子的一把心灵钥匙。有了这把钥匙，就可以轻而易举地打开儿童的心灵之门。这个时候，就会发现，孩子有“道法自然”的天然之美，即使在大人看来可笑甚至错误的言行中，都有很多可爱的因子。于是，不再感到可笑，不再进行批评，而是感到可爱，而是进行宽容甚至表扬。从这个意义上说，童心之于校长与教师，当是一种必备的品质。其实，即使八九十岁的大师，大多也都具有“复归于婴孩”的童心之美；而这，恰恰是大师之所以成为大师的一种品质。因为这童心里，有纯净与自然，甚至有超尘脱俗之美。

【姚文俊】是啊，爱是德育的灵魂，而德育的魅力就在于它的知行统一。如果说得好听，做得难看，“嘴上呱呱叫，行动不对号”，就不是我们的德育。要把高尚的道德观念转化为良好的行为习惯，关键在于实践。因此在小学没有活动就没有德育。小学德育之美在于它具有结合性、渗透性、贯穿性、蕴含性等特点，因此，德育的实施应寓于各科教学之中、各种活动之中、各项规章制度建设及教师的言传身教之中。我在德育实践中提出了三条原则：一是教师为主，全员负责。如，“德育担子众人挑，人人头上有指标”。二是教学为主，全面渗透。如，研制出《各科教学实施德育细则》。三是学校为主，协调社会。如，组建社会教育力量，开辟社会教育阵地，开展社会实践活动，把学校的系统教育与良好的家庭教育、社会教育有机结合起来。

【陶继新】德育离不开实践，不然，就会成为假大空的口号。其实，看看孔子当年的教育教学，德育便是其最为重要的内容：不修身，就无以齐家；不齐家，就无以治国；不治国，就无以平天下。看来，修身当是一个人的生命之本。而修身不是说得好听，而是要干得有意义。所以，孔子说："君子欲讷于言而敏于行。"他一生的教育，从来没有离开过实践。由此观之，您当是一位得德育之要妙者。您提出的三条原则，将德育贯穿于整个孩子的生命中，全方位地对孩子进行思想道德教育。而德育，如果孤立存在于某个领域之中，就会出现此消彼长的现象，就不可能形成德育的合力，就不会产生良好的效果。

把脉德教　勿忘核心灵魂

【姚文俊】学校德育是一项复杂的系统工程，它包括诸多相互关联、相互制约、相互作用的因素，特别是在当今市场经济的条件下，影响学校德育即作用于学生思想品德形成和发展的诸多因素都在发生着显著变化，致使学生思想品德出现了许多新情况、新特点。比如：①他们向往未来，有一定理想，但缺乏艰苦奋斗的思想准备；②他们有一定的道德认识，但缺乏良好的道德行为习惯；③他们视野开阔，思想活跃，有一定主见，但辨识荣辱是非、美丑善恶的能力不强；④他们学习条件优越，学习机遇多，智力发展快，但缺乏良好的个性、心性品质，非智力因素训练较差；⑤精力充沛，喜欢交往，自尊心强，但存在娇骄二气，独立生活能力锻炼不够。

同时，道德观、价值观也在发生着不小变化。现在的小学生：①金钱意识增多了，有的想有钱，会弄钱，敢花钱；②攀比意识增多了，同学间比吃穿，比富贵，比家长官位高低、权力大小；③竞争意识增多了，在学习活动、荣誉面前有竞争，但竞争过程中有的自私心理增强了，集体意识淡薄了；④崇拜对象有变化，过去崇拜领袖、英雄、解放军的，现在有的转向崇拜有钱、有势、有名的；⑤对职业选择也发生变化，有的想当官，有的想成名家，有的想挣大钱，很少选择平凡的岗位职业；⑥交往意识增强了，现在小学生喜欢社交，爱交朋友，同学间互祝生日，送礼品，还有认干亲，甚至拜把子、结团伙；⑦自主意识增强了，有的敢说敢做，不愿受约束，光想找机会表现自己。目前小学生出现的这些变化，说明人思想品德的形成和发展都具有一定的时代特色，是社会的影响，时代的反映。学校德育应主动适应社会进步和学生个性发展的需要，但恰恰在这个问题上，我们调查研究不够，缺乏正确有力的对策。

德育实效性差的原因是多方面的，有社会大环境的消极影响，也有学校对德育缺乏全面深刻认识，导致德育不到位问题，也有其他更为重要的原因。我认为目前学校德育在观念、内容、方法及途径上，都明显地滞后于变革的社会现实，落后于当今学生的实际需要。没有入脑入心，对牛弹琴。

【陶继新】实施德育，关键是要有的放矢。所以，关注与研究学生存在的问题，就成了必行之事。您的关注与研究是认真的、细致的、深入的、正确的。特别是有些问题，人们多已司空见惯，而您却从中发现了问题的节点所在。这正如一位优秀记者的采访一样，具有新闻的敏感性。您则有了德育的敏感性，因为您的高度关注点在孩子成长方面，成长中的核心要素是德育，而德育中的核心问题又都被您一一发现了。

人们看问题的时候，往往会出现二元对立的观点，非此即彼。可是，任何事物都有正反两面，所以《周易》有言："一阴一阳之谓道。"我们在看孩子的时候，也应当看到"阴""阳"二道。不然，在解决问题的时候，就会顾此失彼，违背生命之道。您的可贵之处，就是将孩子存在的优点与存在的问题放在同一平面上审视，这不仅客观，而且也为正确地解决问题提供了正确的思维。而没有正确的思维，即使出于诚心、爱心，在教育孩子的时候也会事倍功半。

【姚文俊】所以，我在调查研究之后，发现目前德育实践中存在这样几方面的问题。如，在思想导向方面，这些年来，小学德育比较重视儿童的养成教育，加强礼仪和行为规范的培训，已取得显著成效，但对“五爱”为中心的思想道德教育坚持不够。比如，革命理想教育、集体主义教育、热爱劳动和劳动人民教育、艰苦奋斗教育等等，有的丢掉了，有的被忽视了，有的不到位，有的坚持不够一贯。这些年来，小学德育比较注意从儿童年龄特点出发研究德育的方法方式，尽量克服成人化、形式化，力争教育的趣味性、多样性等，但研究时代特点和社会环境对儿童思想品德形成与发展的影响，以及怎样适应社会发展，按照党和国家的需要塑造一代新人的灵魂全力投入不够。这些年来，小学德育开始重视研究促进学生发展，注重培养学生主体意识与独立自主等能力，但对学生个性品德发展研究，开展心理健康教育，进行心理辅导做得欠佳。在德育过程中，还经常出现将学生的一些心理现象误视为道德品质问题，大肆批评训斥，严重伤害了儿童的幼小心灵。

【陶继新】直到今天，“五爱”教育等仍然没有引起人们足够的重视；可是，当这些属于思想道德教育的问题被边缘化之后，孩子未来的生命成长就会出现问题。其实，很多校长与教师，对于诸如热爱劳动和劳动人民教育等，已经觉得与时代有点不相适宜了。这种认识上的错位，必然导致教育上的淡出。即使进行这方面的教育，也多是有名无实的敷衍了。至于您所说的塑造一代新人的灵魂问题，更是很少有人问津了。而灵魂问题，恰恰决定着一个人的精神走向，以及人的人格形成。如果人格上出现了问题，即使拥有再多的知识，也不会做出对社会对人类有益的事情，甚至还有可能走向它的反面。另外，正在成长之中的孩子，出现一些这样那样的心理问题应当是情理之中的事情。所以，既不要大惊小怪，也不要漠然置之。可是，如果将其视作道德品质问题进行批评教育，不但会伤害儿童的心灵，还会使心理问题愈来愈严重，甚至会让心理问题上升为思想道德问题。您发现这些问题，进而解决这些问题，显见了您的远见卓识与思想道德担当，彰显了一个当代校长的责任感。

【姚文俊】我认为这是做校长应该思考的问题。又如，在德育内容方面，在过去很长一段时间，人们常常把某一时期党和国家的路线、方针、政策作为主要甚至唯一的内容进行说教，在德育过程中未能充分重视学生生动活泼地发展。教育要促进人的社会化，被片面地理解为对社会的顺应，而很少强调把人培养成改造社会的主体。现实的德育内容尚存在着空泛（一般化、笼统要求多，具体可操作性差）、狭窄（多为现实社会生活需要，符合儿童个性发展的纳入少）、无序（运动式阴影依然残存，尚未构成科学性、层次性、稳定性体系）等问题。

【陶继新】人的重要特点之一就是具有能动性与主体性，一味顺从式的教育，会逐渐消减掉其原有的能动性与主体性，这样，被教育者就缺少了创造性，甚至有可能走向木然与消极。久而久之，就会成为没有生命张力的人。而没有可操作性的德育，又往往会使德育成为大而空的说教，非但起不到教育的效果，还会让人对德育产生抵触情绪。同时，忽视儿童个性发展的德育，不但不会走进儿童的心里，还会对他们形成误导。德育的无序化，则打断了德育这个有机体的某个生命链条，从而让原来的工作也失去有力的支撑，甚至有可能前功尽弃。

【姚文俊】是啊，当德育“目中无人”时，方法就难免单一，更影响德育的效果。下面我就谈谈德育方法上存在的问题。在德育方法上，仍存在忽视学生主体地位和学生主体性发展的现象。当前的学生并不都是在平等、民主、和谐的环境中生活，他们受到来自多方面不应有的限制和束缚，独立人格得不到应有的尊重，自主权利得不到必要的保证，兴趣爱好得不到充分的发挥，个性差异亦得不到合理的承认。在德育过程中，通常出现把“禁止”“防堵”作为立足点，不注重积极疏导并调动学生的积极因素，两眼过多地盯着学生的缺点毛病，将批评与惩罚作为常用的教育手段。其结果，我们所培养的人常常表现为处在被人支配的地位，而不能根据自己的需要、愿望、爱好自主地选择适合自身的教育；常常表现为缺乏进取精神，害怕困难，回避矛盾，缺少主动参与、大胆竞争等自我表现能力；常常表现为盲目从众，不善于独立思考，追求循规蹈矩，缺乏理解分析与实际解决问题的能力。

【陶继新】没有平等、民主、和谐的环境，德育就会大打折扣，甚至起不到任何效果。因为人的成长与发展，需要一个优质的心理场，而平等、民主与和谐，则是这个场的必备条件。休说孩子，成人亦然。因为没有这样的生命场，其生命固有的灵性就不复存在，以至处于沉睡乃至死亡状态。思想道德的教育也是如此，没有这种生命场，德育就没有了生根之地，没有了成长的空间。于是，就出现了您所说的种种问题。而有些负责思想道德教育的教师，便认为此时非"禁止""防堵"已经别无他策。但结果呢？大多是事与愿违，愈禁愈堵问题愈多。因此，有的人大谈德育如何如何困难。其实，早在虞夏时代，就有过治水的经验与教训，鲧一味地用堵的方法，洪水非但没有堵住，反而越来越大；而他的儿子禹用疏的方式，结果洪水不再泛滥成灾。思想道德教育有着同样的道理，越堵越有问题，越疏越能解决问题。因为堵的时候，就没有了平等、民主、和谐的生命场；疏的时候，则有了这种生命场，于是，很多看似非常棘手的问题，也就迎刃而解了。

【姚文俊】是的，德，是一个人的灵魂，德育在一个人的成长过程中起着保证方向和保持动力的作用。它以其导向性激励着智、体、美、劳的发展。对学校德育的任何忽视，都是重大的原则性错误，都必将造成人才素质上的重大缺陷。

【陶继新】有德与无德，是决定一个人好坏的核心标准。如果没有了德，即使才高八斗，也未必会成为社会的有用人才，甚至可能成为社会上的害群之马。所以，"德育为先"不能只是一个口号，而应当是一个实实在在的行动。

站立潮头　唱响三部名曲

【姚文俊】我认为一校之长最大的政治责任是把握好办学方向，方向一偏，走得越快离目标越远。“德育为首，思想领先”是校长办学的生命线。因此，我从1978年开始就致力于小学德育的理论研究与实践探索，先后唱响了“德育三部曲”：第一部曲是制定“少年儿童思想品德教育提纲”，实现了德育内容系列化，德育途径网络化，德育评价方法科学化。第二部曲是研制了关于德育社会化的实验方案，通过组建社会教育力量，开辟社会教育阵地，开展社会实践活动把学校的系统教育与良好的家庭教育和社会教育有机结合起来，形成合力。第三部曲是构建了以做人为核心的德育工作新格局。实践证明，一校之长既重视德育的理论研究，又积极地进行实践探索，就能化虚为实，把“软任务”变成“硬任务”，把德育真正落到实处。

【陶继新】如果大体了解一下当时学校教育的状况，就会特别惊诧于您的思想与举措。因为拨乱反正之后，全国中小学的教育教学，大都重视起了知识的教学与学习。因为十年浩劫，几乎所有学校都不再重视文化知识的学习了，而粉碎“四人帮”之后，则给了求知若渴的学子们一个难得的学习文化知识的机遇。可是，正所谓“过犹不及”也，当时的德育在整个学校教育中成了一种陪衬，以致可有可无。但是，恰恰在这个时候，学生在需要知识滋养的同时，更加需要思想道德品质的补给。因为“文化大革命”让不少人的价值观扭曲了，很多人的思想道德意识淡薄了。从某种意义上说，德育之于学校，当是最为重要的任务。可是，当时能够有此清醒认识者，在全国校长中，绝对是凤毛麟角；而您，则是其中的一个，而且是很有思想，且有具体措施的一个。人们再行反观那段教育史，不得不惊叹于您的前瞻性与责任感。

【姚文俊】是啊，当时我做这个事情时也遭到了许多非议。过去老师想教不能教，学生想学不能学，粉碎“四人帮”、拨乱反正之后，恢复高考，“智育第一”和狂热追求升学率的潮流席卷全国，而我始终认为用新的社会主义道德规范来塑造一代新人的灵魂，是教育的根本任务。然而，“知之非难，行之惟艰”。当时的情况是，智育有教学大纲、有教材、有教学计划、有考核标准，是实实在在、硬硬邦邦的“铁任务”，而德育则无大纲、无教材、无计划、无课时保证，也无考核标准，是可有可无、伸缩性极大的“软任务”，“说起来重要，忙起来不要”。那么，要想让德育登堂入室，成为在教育中占主导地位的一个不可或缺的内容，仅仅依靠呼吁是不够的，必须做大量实实在在的工作，使之落实。于是，我从 1978 年底到 1979 年春节期间创编了《少年儿童思想品德教育大纲》。这个大纲共 4 万字，由“教育内容和要求”“教育的原则和方法”“实施途径和时间安排”三部分组成，实现了德育内容系列化，德育途径网络化，德育评价方法科学化。

【陶继新】作为一个优秀校长，是要有历史担当的。可是，担当什么，有的校长却“惚兮恍兮”。特别是在人人追求某种价值取向而这个价值取向又有问题的时候，校长如果没有比较高的思想境界，没有舍我其谁的历史责任感，没有不怕非议的品格，是很难走向成功的。就是在那个时代，您毫不犹豫地按照自己选定的方向走下去，这需要的不但是思想，还有勇气。我不知道您受到非议的时候有何感想？是委屈，还是气愤？不过，这些都不重要，重要的是，您在非议声中，坚决地走了下去，而且构建了一个科学的德育体系。其中的困难是可想而知的，没有可供参考的资料，没有可以学习的榜样，甚至得不到相应部门的支持。这确实需要一种精神，而这一精神本身，就是德育的最有说服力的“教材”。其实，德育的实施，不但需要文本教材，更需要实施德育的人。而您，正是这批人中的引领者、实践者。

【姚文俊】“有志者事竟成”，“天下无难事，只怕有心人”。有的人在困难面前徘徊；有的人在非议面前气馁；有的人有胆无识——蛮干；有的人有识无胆——徘徊；有的人有识有胆——成功；有的人胆识过人——成名。我认为一个人只要沿着勤学——博采——善思——创新的道路，敢为天下先，就一定能实现自己的教育理想！

【陶继新】对待困难，不同的人有不同的思维与行走方式。有的人面对困难，虽然也想去克服，可是，没有勇气与毅力，于是，走至中途而止；于是，他不但感到困难是难以克服的，而且在这个过程中是痛苦的。而有的人在困难重重的时候，依然坚定不移地走下去，直至获取成功；于是，他不但认为困难都是可以克服的，而且在这个过程中领略到了战胜困难的愉悦。其实，最困难的时候，也往往是成功即将到来的时候。所以，成功属于坚持到底者。我觉得，您就是既能战胜困难，又可以从中享受到战胜困难的愉悦的人。

【姚文俊】提纲编出后，我去找领导审阅，想得到支持，但结果却适得其反。在一次运动会上，一位教育局长拍着我的肩膀说："搞德育你是英雄，今年升学考试看谁当狗熊。"我为了证实"磨刀不误砍柴工"这一哲理，就在小升初的时候把两个实验班学习好的学生分别送到三所重点中学去考试。结果，录取通知书下来，市一中第一名、第二名、第四名，市二中第一名、第二名，市实验中学第一至第八名全是我校实验班的学生。这一下子轰动了整个安阳市。以后再也听不到谁是"英雄"，谁是"狗熊"的声音了！

【陶继新】其实，抓德育与抓智育并不矛盾，人们之所以将其对立起来，一是因为"应试教育"惹的祸，二是没有深悟其间的内在联系。我有一个观点，叫道德高效。为什么这样说呢？因为有了良好的道德品质，就等于有了学习的方向，以及特别的恒心。如果方法得当，就不可能有学习不好的。而且，由此形成的高效还不是短暂的，而是长久的，甚至是一生的；因为道德是支撑一个人向上的动力源，具有恒久性特质，具有巨大的力量。从这个意义上讲，德育不但有高效率，还有高效益，还有更多的收获。可以说，您不但会是当时的英雄，还会是此后的英雄。事实也证明了这一点。

【姚文俊】在德育路上，我坚持"英雄流血不流泪"，在实现了学校德育内部的"德育内容系列化，德育途径网络化，德育评价方法科学化"之后，紧接着就踏出了学校德育的第二步——学校德育社会化的研究与探索。经过分析众多学生思想品德形成的特点，我认识到学生在接受学校教育的同时甚至之前，已经在接受来自家庭、社会的教育和影响。由于家庭和社会的影响是多元化、开放性、立体交叉、错综复杂的，故学生所接受的教育和影响，既有积极正面的，也有消极负面的。因此，研究小学德育不能脱离社会而孤立地进行，要把学校的系统教育与良好的家庭教育和社会教育紧密结合起来，努力探索使德育覆盖少年儿童全部生活的途径。因此，我又制订了由社会教育力量、社会教育阵地、社会实践活动等内容构成的《学校德育社会化实验研究方案》，被国家教委列为重点科研课题。我把学校附近的在职的党政领导干部、离退休的军地老干部、被授予各种称号的英雄模范人物、当地驻军的指战员、有各种技术、业务职称和特长的科技专家等社会各方面力量的代表，依照各自的优势，分别组成"教育协调委员会""关心下一代协会""英雄事迹报告团""兴趣活动辅导站"等组织，开辟了几十个不同主题的教育阵地，开展了参观访问、影视评论、阅读报刊、科技制作、道德评定等一系列丰富多彩的教育活动。实施大德育的研究和探索，将学校教育、家庭教育、社会教育融为一体，形成"全方位、全天候"的德育网络，加强了德育的整体效应，得到国家教委的充分肯定。

【陶继新】"英雄流血不流泪"有点悲壮，但却崇高。有了这种精神，就没有做不好的工作。这种精神，有中国传统文化中的阳刚之美，也有属于现代有志者的刚毅性格与坚强品质。可贵的是，您不但具有这种品格，还有超越常人的德育思考与视野。学生不是只生活、学习于学校之中，家庭与社会也是其活动的场地。如果只在学校里搞德育，而家庭与社会没有与之相应的德育网络，德育就会出现此兴彼灭的尴尬境况。这些道理在今天看来，似乎已经没有了新意。可是，在那个时代，搞学校德育已经让人觉得不可思议了，更遑论家庭与社会德育呢？可以说，没有对学生生命前途的关注，没有特别的思想道德意识，是绝对不可能有此思考与行动的。而且，家庭与社会有着无与伦比的德育资源，用之则可成利。而当他们走进这个德育系统的时候，他们也会为自己的德育行为而感到自豪。而这种全方位场景的德育一旦形成，就会形成德育的合力，出现1+1大于2的德育效果。而学校的美誉度，也就在与家庭与社会的德育交互中，越来越高了。

【姚文俊】在家庭教育与学校教育的结合上，我也经历了由感性认识到理性认识的升华。开始，只重视提高家长的育人能力，成立了“家庭教育指导中心”，举办了“家长学校”，开展家教咨询服务，创办《家校之间》小报，编印《家教方法例谈》，帮助家长解决在教育思想、教育方法上的疑难问题。在实践中认识到家长是丰富的教育资源，如何开发和充分利用这支队伍的力量，是一个不可忽视的问题。于是，我们又提出“组织起来，活动起来，研究起来”，通过组建“家长协会”“家庭教育研究会”“爱心妈妈团”“德育志愿者”等组织，开展义务劳动、教学开放日、共建班级文化等实践活动，为学生的健康成长营造了浸润学生心田的德育氛围和德育环境。另外，我们通过和家长共同研究，一致认为：家庭教育的基本特点是环境教育。通过创建家庭道德教育环境，创建家庭智力开发环境和劳动生活环境，来发挥家庭德育的基本功能。

【陶继新】那个时代，关注家庭教育的校长还是微乎其微的，而家长则认为他们只承担着养育孩子的任务，而学校则担负着学生思想道德教育的全部责任。所以，您积极倡导德育，而且采取了一系列有效的措施，不但具有前瞻性的眼光，而且需要付出更多更大的努力。因为很多家长不但不知道自己在德育中的责任，更不知道如何对孩了进行德育。不过，在您的引导与影响下，他们很快“觉醒”起来。毋庸置疑，每个家长都爱自己的孩子，当他们懂得了家庭德育对孩子生命成长的重要性后，就会主动地配合学校对孩子进行德育。您说得有道理，家庭德育的基本特点是环境教育。而环境教育则有显性教育与隐性教育两种，它类似于人们常说的言教与身教。家长在关注环境对孩子的影响之后，就会主动自觉地严格要求自己。在某种程度上说，也提高了家长的文明程度，当然，也更好地促进了学校德育，以至加快了社会文明的进程。

【姚文俊】您说的对。家庭教育需要家长把“显性教育与隐性教育”结合起来，那么在学校教育中，教师的言教和身教的统一将更为重要。儿童的模仿能力很强，以各种方式出现在学生面前的“榜样示范”极易被他们所接受。

教师的身体力行、率先垂范，对学生思想品德的形成和发展起着重要作用。为此，在教师师德建设中，我们制定了《文明教工守则》《职业道德规范细则》，把一些师德的名言、佳句写成条幅，贴在会议室、办公室和寝室里，还对教师提出“五要五不要”“三同六带头”，做到“三个一”的要求。即要面向全体学生，不要只顾少数尖子；要全面关心学生成长，不要重智育，轻德育，忽视体育；要亲近尊重学生，不要用简单粗暴的方法责罚学生；要多做调查研究，不要武断处理问题；要既做学生的老师，又做学生的朋友，不要孤立讽刺后进学生；要与学生同受思想教育，同参加劳动，同上操、做游戏；带头尊老爱幼，带头不讲粗话，带头遵守纪律，带头爱护公物，带头值日扫地，带头做自我批评；要坚持与一个后进学生交朋友，调查分析其发展变化的规律，要从学生身上寻找一个可爱点，撰写一篇简单的论文，经常为学生办一些好事。

【陶继新】道德品质的优劣，当是衡量一个教师优秀与否的第一要素。教师的一言一行，都在影响着学生，特别是影响着小学生。他们分辨是非能力尚且不强，而在他们心里，教师是最为神圣的，是绝对的权威，甚至将他们的所有话语，都视为圣言。也正是因为这样，小学老师的每一言每一行，都必须进行严格的规定。您制定的《文明教工守则》《职业道德规范细则》，不但严，而且细，还可行。是的，中国最伟大的教师孔子就特别重视言与行。他在《周易》中说了这样一段话：“君子居其室，出其言善，则千里之外闻之，况其迩者乎？居其室，出其言不善，则千里之外违之，况其迩者乎？”他甚至说言行系“君子之枢机，枢机之发，荣辱之主也。言行，君子之所动天地也。可不慎乎？”当教师有了师德之美之后，就会在潜移默化中影响学生，他们也“学而时习之”，并会“亲其师”而“信其道”。

【姚文俊】我在回顾、反思过去和研究、规划未来的过程中构建了第三部曲——以做人为核心的德育新格局。在理论体系的构建中，以中华民族优秀道德传统为源头，吸收世界优秀文化遗产，形成以马克思主义道德教育为主流的德育理论新体系；在内容体系的构建中，坚持目标要求与学生发展相统一，把以集体主义教育为核心、以“五爱”为基本内容的思想品德教育和以良好的行为习惯为重点的养成教育及以人格修养为重要内容的品德心理教育三维结构。在德育途径上，坚持“教师为主，全员负责；教学为主，全面渗透；学校为主，协调社会”等三条基本原则。在德育方法上，把满足学生的道德需要，发展学生的健康个性；注重道德情感的培养，促进道德信念的形成和重视道德修养、培养良好的意志品格等作为实现知、情、意、行相统一的有效方法。

【陶继新】您的理论建构非常科学，中国传统文化中有着丰富的道德教育资源，经过大浪淘沙，有的迄今依然闪烁着思想的光辉。将这些内容“古为今用”，可以让学生的生命牢牢地扎在中国这片沃土之上。而新时代的学生又是面向世界的，每一个学生，都是地球村里的村民。所以，面对世界优秀的文化，我们当然可以“洋为中用”，从而让学生有一个更大的视野与更优质的文化。而马克思主义道德教育，则可以让学生有一个正确的价值取向，从而在以后的人生旅途上，有正念，走正路，做有利于人民的事情。在这个理论框架内，您所构建的德育内容、途径和方法，就有了可行性、实效性。

【姚文俊】我们在构建新的内容体系时，坚持思想品德教育以情为中轴，重点发展学生的道德认识和培养“五爱”情感：爱惜生命、孝敬父母、关心他人、热爱集体、报效祖国。养成教育以“行”为重点，通过实践锻炼养成“五好习惯”：勤学好问、勤劳节俭、文明礼貌、遵纪守法、整洁健身。品德心理教育以人格修养为中心，通过内化过程培养“五自能力”：自主独立、自觉自理、自我表现、自我调控、自我评价。简称“三五”教育。情感是基础，能力是核心，习惯是目的，三者之间相互联系、相互促进，形成一个有机整体。

【陶继新】您说的情，融入了道德的因素，而且有一个递进的关系。首先，应当爱惜自己的生命，孔子的弟子曾子临终前，让他的弟子掀开被子，看看他自己完整的手与脚。在他看来，身体受之于父母，应当倍加珍爱，不然，就是不孝。现在，有的孩子因为一点小事，竟然自杀身亡。这一悲剧里面，透射出一个别样的信息，就是在轻贱自己生命的同时，也是对父母最大的不孝。所以，这与您说的孝敬父母是融为一体的。而最高升华为热爱祖国，则将情推展到很高的思想境界。在“五好习惯”中，您突出“行”的重要性，恰恰是抓住了习惯养成的关键。从孔子、孟子、王阳明到陶行知，在关注“知”的时候，都特别重视“行”。没有这个持之以恒的“行”，良好的习惯就不可能养成。而人格修养既需要“五种能力”的支撑，同样也需要心理与“行”的支持，任何人格的养成，都要经过“学则时习之”的过程，而且要在这个过程中“择其善者而从之，其不善者而改之”。

【姚文俊】为了使“三五”教育深入人心，我们编写了一部包括“三五”四字书、“三五”名言录、“三五”故事集3部分内容共7万余字的《三五读本》，作为学校的德育实验教材。《三五读本》以精炼易记的四字韵语、深刻含蓄的古今名言和生动形象的趣味故事，展现了一幅幅思想品德教育的系列画卷。琅琅上口的“四字书”、催人奋进的“名言录”、激动人心的“故事集”，令孩子们百读不厌，爱不释手。我们除了通过思想品德课和其他各科教学把“三五”教育内容纳入正规课程外，还利用晨会时间引导学生背诵“三五”四字书和名言录。每天放学的路上，孩子们把节奏分明的“四字书”作为路队口令，伴着整齐有力的步伐一路前行，这让人时时感受到朝气蓬勃、昂扬向上的“大道精神”：“古都安阳，历史辉煌，甲骨周易，文化发祥；大道小学，坚持改革，全面育人，德育特色……”

【陶继新】“性相近，习相远”这一孔子之言是很有道理的。人出生之后并无什么善恶之别，可是，当经过“习”之后，就有了很大的不同。而要让孩子成为思想道德高尚的人，就要“习”，而且，人越小，“习”的效果越好。而您让学生学习与背诵“三五”四字书和名言录既是让他们“知”，也是一个“习”的过程。正是在这个阅读与背诵中，您的正念潜移默化地走进了学生的心里，进而化成与之相应的行动。

【姚文俊】“习”的效果好不好，还要靠“评”来促进，这就是道德评价。道德评价是德育的一个重要组成部分，但至今品德考察科学方法仍是一个尚未解决好的问题，我从70年代末制定《少年儿童思想品德教育大纲》时，就提出了把内容系列化、途径网络化、评价方法科学化作为三个重点问题来研究。20多年来，我在品德考查方法上先后进行了多项试验，至目前为止，找到了品德考查方法科学化的一些基本途径。如，通过思想品德课着重考查“知”，通过“五好习惯”着重考查“行”，通过思想品德评定活动着重考查荣辱、是非、美丑、善恶等道德鉴别能力，再加上老师的定性与定量相结合的激励性评语，促进学生知行统一，这样，把考试、考核、考评融为一体，促进了知、情、意、行的统一，提高了德育的实效性。

【陶继新】任何工作都需要评价，德育更是如此。现在不少德育工作不但知行分离，而且大而空，没有相应的评价机制，于是，德育就成了难以实现的乌托邦。这种无法实施的德育还会给人一种心理暗示，那就是德育是空的，是可有可无的。心理上的认识错位，必然导致德育工作的迷失。您正是看到了这些问题，才认真研究出了科学的德育评价体系。比如您所说的通过思想品德课着重考查“知”，通过“五好习惯”着重考查“行”等，言简意赅，非常科学。正是因为科学，所以有着很强的推广价值。从这个意义上说，您既是德育评价的先行者，也是对德育工作做出巨大贡献者。

【姚文俊】大道小学地处一个不发达省份的中等城市，之所以能成为一所中国名校，被誉为“全国德育先进集体”“五讲四美先进集体”“少先队红花集体”“河南省文明单位”“全国教育先进集体”等称号，就是靠一种“敢为天下先”的精神，以德育为突破口发展壮大起来的。由此我也悟出：一校之长只有勤学博采、善思创新，才能实现“管有主见”“办有特色”的办学目标。

【陶继新】您的“敢为天下先”需要勇气，也需要智慧。在当时智育第一甚至有点唯智育是举的时代，您大张旗鼓地搞学校德育甚至是家庭和社会德育，真有点逆潮流而上的况味，所以，需要勇气。而忽视德育的恶果，当时并没有多少人有清醒的认识。

【姚文俊】我从人民大道小学校长岗位上退下来之后，作为一名全国有影响的德育特级教师和全国小学校长的领军人，仍然心系儿童，对德育工作情有独钟。无论是在深圳富源教育集团还是在安阳殷都区以及我自己的幼教机构，都把德育放在首位，不仅实践之而且发展之。面向21世纪，高扬人的主体性，开发人的智慧潜能，在主体多元教育背景下创建德育的新格局，培养21世纪世界中的中国人。虽然年已古稀，仍然“老骥伏枥，志在千里”，“不用扬鞭自奋蹄”!

【陶继新】看了您的这段话，我特别感动。让我看到了一个对教育，以至对国家有着使命感、责任感的教育领军人物的担当意识与奋争精神。我觉得，退休只是您人生精神生命史上的一个节点，退休前您演绎了人生的精彩；退休后您为教育所做的贡献会更大。有大志向者，必有大成就。虽然年已古稀，可是，您的精神世界更加丰富了。我觉得，您还会创造一个新的辉煌。我翘首以待，而且深信：事实将给我一个美好的回应。

（完稿于2011年3月26日；作者：陶继新、姚文俊。）